做一个理想的法律人
To be a Volljurist

中国政法大学科研创新项目资助（24KYHQ0034）；
中央高校基本科研业务费专项资金资助
（SUPPORTED BY "THE FUNDAMENTAL RESEARCH FUNDS FOR THE CENTRAL UNIVERSITIES"）

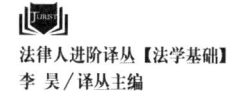

法律人进阶译丛【法学基础】
李 昊 / 译丛主编

本书出版得到中国政法大学资助

意大利民法总论
（第9版）

Dottrine Generali
del Diritto Civile,
Nona Edizione Ristampa

〔意〕弗朗切斯科·桑托罗·帕萨雷利 / 著
（Francesco Santoro Passarelli）

许剑波　张长绵 / 译

北京大学出版社
PEKING UNIVERSITY PRESS

著作权合同登记号　图字：01-2016-7502

图书在版编目（CIP）数据

意大利民法总论：第 9 版／（意）弗朗切斯科·桑托罗·帕萨雷利著；许剑波，张长绵译. -- 北京：北京大学出版社，2025.7. -- ISBN 978-7-301-36526-7

Ⅰ．D954.63

中国国家版本馆 CIP 数据核字第 2025V6C028 号

Dottrine Generali del Diritto Civile, Nona Edizione Ristampa, by Francesco Santoro Passarelli
© Copyright by Casa Editrice Jovene-Napoli 1997
本书原版由 Casa Editrice Jovene 出版社于 1997 年出版。本书简体中文版由 Casa Editrice Jovene 出版社授权翻译出版。

书　　　名	意大利民法总论（第 9 版） YIDALI MINFA ZONGLUN（DI-JIU BAN）
著作责任者	〔意〕弗朗切斯科·桑托罗·帕萨雷利 （FRANCESCO SANTORO PASSARELLI）　著 许剑波　张长绵　译
丛 书 策 划	陆建华
责 任 编 辑	王　睿　费　悦
标 准 书 号	ISBN 978-7-301-36526-7
出 版 发 行	北京大学出版社
地　　　址	北京市海淀区成府路 205 号　100871
网　　　址	http://www.pup.cn　http://www.yandayuanzhao.com
电 子 邮 箱	编辑部 yandayuanzhao@pup.cn　总编室 zpup@pup.cn
新 浪 微 博	@北京大学出版社　@北大出版社燕大元照法律图书
电　　　话	邮购部 010-62752015　发行部 010-62750672 编辑部 010-62117788
印 刷 者	大厂回族自治县彩虹印刷有限公司
经 销 者	新华书店
	880 毫米×1230 毫米　A5　10.125 印张　272 千字 2025 年 7 月第 1 版　2025 年 7 月第 1 次印刷
定　　　价	69.00 元

未经许可，不得以任何方式复制或抄袭本书之部分或全部内容。
版权所有，侵权必究
举报电话：010-62752024　电子邮箱：fd@pup.cn
图书如有印装质量问题，请与出版部联系，电话：010-62756370

"法律人进阶译丛"编委会

主 编

李 昊

编委会

（按姓氏音序排列）

班天可　陈大创　季红明　蒋　毅　李　俊
李世刚　刘　颖　陆建华　马强伟　申柳华
孙新宽　唐波涛　唐志威　吴逸越　夏昊晗
徐文海　叶周侠　查云飞　翟远见　张焕然
　　　　张　静　张　挺　章　程

做一个理想的法律人（代译丛序）

近代中国的法学启蒙受自日本，而源于欧陆。无论是法律术语的移植、法典编纂的体例，还是法学教科书的撰写，都烙上了西方法学的深刻印记。即使是中华人民共和国成立后兴盛过一段时期的苏俄法学，从概念到体系仍无法脱离西方法学的根基。20世纪70年代末，借助我国台湾地区法律书籍的影印及后续的引入，以及诸多西方法学著作的大规模译介，我国大陆重启的法制进程进一步受到西方法学的深刻影响。当代中国的法律体系可谓奠基于西方法学的概念和体系之上。

自20世纪90年代开始的大规模的法律译介，无论是江平先生挂帅的"外国法律文库""美国法律文库"，抑或舒国滢先生等领衔的"西方法哲学文库"，以及北京大学出版社的"世界法学译丛"、上海人民出版社的"世界法学名著译丛"，诸多种类，均注重于西方法哲学思想尤其英美法学的引入，自有启蒙之功效。不过，或许囿于当时西欧小语种法律人才的稀缺，这些译丛相对忽略了以法律概念和体系建构见长的欧陆法学。弥补这一缺憾的重要转变，应当说始自米健教授主持的"当代德国法学名著"丛书和吴越教授主持的"德国法学教科书译丛"。以梅迪库斯教授的《德国民法总论》为开篇，德国法学擅长的体系建构之术和鞭辟入里的教义分析方法进入我国大陆法学的视野，辅以崇尚德国法学的我国台湾地区法学教科书和专著的引入，德国法学在我国大陆当前的法学教育和法学研究中日益受到尊崇。然而，"当代德国法学名著"丛书虽然遴选了德国当代法学著述中的上乘之作，但囿于撷取名著的局限及外国专家的视角，丛书采用了学科分类的标准，而未区分注重体系层次的基础教科书和偏重思辨分析的学术专著，与戛然而止的"德国法学教科书译丛"一样，在基础教科书书目的选择上尚未能充分体现当代德国法学教育的整体面貌，是为缺憾。

职是之故，自 2009 年始，我在中国人民大学出版社策划了现今的"外国法学教科书精品译丛"，自 2012 年出版的德国畅销的布洛克斯和瓦尔克的《德国民法总论（第 33 版）》始，相继推出了韦斯特曼的《德国民法基本概念（第 16 版）（增订版）》、罗歇尔德斯的《德国债法总论（第 7 版）》、多伊奇和阿伦斯的《德国侵权法（第 5 版）》、慕斯拉克和豪的《德国民法概论（第 14 版）》，并将继续推出一系列德国主流的教科书，涵盖了德国民商法的大部分领域。该译丛最初计划完整选取德国、法国、意大利、日本诸国的民商法基础教科书，以反映当今世界大陆法系主要国家的民商法教学的全貌，可惜译者人才梯队不足，目前仅纳入"日本侵权行为法"和"日本民法的争点"两个选题。

系统译介民商法之外的体系教科书的愿望在结识季红明、查云飞、蒋毅、陈大创、葛平亮、夏昊晗等诸多留德小友后得以实现，而凝聚之力源自对"法律人共同体"的共同推崇，以及对案例教学的热爱。德国法学教育最值得我国法学教育借鉴之处，当首推其"完全法律人"的培养理念，以及建立在法教义学基础上的以案例研习为主要内容的教学模式。这种法学教育模式将所学用于实践，在民法、公法和刑法三大领域通过模拟的案例分析培养学生体系化的法律思维方式，并体现在德国第一次国家司法考试中，进而借助于第二次国家司法考试之前的法律实训，使学生能够贯通理论和实践，形成稳定的"法律人共同体"。德国国际合作机构（GIZ）和国家法官学院合著的《法律适用方法》（涉及刑法、合同法、物权法、侵权法、劳动合同法、公司法、知识产权法等领域，由中国法制出版社出版）即是德国案例分析方法中国化的一种尝试。

基于共同创业的驱动，我们相继组建了中德法教义学 QQ 群，推出了"中德法教义学苑"微信公众号，并在《北航法律评论》2015 年第 1 辑策划了"法教义学与法学教育"专题，发表了我们共同的行动纲领：《实践指向的法律人教育与案例分析——比较、反思、行动》（季红明、蒋毅、查云飞执笔）。2015 年暑期，在谢立斌院长的积极推动下，中国政法大学中德法学院与德国国际合作机构法律咨询项目合作,邀请民法、公法和刑法三个领域的德国教授授课,成功地举办了第一届"德国法案例分析暑期班"并延续至今。2016年暑期,季红明和夏昊晗也积极策划并参与了由西南政法大学黄家镇副教授牵头、民商法学院举办的"请求权基础案例分析法暑期研习班"。2017年暑期,加盟中南财经政法大学法学院的"中德法教义学苑"团队,成功举办了"案例分析暑期培训班",系统地在民法、公法和刑法三个领域以德国的鉴定式模式开展了案例分析教学。

中国法治的昌明端赖高素质法律人才的培养。如中国诸多深耕法学教育的启蒙者所认识的那样,理想的法学教育应当能够实现法科生法律知识的体系化,培养其运用法律技能解决实践问题的能力。基于对德国奠基于法教义学基础上的法学教育模式的赞同,本译丛期望通过德国基础法学教程尤其是案例研习方法的系统引入,能够循序渐进地从大学阶段培养法科学生的法律思维,训练其法律适用的技能,因此取名"法律人进阶译丛"。

本译丛从法律人培养的阶段划分入手,细分为五个子系列:

——法学启蒙。本子系列主要引介关于法律学习方法的工具书,旨在引导学生有效地进行法学入门学习,成为一名合格的法科生,并对未来的法律职场有一个初步的认识。

——法学基础。本子系列对应于德国法学教育的基础阶段,注重民法、刑法、公法三大部门法基础教程的引入,让学生在三大部门法领域中能够建立起系统的知识体系,同时也注重扩大学生在法理学、法律史和法学方法等基础学科上的知识储备。

——法学拓展。本子系列对应于德国法学教育的重点阶段,旨在让学生能够在三大部门法的基础上对法学的交叉领域和前沿领域,诸如诉讼法、公司法、劳动法、医疗法、网络法、工程法、金融法、欧盟法、比较法等有进一步的知识拓展。

——案例研习。本子系列与法学基础和法学拓展子系列相配套,通过引入德国的鉴定式案例分析方法,引导学生运用基础的法学知识,解决模拟案例，由此养成良好的法律思维模式，为步入法律职场奠定基础。

——经典阅读。本子系列着重遴选法学领域的经典著作和大型教科书（Grosse Lehrbücher），旨在培养学生深入思考法学基本问题及辨法析理之能力。

我们希望本译丛能够为中国未来法学教育的转型提供一种可行的思路，期冀更多法律人共同参与，培养具有严谨法律思维和较强法律适用能力的新一代法律人，建构法律人共同体。

虽然本译丛先期以择取的德国法学教程和著述为代表，但是并不以德国法独尊，而是注重以全球化的视角，实现对主要法治国家法律基础教科书和经典著作的系统引入，包括日本法、意大利法、法国法、荷兰法、英美法等，使之能够在同一舞台上进行自我展示和竞争。这也是引介本译丛的另一个初衷：通过不同法系的比较，取法各家，吸其所长。也希望借助于本译丛的出版，展示近二十年来中国留学海外的法学人才梯队的更新，并借助于新生力量，在既有译丛积累的丰富经验基础上，逐步实现对外国法专有术语译法的相对统一。

本译丛的开启和推动离不开诸多青年法律人的共同努力，在这个翻译难以纳入学术评价体系的时代，没有诸多富有热情的年轻译者的加入和投入，译丛自然无法顺利完成。在此，要特别感谢积极参与本译丛策划的诸位年轻学友和才俊，他们是：留德的季红明、查云飞、蒋毅、陈大创、黄河、葛平亮、杜如益、王剑一、申柳华、薛启明、曾见、姜龙、朱军、汤葆青、刘志阳、杜志浩、金健、胡强芝、孙文、唐志威，留日的王冷然、张挺、班天可、章程、徐文海、王融擎，留意的翟远见、李俊、肖俊、张晓勇，留法的李世刚、金伏海、刘骏，留荷的张静，等等。还要特别感谢德国奥格斯堡大学法学院的托马斯·M. J. 默勒斯（Thomas M. J. Möllers）教授慨然应允并资助其著作的出版。

本译丛的出版还要感谢北京大学出版社学科副总编辑蒋浩先生和策划编辑陆建华先生，没有他们的大力支持和努力，本译丛众多选题的通过和版权的取得将无法达成。同时，本译丛部分图书得到中南财经政法大学法学院徐涤宇院长大力资助。

回顾日本的法治发展路径，在系统引介西方法律的法典化进程之后，将是一个立足于本土化、将理论与实务相结合的新时代。在这个时代中，中国法律人不仅需要怀抱法治理想，还需要具备专业化的法律实践能力，能够直面本土问题，发挥专业素养，推动中国的法治实践。这也是中国未来的"法律人共同体"面临的历史重任。本译丛能预此大流，当幸甚焉。

李　昊

2018 年 12 月

译者序

意大利并不是我国进行域外民法研究的主流国家,因此,也许对一些国内法学生和研究人员而言,意大利民法并不是熟悉的领域,而本书作者弗朗切斯科·桑托罗·帕萨雷利(Francesco Santoro Passarelli)教授,其名字可能也有些陌生。因此我想先简要介绍帕萨雷利教授的生平和本书在意大利的影响力,以帮助读者进一步了解意大利民法和意大利法学家。

帕萨雷利教授生于 1902 年 7 月 19 日,是意大利著名的法学家之一,曾多次参与政府委员会工作小组,参与制定私法相关的立法活动,曾经担任意大利天主教法学家协会主席、国家保险协会主席、高等教育委员会副主席和全国经济与劳动委员会成员等重要职务,并于 1952 年被授予意大利林琴国家科学院院士称号。

26 岁时,帕萨雷利教授获得了在乌尔比诺大学教授民法的第一份教学工作,之后,他分别在卡塔尼亚大学、帕多瓦大学和那不勒斯大学有过任教经历。从 1947 年起,帕萨雷利教授在意大利罗马第一大学工作直到退休。在其学术生涯中,帕萨雷利教授发表了众多学术著作,其作品在意大利私法、民法和劳动法领域有开创性和奠基性的地位。比如,译者翻译的这本《民法总论》(Dottrine generali del diritto civile),是 1942 年《意大利民法典》颁布后的第一部民法教科书,也是第一部以 1865 年《意大利王国民法典》为比较对象、理解新民法典的一般性系统论著;教授的另一本著作《劳动法概论》(Nozioni di diritto del lavoro)是基于现代化背景的意大利劳动法系统论述,这两本教材无论是在法历史还是法规范层面都具有重要意义。此外,教授在 20 世纪 30 年代撰写的《家事法》(Diritto di famiglia)、《论法定继承》(Appunti sulle successioni leg-

ittime)、《论婚姻财产法》(Diritto patrimoniale del matrimonio) 等著作，为意大利编纂民法典继承编提供了必不可少的研究材料。也正是因为这些作品及其观点的影响力，帕萨雷利教授被任命为1942年民法典编纂委员会的主要成员之一，专门负责起草继承编。受天主教的影响，1942年《意大利民法典》没有规定离婚制度，在20世纪60年代，帕萨雷利教授开始呼吁建立离婚制度，并对此著书立说，最终以其为代表的学者成功推动意大利在1970年颁布第898号法律以引入离婚制度。从1948年至1960年，他以私法为基础重新构建劳动法，建立符合意大利实际情况的工会制度，并论证工会通过签订集体合同实现自我调节利益的权利。

鉴于其学术遗产在民法和劳动法领域的贡献，意大利劳动法和社会保障法协会设立了"弗朗切斯科·桑托罗·帕萨雷利奖"，奖励最佳劳动法和社会保障法博士论文，意大利林琴国家科学院设立全国性的"弗朗切斯科·桑托罗·帕萨雷利奖"，表彰在民法或劳动法领域的杰出学者。

就本书而言，《民法总论》是其著作中最具有影响力的作品之一，本书被公认为是1942年《意大利民法典》颁布后有关私法基础理论的最佳著述，也是法科生的必读书目。自第一次出版以来，《民法总论》陆续再版，至今已经是第9版，一共加印18次；此外，本书还被翻译为西班牙语和葡萄牙语，对拉丁美洲民法也产生重要影响。

全书框架清晰、语言简洁、深浅有度，教授以民法一般理论为脉络展开介绍，以凝练的语言和精悍的篇幅介绍意大利民法。在写作中，教授运用历史研究、文本研究和法释义学等方法，对民法各具体制度进行阐述和剖析。正如教授所言，阅读和学习民法著述，应当以"从法典出发理解教科书，从教科书继续深刻对法典的认识"的方式进行。为此，教授在正文和注释中引用大量法律条文、最高法院判例和相关理论，以帮助读者了解相应法律制度的历史背景、立法目的和实践情况，而这也增加了本书的可读性和实用性。另外，教授严谨冷静地处理新理论和新概念，审慎分析民法范畴中的一般性问题，因此民法初学者在阅读本书时能够获得清晰的民法入门指引，不至于因为复杂的学说观点而混淆基础概念。

本书共包含四编63节，四编分别为"人""物""法律关系"和"法律事实"，其中法律事实所占篇幅最多（大约占全书的四分之三）。这样的安排，教授给出的理由是：传统上，民法著作在开篇就先论述法律的概念、划分、渊源及其解释，但是，这些内容并不属于私法，而是法律的一般理论。而且，虽然法律的主体和客体理论从本质上看属于公法，但是考虑到这些理论与私法制度的相关性，也应当纳入私法一般理论中进行讨论。基于此，教授在设计本书结构时，从人、物、法律关系和法律事实四方面展开。

本书第一编首先讨论"人"。教授从自然人、法人和人格保护三方面进行论述，在自然人部分教授围绕人的法律概念、法律地位、权利能力和行为能力展开，比较亮眼的是有关胎儿权利保护、禁治产和准禁治产的论述，尤其是对浪费人、酗酒成性或吸毒成瘾者这类尚未完全丧失照管自身利益者之分析。意大利民法典是民商合一的法典，因此在法人部分教授介绍了一些不同形式的社会团体，从中可以看到，经济管制的观念渗透进意大利企业活动的规范体系，不过这一点被之后的意大利《公司法》等单行法逐渐削弱。人格保护部分则分别介绍了人格权、姓名、化名、身体、尸体、肖像、通信秘密、可尊性、学术声誉、骑士勋章等内容。

第二编是"物"。这部分安排清晰，物的论述从所有权观念出发，分别指出生息物和非生息物、可分物和不可分物、现在物和将来物以及物之集合等集中体现所有权财产功能的规定。

随后作者在第三编开始讨论"法律关系"。教授以"主观权利"作为思路，先介绍了主观权利的内容，并以主观权利为标准区分了权力、行为义务、负担、法律期待等内容。之后，教授根据法律关系所保护的利益、主体和客体的性质等对法律关系进行分类阐述。在这一编中，作者单独讨论了复合法律关系，并引入从属性概念解释担保之于主债权这类复合法律关系，同时对该法律关系中所涉的遗产、企业和经营活动等情形作详细论述。

最后一编是"法律事实"。这一编内容构成本书的主体部分，共包括44节的内容。这一编由四个部分构成，一是"法律事实和人的行为"，二是"法律行为"，三是"法律活动的代替"，四是"法律事实的证据"。首先作者专门讨论了狭义的法律事实、人的行为和法律行为彼此的区别和逻辑关系，在这一部分，可以发现意大利法学家们对引起法律关系发生、变更和消灭的事实的不同理解。

其次，教授开始浓墨重彩地介绍法律行为。一方面，他指出，主体要求和客体要求是法律行为的外化存在，与法律行为的内部构成无关，因此应当单独讨论。另一方面，教授将意思、行为和原因作为法律行为的构成要素，并逐一论述。在这部分，可以看到教授对意思表示和原因进行了相当丰富的阐述。

在意思表示部分，作者对意思与表示之间的冲突——又或者说是法律行为内容与形态之间的冲突——这一法律行为理论中自古以来最具争议性的问题进行针对性分析。对于绝对胁迫、障碍性错误、戏谑表示、真意保留和虚假行为等情形，作者一一甄别其中存在的意思与表示之"冲突"。在此基础上，对法律确认的三种意思瑕疵，即错误、身体上或精神上的胁迫和欺诈，作者充分利用法教义学在体系内的反思与批判功能，通过详细的阐述帮助读者更加中立和清晰地认识法典规定。1942年《意大利民法典》承认原因理论，并在第1325条将原因规定为契约的构成要件之一。因此，教授从原因的客观性、主观性和必要性出发讨论原因理论，在与动机相比较的基础上，确认原因之构成要素的价值。在完成构成要素的阐述后，作者从法律效力的角度对法律行为的成立、生效、可撤销等情形分而述之。最后，作者花了少量篇幅介绍代理制度和法律事实的证据。

总体而言，从本书所反映的1942年《意大利民法典》图景来看，意大利民法还是以罗马法系的概念、原则和制度之体系作为载体，同时基于近现代立法经验基础，进行多处调整，尤其是在处理历史与当下、个人与国家、民法与商法等关系时，法典作出创新和自主化的安排。可以说，1942年《意大利民法典》不仅是认识罗马法的"观景台"，还是其他罗马法系国家的一种重要参照。当然，必须指出两个需要注意的方面：第一，本书第一次出版的时间是1944年，因当时历史发展、社会环境、民族特征和个体认知等因素影响，本书中少许评述或许与当前的时代观念有所出入。希望读者能够作审慎对待与区分，当然，从比较研究的角度看，这也不失为一种历史考察。第二，距1942年《意大利民法典》颁布已过80余年，因法律所依赖的社会情况发生变化，其间立法者对法典内容已作修改和完善。相应地，本书介绍的少许制度也已经被修改或废除。为方便阅读，若所涉法条有变动，译者在注释中注明具体情况。请读者注意甄别。

作为译者，真诚地希望本书能够帮助读者进一步认识意大利民法制度，在有可能的情况下（如果译者没有错误翻译的话），帮助厘清和解决因关注较少而对意大利民法形成的疑惑和曲解，从而更深刻地理解作为我国民法比较研究之意大利民法风格样貌。

感谢将本书的翻译任务交给译者完成的译丛主编、中南财经政法大学法学院李昊教授；感谢为译者提供指导和意见的中国政法大学翟远见教授；感谢为译者翻译中遇到的难题提供解答的中国政法大学张焕然老师、吴逸越老师和苏州大学唐波涛老师，以及意大利布雷西亚大学Stefano Porcelli教授；感谢中国政法大学比较法学研究院硕士研究生王祎梦同学，帮助译者整理书中涉及法条的时效情况。最后，还要感谢北京大学出版社陆建华老师为本书的顺利出版付出的努力和心血，感谢王睿、费悦编辑专业、耐心和细心的工作。

本书译者是许剑波、张长绵。许剑波负责翻译本书第四编，张长绵负责翻译第一至三编。囿于译者的学力，本书翻译仍有待完善之处。还请读者不吝批评、指正，非常欢迎任何对译文的善意批评和建议，以便再版时可以进一步完善。译者邮箱：xujianbo0579@sina.com。

许剑波

2024年12月22日于北京

目 录

第一编 人

第一章 自然人 ……………………………………………… 003
  第一节 人的法律概念；法律地位；权利能力；外国人的权利能力；权利能力限制；年龄、性别、健康状况、荣誉；无权利能力之相对性 …………………………………… 003
  第二节 人之存在；出生；胎儿之权利；尚未受孕的婴儿之权利；受孕之一般推定；姓名；置所；死亡；存活之不确定性；失踪；同时死亡；宣告失踪；宣告死亡；民事身份登记 ……………………………………………… 006
  第三节 行为能力；概念；要求；年龄；未成年；脱离亲权；禁治产和准禁治产；前提条件；被动主体；行为能力欠缺之期限；法定禁治产；事实上无行为能力 …………… 012
  第四节 对法定无行为能力人行使的支配权；无行为能力人之行为的撤销 ………………………………………………… 016

第二章 法人 ……………………………………………………… 018
  第五节 法人之定义；创设法人制度的原因；国家承认的创设性功能；基础设施的必要性；法人种类；私法人；公司；法人目的；承认形式 …………………………………… 018
  第六节 法人设立；设立行为和章程；设立行为之形式和性质；权利能力；行为能力；法人机关；管理人；社员大会；

社员；法人国籍；法人名称；法人住所；社员死亡；退社；开除；法人终止；财团重组；清算；剩余财产之分配；法人登记 ………………………………………… 021
第七节 非法人团体；非法人社团；协会 ………………… 025

第三章 人格之保护 ………………………………………… 028
第八节 人格保护之法律规范；人格权；姓名；化名；身体；尸体；肖像；通信秘密；可尊性、学术声誉、骑士勋章；贵族头衔和社会属性 ……………………………………… 028

第二编 物

第九节 权利客体；财产；物的本义；物权客体；其他权利之客体；空间；自然能源；无形财产 ………………………… 035
第十节 有形财产；国家机关财产和宗教财产；权利人缺位时的不动产；归属物和非归属物；融通物和不融通物 ……… 037
第十一节 生息物和非生息物；不动产和动产 ……………… 039
第十二节 可分物和不可分物；种类物和特定物；替代物和不可替代物；消费物和不可消费物 ………………………… 040
第十三节 现在物和将来物；希望之物；希望；孳息；自然孳息；费用；法定孳息 ………………………………… 042
第十四节 物之集合；从物；动产集合物 …………………… 043

第三编 法律关系

第十五节 法律关系；利益；广义权力和义务；主观权利之涵义 … 049
第十六节 主观权利的内容；支配权，从属；请求权，行为义务；所有权；债权；担保权；财产责任；形成权；权限；异于主观权利的权力；行为义务和屈从；负担；

　　　　　　终局法律关系；预备法律关系；法律状态；法律期待；主观权利内容之内在限制；具体利益；团结；权利滥用；超越权利 ………………………………… 050
第十七节　法律关系的类别；公法、私法法律关系；公法主观权利；市民权利和政治权利；私法法律关系：人格法律关系、家庭法律关系、财产法律关系，绝对和相对法律关系、法律关系之直接客体为物或行为，物权法律关系；债之法律关系；物权负担、物权债务 ………… 055
第十八节　复合法律关系；从属性；法权集合；主体之概括财产；遗产；专用财产；企业和经营活动 ……………… 059
第十九节　法律关系设立、变更和消灭；法律关系设立和原始取得；法律关系消灭和权利丧失；法律关系之主体变更；继承；移转；继受取得；不得移转之法律关系；债务继承；法律关系之裂增和合并；法律关系之新设继受取得；生前继承和死因继承；概括和个别继承；合同概括移转；法律关系客体之变更；物上代位；派生法律关系的建立；法律关系内容变更；法律关系消灭；法律关系的休眠和复苏；法律关系未决；法律关系的反射作用；相对效力 ……………………… 064

第四编　法律事实

第一章　法律事实和人的行为 ……………………………… 077
第二十节　法律事实和法律后果；构成要件；次序；溯及力；法律事实的前提；法律事实的类型；法律事实，人的行为，法律行为 ……………………………………… 077
第二十一节　狭义的法律事实；狭义的人的行为；合法行为和不法行为；行为能力和意思能力 ………………… 080
第二十二节　法律规范和法律事实；期间，地点和事实 ………… 083

第二十三节	时间计算；自古占有 ································· 084
第二十四节	消灭时效制度的基础和原因；消灭时效制度的客体；不受时效约束的权利；不受时效约束的所有权；理由；权利和诉讼：权利的消灭时效；虽时效届满但已经支付的债务不予返还；抗辩不受时效限制；消灭时效开始计算，消灭时效的阻却；消灭时效的中止；消灭时效的中断；消灭时效的期间；一般消灭时效；短期消灭时效；依生效判决而确定的权利之消灭时效；推定消灭时效；理由；消灭时效的适用方式：即时性；消灭时效的例外规定；消灭时效规定不可变更；消灭时效的放弃 ················ 086
第二十五节	失权，基础和制度成因；失权所保护的利益；法定失权和裁定失权，约定失权；严格的失权期间：因受到阻碍期间不开始计算；失权期间因受到阻碍而结束；为保护更高利益的失权排除意思自治；意思自治范畴下保护个人利益的失权 ··················· 092

第二章 法律行为 ································· 095

第二十六节	法律行为的概念；行为和意思；意思自治；实际意图；法律行为的原因和动机；《民法典》中的术语和体系 ······································· 095
第二十七节	法律行为的主体和客体；主体要求；行为能力和代理权；法律行为合法化；客体要求：可能性、合法性、确定性或可确定性；要求满足的时间 ············ 099
第二十八节	法律行为的构成要素；具体的意思：处分或者支配；行为；法律行为的形式；自由约定的形式和法定形式；意思陈述的法律行为；意思实践的法律行为；两种法律行为的不同规则 ················ 103
第二十九节	表示的概念；法律行为的重复表示；明示；沉默；

	默示；被推定的法律行为；典型表示 ……………	107
第三十节	书面化；法定的郑重形式；约定的郑重形式；书面化作为构成要素；重制文件 …………………	110
第三十一节	意思和表示；意思说；表示说；责任说；信赖说；法律上的信赖风险原则 ……………………	112
第三十二节	意思和表示之间所谓的分歧标准；障碍性错误；身体胁迫；戏谑表示；虚假行为；真意保留 ……	115
第三十三节	虚假行为的法律规定；相反表示；虚假行为协议；绝对的虚假和相对的虚假；虚假行为和被隐藏的法律行为；被隐藏法律行为对双方的法律效力；虚假行为的目的；虚假行为和欺诈；虚假行为的绝对推定；虚假行为的法律效力；对当事人虚假行为的抗辩；不得对因派生获得权利的第三人提出抗辩；不得对扣押财物的债权人提出抗辩；对其他第三人的抗辩；债权人之间的冲突；虚假行为的证明 ………	117
第三十四节	意思瑕疵；人的行为中的意思瑕疵；旨在产生法律效果的意思瑕疵 …………………………	121
第三十五节	障碍性错误；表示错误；表示的分歧；转达错误；意思错误；本质上的意思错误；动机错误；事实上的意思错误和法律上的意思错误；障碍性错误和意思错误的区分；本质性错误的确定；无关错误的情形；动机错误具有法律意义的情形；错误的可识别性和可谅解性；法律行为的撤销和修正 ………	122
第三十六节	精神胁迫；精神胁迫的法律效力；胁迫的要求；因胁迫而产生恐惧；来自第三人的胁迫；因敬畏而产生恐惧；危险或急需状态 ……………………	130
第三十七节	欺诈；欺诈的来源；决定性欺诈；次要欺诈；恶意筹谋以获得利益；积极欺诈和消极欺诈；缄默在特别情况下的重要性；欺诈不致失效的情形 …………	132

第三十八节　法律行为的原因；原因在意思自治中的重要性；有名法律行为和无名法律行为；原因的客观性和主观性；原因的必要性；债的原因和财产归属的原因；具有因果关系的法律行为和被抽离因果关系的法律行为；抽离的含义；被抽离因果关系的法律行为之要式化；实体上抽离因果关系；程序上抽离因果关系；处分和确认；确认行为 …………………… 135

第三十九节　法律行为的动机；信托行为；间接法律行为 ……… 140

第四十节　欠缺原因：部分欠缺或全部欠缺，原生性欠缺或功能性欠缺；原因不法；原因不道德和不得索回已经履行的给付；非法的法律行为 …………………………… 144

第四十一节　动机不法；欺骗法律的法律行为；欺骗法律、债权人、税务机关 ………………………………………… 150

第四十二节　法律行为的附属要素；纯粹法律行为；附履行方式的法律行为；预想的条件不能作为履行方式；条件、期限和负担；不得附履行方式的法律行为；履行方式约定的无效；附履行方式法律行为的无效；有负担的增益 ………………………………………… 152

第四十三节　意定的条件：停止条件和解除条件；溯及既往的效力；法定的条件；不可溯及既往的效力；必要条件；现在的事件和过去的事件作为条件；条件的解释；积极条件和消极条件；权利性条件、偶然性条件和混合性条件；纯权利性条件；有关不履行的解除条款；条件不能；条件不法；尚未成就的条件；成就；条件不成就 ………………………………… 155

第四十四节　法律行为效力附期限；起始期限和终止期限；不可能的期限；法律行为履行附期限 …………………… 161

第四十五节　负担；不履行负担而导致契约解除；不能负担和不法负担 ……………………………………………… 163

第四十六节　法律行为的种类；要式法律行为和非要式法律行为；法定或意定证据的限制 …………………… 164

第四十七节　表示的结合；前契约行为；多人统一的单方法律行为；多人作出的单方法律行为和前契约行为；集体行为；复合行为；团体行为；双边法律行为和多边法律行为；具有多方主体的财产性法律行为的识别；契约和协议；多数人法律行为和多数人契约的识别 …………………………………………………… 166

第四十八节　法律行为的结合；关联法律行为；附属法律行为 …… 171

第四十九节　构成性法律行为、变更性法律行为和消灭性法律行为；放弃；拒绝；家庭法律行为和财产法律行为；财产法律行为的种类；增益法律行为；处分法律行为；负担法律行为；生前的转让法律行为和死因的转移法律行为；一般管理行为和特别管理行为；管理行为和处分行为 …………………………………… 174

第五十节　生前法律行为和死因法律行为；唯一的死因法律行为；遗嘱处分；有偿行为和无偿行为；带有赠与性质的混合法律行为 ……………………………………… 178

第五十一节　法律行为的解释；解释性规则的本质和适用对象；在信赖和解释方面表现的法律行为多样性；生前法律行为的解释；解释的主要标准；他人的信赖；对法律行为的补足；从内部解释法律行为；从外部解释法律行为；对死因法律行为的解释；基本的解释规则：探究行为人的意思 …………………… 182

第五十二节　法律行为的效力；作用于双方当事人的法律效力、法律行为不对第三人产生效力；对第三方的行为作出允诺；有利于第三人的契约；法律效力作用于实质当事人；作用于第三人的反射法律效力；具有债权效果和物权效果之法律行为的反射效力；法律行

	为的直接效力；必要的效力；惯常的效力；非常规的效力 …… 189
第五十三节	法律行为不生效；法律行为不成立；法律行为无效；普遍错误并不作为例外；法律行为不被承认 …… 193
第五十四节	法律行为的狭义无效；部分无效；狭义无效的法律行为状态；不采纳相对无效这一说法；无效法律行为的不可修复性；不可修复的例外规则和事后重新有效的规定；事后无效；可能或暂缓的有效；暂时的有效；狭义无效法律行为的转化；法定转化；法律对意思自治的替代；所谓的形式转化 …… 197
第五十五节	可撤销法律行为；可撤销法律行为的临时效力；以可撤销为由提出抗辩不受时间限制；相对撤销；绝对撤销；特殊撤销；针对无行为能力的特殊规定；撤销法律行为的溯及力；对该溯及力的限制；修复可撤销法律行为、撤销权的消灭时效；追认；承认；自愿履行 …… 205
第五十六节	法律行为的不生效；对当事人的自始不生效和事后效力终止；对第三人的自始不生效和事后效力终止；不生效法律行为的反射效力；法律行为的不可对抗；有效法律行为的暂缓生效；废除和解除；削减损害特留份的处分和撤销具有欺诈性的行为；依法使不生效的法律行为生效 …… 210

第三章　法律活动的代替 …… 215

第五十七节	法律利益和法律活动；授予代理权；对他人代为进行法律活动的授权和接受；代替的内部关系和外部关系；代理 …… 215
第五十八节	为他人利益的管理；管理契约；无因管理；为当事人的利益，以当事人的名义，效果直接归于当事

	人；间接代理；管理中约定权利义务转移的契约；代理与管理和委任的区分；不作委任的管理；管理型劳动者；法人机关制度与代理的区分；代理范围；代为作出旨在产生法律效果的表示；使者；排除代理；亲身法律行为 …………………………………	218
第五十九节	法定代理或必要代理；以他人名义实施代理的不同含义；法定代理中对更高利益的保护；对无行为能力人的法定代理；对行为能力人的法定代理：集体利益的法定代理、为第三人利益的法定代理、为代理人利益的法定代理、为被代理人利益的法定代理 …………………………………………………	223
第六十节	意定代理；意定代理权；授权；共同代理；撤销意定代理；终止代理；对代理权消灭得以对抗第三人的限制；代理行为；以被代理人的名义行事；代理行为专属于代理人；代理人理解能力和意思能力的重要性；法律行为中意思瑕疵的影响；代理人主观状态的影响；效果专属于被代理人：行为能力、权利能力和恶意的影响；互不兼容的代理行为；不常规的代理活动；滥用代理；一般情形下的利益冲突；代理人与其本人签订契约；越权代理或无权代理；对第三人的保护；无权代理时的暂缓生效；追认；指名契约下的代理；指名契约的生效；指名表示与委托书（或接受指名）；指名契约对原缔约人生效 ……………………	228

第四章　法律事实的证据 ……………………………………… 240
第六十一节	证据的规则和功能；证据的概念；虚假证据；证据的法定规则；证据规则对实体法的重要性；自由心证；法定证据；排他性证据；身份状态的证明；法定证据对第三人而言的效力；特殊的法定证据 ……	240

第六十二节 举证责任；法律规定和意思约定；法律推定；相对推定；绝对推定；有关事实的法定或意定的证据和形式；重制文件的证明功能 ············· 242

第六十三节 证据类型；书证；公证书和私证书；私证书；特殊的私证书；对第三人而言的私证书日期；所谓的将公证书转换为私证书；复印件；承认或重发的文件；机械设备复制件；承认：诉讼承认；非诉讼承认；承认作为法定证据的局限；宣誓；决定性宣誓，补充性宣誓和评定性宣誓；证人证言；采纳证人证言的限制；例外；被推定的证据及其限制 ······ 245

主要的参考文献（BIBLIOGRAFIA GENERALE） ············ 252

词汇索引（INDICE ANALITICO） ············ 254

第一编

人

第一章 自然人

第一节 人的法律概念；法律地位；权利能力；外国人的权利能力；权利能力限制；年龄、性别、健康状况、荣誉；无权利能力之相对性

【人的法律概念】"人(persona)"的法律术语为法律主体[1]。"人"的法律含义异于日常含义,原因有二。其一,生物人(uomini)不是法律意义上的"人",即使是在较为发达的法律制度中亦是如此。其二,法律意义上的"人"也可以不是"生物人",譬如法人,即依法律制度构建的人和财产之集合。因此,即使缺乏生物人所具有的自然属性,仍然可以是法律意义上的人。[2]

【法律地位】自然人之法律地位并非指权利和义务之总和(或者更一般地说,是因此而产生的法律关系之总和),而是指各种能力的基础,也就是一系列潜在的权利和义务或者法律关系的基础。这些潜在的权利和义务各有不同,但不会改变法律地位的本质[3]。传统上,依据个人与特

---

[1] FALZEA, Il soggetto nel sistema dei fenomeni giuridici, Milano, Giurffrè, 1939; CASTIGLIONE-HUMANI, Contributo allo studio giuridico della persona, Roma, Ediz. Italiane, 1994; Magni, Sogetto e persona nel diritto, Dir. Eccl., 1951, p. 1 ss.

[2] DEGNI, Le persone fisiche e i diritti della personalità, Torino, Utet, 1939; F. FERRARA, Diritto delle persone e di famiglia, Napoli, Jovene, 1941; GANGI, Persone fisiche e persone giuridiche, 2ª ediz., Milano, Giurffrè, 1948.

[3] CICU, Il concetto di «status», Studi giuridici in onore di V. Simoncelli, Napoli, Jovene, 1917, p. 59 ss.; D'ANGELO, il concetto giuridico di «status», Riv. it scienze giur. 1938, p. 249 ss.

定政治团体或者家庭团体的归属关系,区分出个人的两类法律地位(status),即市民身份(status civitatis)和家庭身份(status familiae)。

【权利能力】上述各类法律地位,均对应特定的权利能力。人的法律地位,对应概括的权利能力;市民身份,则对应公民的特殊权利能力;家庭身份,则表现为在特定家庭关系中的特殊资格。[1]总之,权利能力指享受权利和承担义务的资格。[2]

【外国人的权利能力】依据我国法律制度,原则上所有人均具有权利能力(参见《民法典》*第1条)。但需要指出的是,尽管外国人"不享有政治权利"(公法上的权利能力),但"在给予对等待遇的情况下,外国人享有法律赋予公民的民事权利"(《民法典》序篇第16条)。这意味着,私法上的权利能力,不再如以前法律那样平等地赋予公民和外国人,而是以外国人所属国对意大利公民的限制为限,赋予该外国人。

【权利能力限制】此外,权利能力还会因为个体具备的生理特征或社会属性而受到限制。

25 【年龄、性别、健康状况、荣誉】年龄、性别、健康状况、荣誉均可影响权利能力。权利能力根据上述因素的具体情境受到特定限制。这被称为"特殊无权利能力"(incapacità speciali)。

有疑问的是亲身行为中的权利能力。亲身行为,即排除代理的行为。对此,法律规定禁止个人通过代理而成为相应权利义务的主体,可见,相较于排除代理行为本身,法律的根本意图在于此。由是观之,年龄、性别、健康状况、荣誉等与亲身行为有效性相关的因素,也关乎权利能力。

权利能力在下列情形中也受到限制:未达到特定年龄而不得参与劳

---

[1] SANTORO-PASSARELLI, Status familiae, Saggi di diritto civile, Napoli, Jovene, 1961, I, p. 421 ss; GRASSETTI, Famiglia (diritto privato), Noviss. Dig. it., VII, Torino, Utet, 1961, 49 ss., spec. n. 2.

[2] RESCIGNO, Capacità giuridica (diritto civile), Noviss. Dig. it., II, Torino, Utet, 1958, 873 ss.; FALZEA, Capacità (teoria generale), Enc. dir. VI, Milano, Giurffrè, 1960, 8 ss.

* 下文中具体法条之前如果没有法典名称的,均指《民法典》中的法条。——译者注动关系(《民法典》第3条)*、未成年人不得担任监护人(《民法典》第350条第1项、第355条、第393条,亦可参见第352条第5项)。同样地,在劳动之债的承担(特别法之规定)、监护职责之担任(第352条第3项**)、婚姻的主要效力(尤其是亲权方面)、"寡妇戴孝期"(第89条)以及其他事务的执行等情形中,性别(作为区分要素)也在不同程度上影响权利能力。男女法律待遇的不平等是基于男女生理能力和社会天职(女性的天职主要是家庭职能)之差异。权利能力之限制还体现在:生理或心理疾病导致禁治产或准禁治产的,不得担任监护职务(第350条第1项);性功能障碍会导致婚姻无效(第123条***);依法可以判处附加刑以禁止或中止行使亲权,担任公法职务、监护职务、某些私法职务,加入某些职业和行业(参见《刑法典》第19条、第20条以及第28条及以下条文,《民法典》第2638条第2款****、第2641条)。此外,破产人的人格保护程度降低时(《破产法》第48条及以下条文*****),且不得担任监护职务(《民法典》第350条第5项)。

【无权利能力之相对性】根据相对人是否为特定人,无权利能力可分为绝对无权利能力和相对无权利能力。相对无权利能力,是指因特殊事由而相对于特定人无权利能力。也就是因与特定人之间存在特定关系,而不能与其产生特定法律关系。法律禁止创设法律关系,即使作出创设行为,法律亦不予承认。相对无权利能力情形的例子:在婚姻、收养、领养、监护职务中的相对阻却因素;禁止亲权人和处于其权力下的人缔结契约;配偶间赠与的禁止;继承资格丧失;不得依遗嘱和赠与而受领(参见第27节)。

---

* SUPPLEJ, Capacità di lavoro. Enc. Dir., VI, Milano, Giuffrè, 1960, 48 ss. 该条已经1975年3月8日第39号法律第2条而被废除。——译者注
** 根据1975年5月19日第151号法律第161条废除。——译者注
*** 该条已被1975年5月19日第151号法律第18条所替代。新法已废除这一婚姻无效事由。——译者注
**** 该条已被2005年12月28日第262号法律第39条所修改。——译者注
***** 本法条被2006年1月9日第5号立法法令和2007年12月12日第169号法律修改。——译者注

第二节　人之存在；出生；胎儿之权利；尚未受孕的婴儿之权利；受孕之一般推定；姓名；置所；死亡；存活之不确定性；失踪；同时死亡；宣告失踪；宣告死亡；民事身份登记

【人之存在】人始于出生(第1条第1款)，即胎儿与母体之分离。但是新生儿在分离后必须具有生命，【出生】因为"出生(nascita)"一词意为"活着出生"，但不要求持续具有"生命力"(vitalità)。[1]

【胎儿之权利】以出生为限赋予胎儿权利(第1条第2款)，但不能据此认为人格之获得早于出生。实际上，法律只是在出生之限度内，赋予和保留胎儿之权利。若胎儿未能"出生"，则不发生主体终止之法律后果。因此，该规则是为了建立一个自治的法律关系中枢，以预备和等待某个人的到来。

此外，《民法典》也对胎儿财产管理人作了规定：若父亲缺位，则设立胎儿保佐人(第339条*)。

【尚未受孕的婴儿之权利】在特定情形下，尽管缺乏作为最低的自然基础的受孕事实，但仍得基于而后出生这一事实，而赋予和保留彼时尚未受孕的婴儿之权利(第462条第3款、784条第1款)[2]。自然事实若有差异，法律规定亦有不同。但在权利保留方面，无论彼时是否受孕，法律规定并无差异。但是应认为，权利之取得始于出生(第643条、第784条第3款)[3]。

---

[1] CAPPELLO, Sui concetti di vita e vitalità, Riv. dir. civ., 1942, p. 224 ss.
* 已被1975年5月19日第151号法律第158条废止。——译者注
[2] OPPO, Note sull'istituzione dei non concepiti, I, Riv. trim. dir. proc. civ., 1948, p. 66 ss.; CARNELUTTI, Nuovo profilo dell'istituzione dei nascituri, Foro, it., 1954, IV, 57 ss; SANTORO-PASSARELLI, Su un nuovo profilo dell'istituzione dei nascituri, Saggi, II, p. 745 ss.; e replica polemica del CARNELUTTI, Foro, it., 1955, IV, 73 ss.; L. FERRI, Alcune considerazioni sulla capacità di succedere dei nascituri, Temi, 1963, 817 ss.
[3] 关于侵犯将来主体之责任这一特殊问题，参见RESCIGNO, Il danno da procreazione, Riv. dir. civ., 1956, p. 614 ss。

【受孕之一般推定】法律不仅在遗嘱继承方面,还对胎儿权利取得的所有情形,均规定了受孕推定(iuris tantum),除非通过相反证据推翻该事实(第232条)。自继承开始之日起300日内出生的人均被推定为在继承开始时已经受孕(第462条第2款);在向尚未受孕之胎儿作出赠与时,亦有类似规定,即在赠与之日起300日内出生的婴儿,被推定为在赠与时已经受孕,因而取得出生前发生之孳息(第784条第3款)[1]。

【姓名】姓名之识别功能关涉社会一般利益。因此,法律规定,人须有姓名。姓名由名字和姓氏组成,只有在法律规定的情形下,方可经法定程序加以变更(第6条)。法律规定了名字的设定人和设定程序(毕竟名字总是由他人设定的)。此外,法律也规定了出生不明或领养情形下的姓氏设定人和设定程序。除此以外,姓氏设定为法定设定,因为根据"法律之力(ope legis)",姓氏须遵循特定人之姓氏。姓名法律制度,见于《民法典》(第144条*、第149条第2款**、第156条第5款***、第262条****、第299条****、第408条****)和民事身份法律制度(1939年7月9日第1238号法律第71条、72条、第73条第2款、第75条第2款、第77条第1款、第153条及以下条文、第166条;1955年10月31日第1064号法律第31条)。

【置所】基于对人所具有的社会关系这一事实的考量,法律须规定自然人的置所(Ubicazione)。置所规定于民法典之中。关于置所,最为重要者有:住所(domicilio),即关涉自然人事务和利益的主要所在地[2];居所

---

[1] CAMPAGNA, Concepimento (diritto civile), Enc. dir., VIII, Milano, Giuffrè, 1961, 357 ss.

* 本法条被1975年5月19日第151号法律第26条替代。——译者注
** 本法条被1975年5月19日第151号法律第31条替代。——译者注
*** 根据2022年10月10日第149号立法法令第2条,本法条废除。——译者注
**** 本法条被2013年12月28日第154号立法法令第27条修改。——译者注
**** 本法条第1款被1983年5月4日第184号法律第61条替代,第2款被2013年12月28日第154号立法法令第38条替代。——译者注
**** 本法条第4款被2004年1月9日第6号法律第3条替代。——译者注

[2] V. TEDESCHI, Del domicilio, Padova, Cedam, 1936; JEMOLO, Domicilio delle religiose e legge elettorale, Foro it., 1956, I, 1729; Cass. 29 dicembre 1960, Giust. civ., 1961, I, 212; 10 gennaio 1964, Mass. Foro it., 1964, 18, 64.

(residenza),即自然人经常居住之地(第 43 条)[1]。暂住地(dimora)是暂时居住之地,法律也纳入考虑[2]。为保护第三人的利益,居所之变更须通告[3];居所迁移,推定住所迁移至同一地点,除非在通告中作出相反的表示(《民法典》第 44 条;《民法典实施法和过渡规定》第 31 条)。与意定住所相对的是法定住所或必要住所,后者指的是处于家庭支配权之下的人(如未法定分居的妻子、未成年人、禁治产人)的住所,他们以享有家庭支配权的人的住所为其住所(第 45 条*)。除一般意义的住所外,尚有多选住所或特别住所之规定。为了确定特定之行为或事务,可以(在特殊情况下则是必须)通过书面明示的形式确定多选住所或特别住所(第 47 条)。[4]

【死亡】人因死亡而消灭。与出生这一人之始点类似,《民法典》也未就人之终点作特别规定,因为死亡就当然等同于人之终点。[5] 通常情况下,法律确认人的死亡以尸体之存在为必要(《民事身份条例》第 141 条第 2 款**),但存有例外(可以从该例外规定中发现死亡推定制度)。这些例外法律规范规定,在尸体不能寻得或不能辨认时也可以认定死亡(《民事身份条例》第 145 条***;《航海航空法》第 206 条、第 211 条第 1 款、第 212 条、第 835 条和第 883 条****)。另有法律规范规定,海难和空难的确认可

---

[1] Cass. 26 agosto 1953, Giur. it., 1954, I, 1, 646, 同时参见:V. TEDESCHI 对此的评注; 5 gennaio 1955, Giur. it., 1955, I, 1, 1; 17 ottobre 1955, Giust. it., 1956, 459; 9 giugno 1959, Giust. it., 1960, I, 579; 22 maggio 1963, Mass. Foro it., 1963, 398, 1342.

[2] CARNELUTTI, Note critiche intorno ai concetti di domicilio, residenza e dimora nel diritto positivo italiano, Studi di diritto civile, Roma, Athenaeum, 1916, p. 3 ss; FORCHEIELLI, Domicilio, residenza e dimora (diritto privato), Enc. dir., XIII, Milano, Giuffrè, 842 ss.

[3] Cass. 9 giugno 1959, Giust. civ., 1960, I, 579; 14 novembre 1960, Giust. civ., 1961, I, 661.

* 已被 1975 年 5 月 19 日第 151 号法律第 1 条所替代。——译者注

[4] VITUCCI, Domicilio speciale (elezione di), Enc. dir., XIII, Milano, Giuffrè, 1964, 897 ss.

[5] CARIOTA-FERRARA, Il momento della morte è fuori della vita, Riv. dir. civ., 1961, I, p. 134 ss.; CALLEGARI, Morte (diritto civile), Noviss. Dig. it., X, Torino, Utet, 924 ss.

** 已被 2000 年 11 月 3 日第 396 号总统令第 110 条废止。——译者注

*** 已被 2000 年 11 月 3 日第 396 号总统令第 110 条废止。——译者注

**** 但第 835 条已被 2005 年 5 月 9 日第 96 号法律第 14 条所修改。——译者注

替代各乘客死亡的逐一确认(《民事身份条例》第 146 条、第 148 条 *，《航海航空法》第 209 条、第 211 条第 1 款、第 212 条、第 837 条和第 838 条**)。

【存活之不确定性】与人之终点相关的,还有存活可能性的问题。

【失踪】首先是失去音讯(scomparsa),即人离弃居所或住所且不再有任何音讯(第 48 条开头部分)。[1] 失去音讯这一事实足以发生如下效力：失踪人因下落不明不能取得——如果其尚存应取得的——权利(第 69 条)。该规则是对取得权利须证明取得人在取得时仍然存活这一原则的应用。该规则也适用于幸存情形,即当权利取得或其他法律后果发生依赖于幸存事实时,须证明该幸存事实(第 4 条)。

【同时死亡】根据这一规定,就不能推定同时死亡。[2] 因为当失踪人为继承人时,由失踪人的继承人进行继承,但同时保留失踪人的权利。对此,被授予继承权的人应当编制财产清单；如果失踪人未被宣告死亡的,还要提供担保(第 70、73 条)。此外,必要时,可采取措施来保管失踪人的财产(第 48 条)。

但是,失去音讯的事实不足以改变失踪人的法律地位。为此,法律合乎情理地另外要求,失去音讯之事实必须持续。根据"持续性"程度之不同,法律规定了宣告失踪和宣告死亡这两种制度。

【宣告失踪】失去音讯满两年的,可宣告失踪(第 49 条)。[3] 宣告失踪判决生效后(《民事诉讼法》第 730 条),若存在遗嘱,则须启用遗嘱。在这之后便开始编制遗产清单和提供保证金或采取其他预防措施,因失踪人死亡而可能获得财产权利之人可临时占有和接管此财产；原本因为失踪人死亡而可

---

* 第 148 条已被 2000 年 11 月 3 日第 396 号法律第 110 条废止。——译者注
** 第 837 条已被 2005 年 5 月 9 日第 96 号法律第 13 条所修改。——译者注
〔1〕 SANTORO - PASSARELLI, Disciplina della scomparsa nel nuovo codice civile, Saggi, II, p. 571 ss.
〔2〕 SANTORO - PASSARELLI, Commorienza, Enc., dir., VII, Milano, Giuffrè, 1960, 978 ss.
〔3〕 ROMAGNOLI, L'istituto dell'assenza con riguardo alla problematica del soggetto giuridico, Studi in onore di E. Betti, V, Milano, Giuffrè, 1962, p. 501 ss.

消灭债务之人,可因此暂时免于履行债务(第50条、第52条第1款、第55条)。

31 　　上述占有和接管权包含:管理权;出于必要或法院认为有明显益处而获得的转让权;全部或部分财产的用益权(第52条第2款、第53条、第54条)。这些制度安排旨在平衡宣告失踪人(其仍然是上述财产的权利人)和接管人的利益。失踪人之配偶丧失受抚养、受帮助之权利,故除去因失踪人死亡而可获得的权利外,仍可享有生活补助(第51条)。

　　宣告死亡、失踪人被证实死亡或尚生存,其法律效果各有不同(第56、57条)。

　　【宣告死亡】失踪宣告并不终局地变更财产法律关系,更不触及人身法律关系。然而,当失去音讯届满一定期限或者满足其他条件时,法律也规定了一项更为彻底的制度,即宣告死亡。[1] 它在如下情形中发生:自失踪人失去音讯之日起经过10年,不论是否事先被宣告失踪(第58、59条);或者因战争或意外事件而下落不明并持续一定时间(《航海航空法》第60-62条、第211条第2款、第212条、第838条;1949年6月3日第320号法律第3条)。[2]

32 　　宣告死亡的效力与死亡的效力基本相同,但考虑到宣告死亡之人或许存活的可能性,宣告死亡时仍需编制遗产清单,但无义务提供保证金或采取其他预防措施(第63条第4款;第64条第2-3款)。除此以外,宣告死亡判决生效后,其效力等同于死亡(第63条、第64条第1款)。然而,若确认被宣告死亡之人尚未死亡或者能确定事实上死亡的时间,则从此时起(ex nunc)撤销死亡宣告(第66、67条)。

　　宣告失踪不足以消灭婚姻关系(《民法典》第117条第2款,对于未成年人婚姻关系之撤销采取了缓和的措施*);宣告死亡不同于死亡,也并非

---

[1] GIORGIANNI, La dichiarazione di morte presunta, Milano, Giuffrè, 1943; G. AZZARITI, Morte presunta (dichiarazione di), Enc. forense, IV, Vallardi, Milano, 1959, 1156 ss.; Cass. 7 aprile 1952, Giur. compl. Cass. civ., 1952, II, 1, 169.

[2] FORMIGGINI, La dichiarazione di morte presunta secondo la legge 3 giugno 1949, n. 320, Giur. it., 1950, I, 2, 427 ss.; Cass. 12 giugno 1952, Foro it., 1953, I, 353. 关于诉讼主体,参见 Cass. 9 aprile 1964, Mass. Foro it., 1964, 209, 828.

* 该条已被1975年5月19日第151号法律第12条所替代。——译者注

必然消灭婚姻关系。[1] 相反,死亡宣告仅发生弱化婚姻关系之效力,即配偶可缔结新的婚姻(第 65 条)[《教会法典(codex iuris canonici)》第 1053 条作了类似的规定]。但是,若宣告死亡之人被证实未死亡,经利害关系人申请,可自此时起(ex nunc)废止新缔结的婚姻关系,即使新缔结婚姻的当事人是善意的,也不例外;相反,若被宣告死亡之人被证实是在新婚姻缔结之后死亡,则不得废止新婚姻关系(第 68 条、第 117 条第 4 款*)。对于教会法婚姻,亦同,但以认许(convalidazione)为限[2]。

【民事身份登记】国家承担对出生和死亡、家庭身份、公民身份、能力变更等事项进行登记造册的职责。国家通过市镇民事身份登记机构履行该职责。民事身份具有特殊的证明效力(第 452、454**、132 和 241 条***,详参下文第 61 节)[3]。

《民法典》对此仅作原则性规定,详细规范则在《民事身份条例》中(1939 年 7 月 9 日第 1238 号法令,该法令后续被 1946 年 5 月 5 日第 621 号法令、1950 年 7 月 28 日第 586 号法律以及 1955 年 10 月 31 日第 1064 号法律修改)。

民事身份须在各市镇的民事身份办公室以双份原件的方式进行登记,具体事项包括四项,即国籍、出生、婚姻和死亡(《民事身份条例》第 14 条****)。民事身份登记是公开的,私人可向当局申请提供登记摘录、证明文件和调查材料(第 450 条)。

民事身份文件属于公证书。未被提起伪造之诉之前,登记官(《民事身份条例》第 1 条规定的公共事务官员或其法定代理人)当面制作完成的

---

[1] G. AMORTH, Considerazioni intorno al matrimonio del coniuge dell'assente, Temi, 1949, p. 287 ss.; V. E. ORLANDO iun., La presunzione di morte e gli effetti civili del secondo matrimonio dichiarato nullo, Temi, 1954, p. 198 ss.

* 第 174 条已被 1975 年 5 月 19 日第 151 号法律第 54 条所废除。——译者注

[2] P. FEDELE, Il matrimonio dello scomparso, Riv. dir. civ., 1936, p. 202 ss.

** 根据 2000 年 11 月 3 日第 396 号总统令第 110 条,本法条被废除。——译者注

*** 本法条被 2013 年 12 月 28 日第 154 号立法法令第 16 条修改。——译者注

[3] ATTARDI, Efficacia giuridica degli atti di stato civile, Città di Castello, Leonardo da Vinci, 1949.

**** 2000 年 11 月 3 日第 396 号条例增加了民事结合的登记。——译者注

证书,具有证明力。但是,对于在场当事人所做的声明,不受前述规定限制,可提出相反证据予以反驳(第451条)。对于制作登记文件所需的陈述,私主体负有作出该陈述的义务。违反该义务者,将招致行政或刑事处罚(《民事身份条例》第196条)。制作公证书的形式包括:由民事身份登记机构受理的,对其进行登记(iscrizione)(《民事身份条例》第26条*);由其他主体制作完成的文件,对其进行转录(trascrizione)(《民事身份条例》第29条);对于登记、转录的文件,可就文件由其他主体制作之事实、文件记录之事实或制作过程,在文件底部或页边附注(annotazione)(《民事身份条例》第172条及以下条文)。附注仅以法律规定为限(第453条)。

更正判决可要求更正、补充和涂消登记内容,但此时须作相应的关于文件制作过程的附注,也可要求重做丢失文件。更正判决须登载(第454条、第455条**)[1]。

第三节　行为能力;概念;要求;年龄;未成年;脱离亲权;禁治产和准禁治产;前提条件;被动主体;行为能力欠缺之期限;法定禁治产;事实上无行为能力

【行为能力】自然人或具备或阙如行为能力,是指人所具备的对自身法律领域进行活动的某种能力。法律领域中的行为形态各异,行为能力可区分为实体行为能力,程序行为能力;还可以分为管理、处分、承担责任行为能力等。[2]

---

* 已经被2000年11月3日第396号总统令第110条所替代。——译者注
** 第454条已被2000年11月3日的第396号总统令第110条所废止。——译者注
〔1〕 CICU, Azione di rettificazione di atti di stato civile e azioni di stato, Riv. trim. dir. proc. civ., 1949, p. 765 ss.; Cass. 15 aprile, 1949, Giur. compl. Cass. civ., 1949, II, 297 附有G. A. MICHELI 的评注;28, maggio 1960, Foro pad., 1961, I, 577.
〔2〕 MESSINO, La distinzione fra capacità di agire, capacità di disporre e potere di disporre, Temi, 1949, p. 607 ss.; RESCIGNO, Capacità d'agire, Noviss. Dig. It., II, Torino, Utet, 1958, 861 ss.; AULETTA, Capacità all'esercizio dell'imporesa commerciale, Enc. dir., VI, Milano, Giuffrè, 1960, 72 ss.

【概念】原则上,法定行为能力着眼于自然人事实上照管自身利益的能力(第2条第1款、第414条*),这有异于为他人利益而行为的代理权。代理权由法定或意定授予,当意定授予时,无行为能力也可为他人利益而实施行为(第1389条)。

进而言之,正因为行为能力是指照管自身利益的能力,所以它是实施"法律行为(atti di volontà)"的能力。至于其他的"人的行为(atti giuridici)"——不论是适法还是非法行为——的能力,其法律规定有所不同(见第21节结尾处)。民事和刑事上不法行为的能力,法律表述为"理解和意愿能力",即行为时的辨识能力(第2046条、《刑法典》第85条)。

行为能力和事实上的能力并非绝对一一对应。法定行为能力之判定标准源于一般生活经验(譬如年龄),但在具体案件中却可能无法适用。两者之对应是法律调整的结果,而非自动生成。在法定无行为能力和事实无行为能力二元体系中,非对称性可见一斑。

【要求】行为能力之要求可归为年龄、健康和荣誉。质言之,法定完全行为能力者,须成年、完全照管自身利益以及不存在不荣誉等因素。在法律规定的特定情形中,尽管主体并非法定无行为能力,但也须考量事实无行为能力。

【年龄】成年者有行为能力。成年年龄为21周岁(第2条**)。鉴于客体之特殊性和行为的社会意义,缔结劳动合同和涉及创造性成果之行为能力的享有,被提前至18周岁(第3条、第2580条第2款***)。

【未成年】未成年人无行为能力,其法律领域内的行为委托父母或监护人处理,法律效果由未成年人承担。此即法定代理制度,代理人享有权利(第320条1款、第357条****;也请参见《民法典实施法和过渡规定》第389条、第47条和第48条)。

【脱离亲权】未成年人经脱离亲权可获得限制行为能力。结婚可以脱

---

* 后者已被2004年1月9日第6号法律第4条第2款所替代。——译者注
** 该条被1975年3月8日第39号法律第1条所替代,现行法为18周岁。——译者注
*** 分别被1975年3月8日第39号法律第2条和12条废止。——译者注
**** 前者已被1975年5月19日第151号法律143条所替代。——译者注

离亲权(所谓法定脱离亲权);未成年人已满 18 周岁者,可向监护法院申请脱离亲权(第 390、391 条*)(所谓由监护法官宣告脱离亲权)。脱离亲权者仅能实施一般管理行为(见 49 节);在保佐人(保佐权力源于法律)之协助下,得以实施其他行为(第 394、395、397 条)。保佐制度并非旨在取代意志,而是补全限制行为能力人之意志。由监护法官宣告脱离亲权的,也可以被撤销(398 条**)。脱离亲权须经特别程序加以公示(第 399 条、第 2198 条;***也参见《民法典实施法和过渡规定》第 49 条)。

【禁治产和准禁治产】能维护自身利益,乃成年人获得或保持其行为能力之要求。若不具备这一要求,则要么司法宣告禁治产,使其处于与未成年人相同之法律地位,也就是无法定行为能力;要么司法宣告准禁治产,使其处于与脱离亲权人相同之法律地位,也就是法定限制行为能力(第 424 条第 1 款****)。[1]

【前提条件】惯常精神失常、先天或自幼失聪失明而无法照顾自身利益者,可宣告为禁治产人(第 414 条、第 415 条第 3 款*****)。上述人士以及浪费人、酗酒成性或吸毒成瘾者,虽尚未完全丧失照管自身利益的能力,但能力明显减弱,可宣告为准禁治产人(第 415 条)。[2]

【被动主体】成年人、脱离亲权之未成年人、未脱离亲权之未成年人在其未成年的最后一年,均可被宣告为禁治产;成年人、未脱离亲权之未成年人在其未成年的最后一年,均可被宣告为准禁治产(第 414、415、416 条。第 414 条******)。

---

* 第 391 条已被 1975 年 3 月 8 日第 39 号法律第 6 条所废止。——译者注
** 已被 1975 年 3 月 8 日第 39 号法律第 6 条所废止。——译者注
*** 第 399 条已被 1975 年 3 月 8 日第 39 号法律第 6 条所废止。——译者注
**** 已被 2004 年 1 月 9 日第 6 号法律第 7 条所替代。——译者注
[1] POGGESCHI, Interdizione e inabilitazione, Noviss. Dig. it., VIII, Torino, Utet, 1962, 803 ss.
***** 两者已分别被 2004 年 1 月 9 日第 6 号法律第 4 条第 2 款和 2006 年 2 月 20 日第 95 号法律第 1 条所替代。——译者注
[2] Cass. 29 aprile 1953, Mass. Foro it., 1953, 243, 1185; 15 maggio 1959, Giust. Civ., 1959, I, 976.
****** 已被 2004 年 1 月 9 日第 6 号法律第 4 条第 2 款所替代。——译者注

《民法典》(第417条及以下条文)和《民事诉讼法》(第712条及以下条文)规定了禁治产、准禁治产宣告之诉讼主体、程序以及撤销等事项。[1]

【行为能力欠缺之期限】因宣告禁治产、准禁治产而导致欠缺行为能力的状态,自宣告或自判决之日起算(第421条),或自成年之次日起算(第416条),或自监护人、临时保佐人指定之日起算(第419条第3款、第420条、第424条第2款*),后者以之后实际作出禁治产或准禁治产宣告为条件(第427条)。宣告直至撤销判决终局生效之前均有效力。撤销判决公布后完成的行为,可被追认为有效(第431条,也参见第422条)。所有涉及行为能力的裁决,都必须遵守有关公示的特别规定(第423条、第430条;也参见《民法典实施法和过渡规定》第47条、第49条)。

【法定禁治产】行为能力也会受到不荣誉的影响,特别是通过刑法附加判处法定禁治产(见第31节,《刑法典》第19、32、38条),法定禁治产和被宣告为禁治产一样,导致完全无法定行为能力,但仅在"财产的处分和管理以及相关代理"(《刑法典》第32条第4款)方面。如此限制之原因在于,法定禁治产制度并非基于行为人缺乏自身利益照管能力之考量,也非旨在保护其利益,而是要剥夺其行为能力。

至此为止,所论述者皆为法定行为能力,即法律事先建构的行为能力制度。自然人在具体情况下能力如何,对于法定行为能力并无意义。

【事实上无行为能力】同理,事实上无行为能力通常无关紧要(第1425条第1款)[2],仅在如下情形方具有制约意义,即行为人缺乏法律所称的"理解和意愿能力"——辨识能力,以致行为与意志这一心理因素决然无关。此时,行为并非无效,而是可撤销。为何心理要素缺失不导致行

---

[1] POGGESCHI, Il processo d'interdizione e d'inabilitazione, Milano, Giuffrè, 1958.

* 第420条已被1975年5月13日第180号法律第11条所废止。——译者注

[2] GIORGIANNI, La cd. incapacità naturale nel primo libro del nuovo codice civile, Riv. dir. civ., 1939, p. 398 ss; CASTIGLIONE-HUMANI, Condizione giuridica degli incapaci non dichiarati, ivi, 1942, p. 141 ss.; G. B. FUNAJOLI, L'incapacità d'intendere e di volere nel nuovo cidice, Riv. dir. priv., 1944, I, p. 10 ss.; RESCIGNO, Incapacità naturale e adempimento, Napoli, Jonvene, 1950; P. TRIMARCHI, L'incapacità naturale ed il negozio cambiario, Banca borsa tit. cred., 1955, I, p. 287 ss.

为无效而使其被撤销,将在下文详述(见第 31 节)。

行为时缺乏"理解和意愿能力"——无论成因如何、即便是暂时的——对于婚姻(第 120 条并第 119 条第 1 款*)、遗赠(第 591 条第 2 款第 3 项**)、赠与(第 775 条)之效力,均有影响。在其他行为中,缺乏事实上的行为能力,一般仅作为复合构成要件之要素产生影响,除此之外,在单方行为中,尚须具备"对行为人造成严重损害"这一要件;在合同行为中,则尚须具备相对人之恶意这一要件(第 428 条第 1、2 款;第 1425 条第 2 款;另见第 427 条第 3 款)。[1]

第四节 对法定无行为能力人行使的支配权;无行为能力人之行为的撤销

【对法定无行为能力人行使的支配权】法定无行为能力人,处于亲权或监护权之下(第 316、357、358 条***)。法律赋予亲权人、监护权人以代替法定无行为能力人实施法律事务之权。一系列复杂、有序的法律规范,均以该权利为规范中心,旨在保护法定无行为能力人。但是,法定限制行为能力者,不受该权利管辖(参见第 90 条第 2 款****)。

【无行为能力人之行为的撤销】无行为能力人或限制行为能力人实施的行为无效,更准确地说,由无行为能力人实施或未遵守其他保护性规范的行为可被撤销(第 1425 条、第 428 条第 3-4 款)。可撤销一般仅具有相对效力(第 1441 条第 1 款),也就是仅行为能力欠缺者或其代理人,方得

---

* 分别被 1975 年 5 月 19 日第 151 号法律第 15、14 条所替代。——译者注
** 本法条被 1975 年 3 月 8 日第 39 号法律第 10 条替代。——译者注
[1] BERTAGNONI, Pregiudizio dell'incapace e malafede della controparte, Riv. dir. comm., 1964, I, p. 481 ss.; Significato e rilevanza della incapacità di intendere e di volere secondo l'art. 428 del codice civile, Giur. It., 1946, I, 1, 13 ss.; DE LISE, Sulla rilevanza del pregiudizio per l'annullamento dei contratti conclusi dall'incapace di intendere e di volere, Dir. e giur. 1964, p. 257 ss.; Cass. 7 ottobre 1959, Giust. civ., 1960, I 112; 23 luglio 1960, Mass. Foro it., 1960, 468, 2123; 21 febbraio 1961, Sett. Cass., 1961, 410.
*** 第 316 条已被 1975 年 5 月 19 日第 151 号法律第 138 条所替代。——译者注
**** 被 1975 年 5 月 19 日第 151 号法律第 7 条所替代。——译者注

提请撤销,其原因在于行为能力欠缺制度旨在保护行为能力欠缺者(不过,请参见第591条)。只有在特别情况下,撤销具有绝对效力,即在法定禁治产情形下,任何利害关系人均可提起撤销。此种例外的原因在于,法定禁治产制度是对行为能力欠缺者之惩戒(第1441条第2款)。 39

第二章 法人

第五节 法人之定义；创设法人制度的原因；国家承认的创设性功能；基础设施的必要性；法人种类 ；私法人；公司；法人目的；承认形式

【法人之定义】前文已提及，法人是法律制度对集合体构建出来的概念[1]。在物理世界中，该集合体体现为财产或人之集合；在经济-社会层面，该集合体为追求特定目的的经济组织体；在法律层面，是经国家承认的主体。

【创设法人制度的原因】可以想象，人和财产的集合尚可经其他途径实现，而无需借助主体这一形式。比如，人和财产的集合置于且须置于特定主体（比如企业）的支配之下；又比如，无须创造新主体，亦得实现意欲目标者，某些类型的公司（比如合伙）、非法人社团和协会（comitato）便是适例。若组织体所欲实现的目标高于成员利益，且不欲受成员有限生命之限制，尤其是所欲实现的目标，非财产分离、意志独立不可实现者，法律制度此时须提供规范工具。据此，法律决定是否赋予主体地位。

取得主体地位之组织[2]，可以拥有自己的意志，并通过其机构形成意志并表达；也可以拥有自己的财产，即完全独立于设立人和组织人的财产。

---

[1] F. FERRARA, Le persone giuridiche, 2ª ediz., con note di F. FERRARA iun., Torino, Utet, 1956.

[2] G. ARANGIO-RUIZ, La persona giuridica come soggetto strumentale, ristampa, Milano, Giuffrè, 1952.

【国家承认的创设性功能】由上可知,获认可的作用非比寻常,因此主体被提升至统一人格,只能依赖于国家认可,故而须国家承认。准以此言,国家的承认具有创设功能(第12条第1款)。然而,这并不意味着,在自始或嗣后缺乏作为人格载体的组织时,单凭国家承认即可创设主体。【基础设施的必要性】因此,此等所谓"基础设施(substrato)",虽非主体有效性的充要条件,但确为法人存在之必要条件[1]。其重要性亦体现在法律规定之中:若嗣后欠缺人或财产要素,则法人消灭(第27条第2款、第28条第1款)。

【法人种类】依其性质,法人可分为社团法人和财团法人。在公法中,尚有"国家机构(Istituzioni)"之称谓[2]。两类法人,均为人和财产两大要素之联合,惟其间关系不同。诚如其名称所见,社团法人者,财产固然为社团法人之不可或缺要件(第16条),但其核心在于成员的持续意志,而该意志经法人的最高机关——股东会议——得以体现。财团法人,为实现其目的,人之因素固不可欠缺,但财产才是第一要素。其核心却是创设人一次性确定并永久用于特定目的的资产,这就要求政府对财团活动进行必要干预(第25、26和28条)。

【私法人】《民法典》仅规定私法人。后者所追求之目的是对社会有利的私人利益,但该目的对于整体社会秩序(正是社会秩序承认其主体资格)而言,确非必需。对于公法人,《民法典》仅作参引规定(第11条)[3]。另外,于法人一题下,对非营利性私法人作了一般规定(第13条)。

【公司】通过经营活动(impresa)追求营业目的者,是具有法人资格的公司[4]。

---

〔1〕 SOTGIA, Elemento formale ed elemento materiale della persona giuridica secondo il nuovo codice civile, Nuova. riv. dir. comm., 3, 1950, II, p. 1 ss.

〔2〕 SICA, Le associazioni nella costituzione italiana, Napoli, Jovene, 1957.

〔3〕 G. MIELE, La distinzione fra ente pubblico e privato, Riv. dir. comm., 1942, I, pp. 10 ss., 72 ss.

〔4〕 CASANOVA, Società ed impresa Nuova riv. dir. comm., 2, 1949, I, p. 1 ss.; MESSINEO, Società e scopo di lucro, Studi di diritto delle società, Milano, Giuffrè, 1958, p. 3 ss.; ASCARELLI, Il diaologo dell'impresa e della società, Problemi giuridici, Milano, Giuffrè, 1959, II, p. 781 ss.

它和无主体资格的合伙[1]一起,被规定在民法典劳动编中,通过专门的法律规范实现这些组织体自身设定的目标。在上述基本分类中,追求营利目的的法人是典型的人合组织,也就是社团法人,而非财团法人。正是这一营利目的将公司与非营利社团区分开来[2];不过的确存在为从事经营活动而设立的公共机构[3]。

42

【法人目的】组织得以升格为法人之正当化基础在于目的之性质。同样,维持法人资格的正当性,在于目的、效用的持续及其实现的可能性。为此,须在设立文件和章程中载明法人目的(第16条第1款)。法人可因目的已实现、目的之不能和利益缺乏而终止、变更(第27条第1款、第28条第1款)。

【承认形式】对目的以及服务于目的之财产的评估,为行政机关职责所在,即在作出承认之前进行(《民法典实施法和过渡规定》第2条)。有学者认为,根据具体情况,承认文件需以总统或总督法令之方式做出(第12条)*。公司之营利目的,则无需具体评估;其法人资格被认为是法律之一般授予。申言之,公司结构由股东意定,可经登记而获得法人主体资格(《民法典实施法和过渡规定》第100条)。公司须向司法机关登记,后者仅须确认设立行为之合法性(第2330条第3款、第2331条第1款**)。

---

[1] MESSINEO, Per l'individuazione del «soggetto collettivo» non personificato, Arch. giur., 143, 1952, p. 3 ss.; GRECO, L'interpretazione della legge e la personalità giuridica delle società, Riv. dir. comm., 1953, II, p. 9 ss. (nota alla sent. Cass. 28 agosto 1952). 相反观点参见 CANDIAN, Aberrazioni in materia di società di persone, Temi, 1953, p. 267 ss.; ASCARELLI, Personalità giuridica e problemi delle società, Problemi giuridici, Milano, Giuffrè, 1959, I, p. 233 ss.

[2] SANTINI, Associazione o società fra artisti, Riv. trim. dir. proc. civ., 1947, p. 708 ss.; FURNO, Contratto innominato di mostra artistica, ivi, 1949, p. 203 ss.; FALZEA, Brevi note sui caratteri differenziali tra società ed associazione, Giur. compl. Cass. civ., 1947, III, p. 987 ss.; Cass. 2 marzo 1949, Giur. it., 1949, I, 1, 275.

[3] ARENA, Le società commerciali pubbliche, Milano, Giuffrè, 1942, e L'impresa pubblica e la sua inesistenza giuridica, Riv. soc., 1963, p. 36 ss.; M. S. GIANNINI, Le imprese pubbliche in Italia, Riv. soc., 1958, p. 226 ss.

* 被2000年2月10日第361号共和国主席令废除。——译者注

** 条文所在之第五章均已被2013年01月17日第6号法律《公司法改革》所替代。——译者注

第六节　法人设立；设立行为和章程；设立行为之形式和性质；权利能力；行为能力；法人机关；管理人；社员大会；社员；法人国籍；法人名称；法人住所；社员死亡；退社；开除；法人终止；财团重组；清算；剩余财产之分配；法人登记

【法人设立、设立行为和章程】私人成员意志经设立文件（atto costitutivo）和章程（statuto）得以表示。法人组织依设立文件而产生；章程常为私法自治之所在，以此规范私人成员之行为。

法律规定了设立文件和章程之要素（第 16 条）。设立文件和章程须向有关部门提交，以兹获得资格承认（《民法典实施法和过渡规定》第 2 条第 1 款）。[1]

【设立行为之形式和性质】法律规定设立文件须公示，但同时也允许财团经遗嘱而设立。之所以这样规定，是因为社团、财团法人设立行为性质不一。社团法人之设立行为，为生前双边或多边有偿法律行为。除了目的差异外，其与公司契约相似。因此，调整公司契约之规范，可补充适用于社团的设立行为，但以无矛盾为限。财团设立行为，又称捐助行为[2]，可以是生前行为或死因行为，但恒为单方行为，其中捐助财产的意愿与财产用于特定目的的意愿交织在一起。据此，根据法律（ope legis），在获得资格承认前，财团法人会构建所有法律关系所依赖的具有自主权的核心主体。为待设立组织之利益而实施的遗赠或赠与行为，因缺乏特定财产目的意思，而与财团设立行为不同，其受到法律之特别调整（第 600 条、第 786 条*；《民法典实施法和过渡规定》第 2 条第 2 款、第 3

---

〔1〕　Cass. 25 giugno 1953, Giust. civ., 1953, 2152.

〔2〕　ROMANELLI, Il negozio di fondazione nel diritto privato e nel diritto pubblico, I, Natura giuridica, Napoli, Jovene, 1935.

＊　均为1997年5月15日第127号法律第13条所废除。——译者注

条第 1 款)。[1] 本质上,财团设立行为具有单方性,这体现在设立人享有不可转让的撤销权(第 15 条),也就是行为尚未终局生效的情况(re adhun integra)。[2] 因此,财团法人不可能通过双边行为得以设立。

【权利能力】与其他国家不同,在我国法律体系中,法人的权利能力,不像其他一些国家规定的那样,被认为是一种功能性的能力,即仅在与法人存在之目的相关联的范围内赋予其权利能力。相反,学界无可置疑地承认——如同承认自然人一样——法人之概括权利能力。该理论被普遍接受的理由在于实践层面,即无法界定功能性的权利能力之边界,超越法人目的之法律关系也具有工具性利益。[3] 法人概括权利能力,并不意味着所有自然人能参与的法律关系法人均可参与。根据自然属性,家庭法律关系(例外情况请参阅第 354、402 条*)、使用权、居住权法律关系、设立遗嘱等领域,法人均不能涉足。

为避免发生永久管业权(manomorta),法人在不动产取得、生前(inter vivos)或死因(mortis causa)慷慨行为之接受中,需政府授权(第 17 条**)。此为法人权利能力之限制。[4]

【行为能力】法律具有行为能力。人格之赋予,旨在实施法律上之行为,以实现法人目的。故此,法人没有无行为能力或限制行为能力之

〔1〕 SALVI, Sui limiti d'applicabilità dell'art. 600 c. c., Riv. trim. dir. proc. civ., 1950, p. 248 ss.; CONDORELLI, Disposizioni modali dirette alla fondazione di enti e controllo sugli acquisti delle persone giuridiche, Raccolta di scritti in onore di A. C. JEMOLO, I, 1, Milano, Giuffrè, 1963, p. 243 ss.; Cass. 4 luglio 1959, Giust. civ., 1959, I, 1691; 26 ottobre 1959, ivi, 1960, I, 293.

〔2〕 Cass. 4 luglio 1959, Giust. civ., 1959, I, 1691.

〔3〕 GRAZIANI, Se una società possa prestare garanzie per altra società, Riv. dir. civ., 1956, p. 36 ss.; FERRI, Fideiussioni prestare da società, oggetto sociale, conflitto d'interessi, Banca, borsa, tit. cred., 1958, II, 27;相反意见,参见 MENGONI, In tema di fideiussioni prestare da società senza connessione con l'oggetto sociale, Riv. dir. comm., 1959, II, p. 147 ss。

* 本法条被 2013 年 12 月 28 日第 154 号法律第 62 条修改。——译者注
** 为 1997 年 5 月 15 日第 127 号法律第 13 条所废除。——译者注

〔4〕 RESCIGNO, La persona giuridica e la capacità di ricevere per testamento, Riv. dir. civ., 1954, II, p. 325 ss; Cass. 1º agosto 1958, Giust. civ., 1958, I, 2071; 30 ottobre 1959, ivi, 1960, I, 520.

区分。

【法人机关】法人之行为能力,必须借由法人机关方能实现。法人机关不同于自然人之代理人。代理人之标志为享有代理权,法人机关并无此等权力,而只能实践法人之行为能力。[1] 申言之,代理关系是主体间的法律关系,机关与法人之间的关系则并非如此。法人机关种类繁多,决议机关、执行机关、内部意思形成机关、意思表达机关、意思形成和表达机关等。后者类似于代理。《民法典》在法人对外机关之限制这一条文(第19条)中,不恰当称之为代理。《民法典》第18条规定管理人依据委任相关的规则承担责任,这并不意味着机关和法人之间为主体间法律关系。理由在于,第18条处理的是法人内部关系中法人和作为管理人的自然人之间的关系。

若机关行为的效果不仅由法人承担,而且其行为被认为是法人自身之行为,那么可以认为法人也可能从事违法行为[2],法人的刑事责任能力也能被承认。不过目前这一观点没有被接受(参见《刑法》第197条)。

【管理人】财团法人和社团法人都具备的机关,即内部、外部职责兼备之管理人,其须受社员大会或财团法人的政府主管机关之监督(第22、25条)。【社员大会】社团法人专有之机关为社员大会(第20、23条)。【社员】社员对于社团有其权利(第23条第1款)。法律规定了社员大会之主要职责、运行规则,并特别规定了多数决(使得部分成员意志得以成为集体意志)、决议规则等。

【法人国籍】本质上,法人国籍不同于自然人国籍,但仍是一个法律上重要的归属关系(《民法典序编》第16条第2款)。法人国籍以其"基础设

---

[1] MAIORCA, La nozione di organo nel diritto privato, Ann. Univ. Camerino, XI, 1937, p. 62 ss.; Santi ROMANO, Frammenti di un dizionario giuridico, Organi, Milan, Giuffrè, 1947, p. 145 ss.; MINERVINI, Alcune riflessioni sulla teoria degli organi delle persone giuridiche private, Riv. trim. dir. proc. civ., 1953, p. 935 ss.; AURICCHIO, La cd. rappresentanza di persona giuridica futura, Dir. e giur., 1960, p. 541 ss.

[2] ALESSI, Sul fondamento di una responsabilità diretta delle persone giuridiche, Studi in onore di G. Pacchioni, Milano, Giuffrè, 1939, p. 373 ss.; CASETTA, L'illecito degli enti pubblici, Torino, Ist. Giur., 1953.

施"所在国为判断标准(第 2505 条及以下条文*)。

【法人名称】如同自然人,法人亦须有名称。基于普遍利益的考量,名称是识别身份的必要手段(第 16 条开头部分)。基于自然人所处环境而形成的周遭关系,法律规定了自然人的住所和居所。【法人住所】同理,法律为法人确定的是法人住所(第 34 条第 1 款**),即法人所声明的且登记在案的地址。设立文件未载明住所地时,则以主要业务实施地为其住所(第 46 条)。

法人成员和财产,均可更迭而不影响法人本身,但以法人维续其功能和结构为限。须特别指出的是社员更迭。社员关系指主要基于人之考量(intuitus personae)的关系,故原则上,社员资格不得转让,既不可生前转让,【社员死亡】亦不得死后移转。但是,社员们可以将其意志表达在设立文件或章程中,从而规定社会资格可转让和新成员加入事宜。[1]【退社、开除】社员资格亦可因退社或开除而丧失。退社为单意志行为,开除则须基于严重事由,并在司法机关监督下,经社员大会决议,方得为之。法人财产是为实现社团目的之财产,而非利润,故而退社或开除不影响法人财产,退社或被开除之社员对法人财产并无权利(第 24 条。相反规定为第 2284、2289 条***)。

【法人终止】若成员和财产之更迭影响法人结构和功能,则为法人终止事由。[2]

法人因设立文件或章程所规定事由之发生而终止,因目的之实现或实现不能而终止。目的实现不能之事由,可为相应财产之缺乏。社团法人亦因社员大会决议或政府主管部门命令而解散,或因社员仅剩一人而解散(第 27 条第 1-2 款、第 21 条第 3 款、第 29 条和第 2272 条第 4 项****)。

---

* 本法条被 2012 年 5 月 22 日第 123 号立法法令第 1 条修改。——译者注
** 该条已被 2000 年 2 月 10 日第 361 号法律第 11 条 a 项所废除。——译者注
〔1〕Cass. 21 luglio 1947, Giur. it., 1948, I, 1, 186.
*** 条文所之第五章均已被 2013 年 01 月 17 日第 6 号法律《公司法改革》所替代。——译者注
〔2〕L. COVIELLO iun., Osservazioni in tema di estinzione delle persone giuridiche, Riv. trim. dir. proc. civ., 1949, p. 803 ss.; SCALFI, Osservazioni in tema di estinzione delle persone giuridiche, Temi, 1958, p. 621 ss.
**** 最后一条已被 2000 年公司法改革而废除。——译者注

法人因解散或其他原因而终止的,除特别情形外,均须经查明程序,并由政府主管部门宣告(第27条第3款*)。宣告之意义在于确认终止原因是否有效。【财团重组】对于财团重组,法律另有特殊规定(第28条)。

法人终止后,不得实施行为,须进行财产清算。【清算】《民法典实施法和过渡规定》(第11-20条)、《民法典》(第29、30条)对此有详细规定。【剩余财产之分配】清算之后,仍有剩余财产的,须完成剩余财产之分配。设立文件或章程对剩余财产之归属主体有规定的,以其规定;若无规定,社团情形下,由社员获得剩余财产;财团情形下,则由政府主管机关将剩余财产分配给类似团体;这一规则同样适用于规定财产特殊用途之团体(第31、32条)。所有情形,在性质上,均非继承取得,而是基于特殊之取得方式。

【法人登记】国家负有对法人文件进行登记造册之责。同自然人一样,法人须在省会法院文书处进行法人登记(第33条第1款;《民法典实施法和过渡规定》第22条)。法律规定了初始登记事项和变更登记事项。登记(也可以依职权进行)和变更是一项义务,管理人或清算人违反该项义务,会招致连带个人责任(第33条**、第34条第1款***和第35条****;《民法典实施法和过渡规定》第22条及以下条文),也会招致刑事处罚。

登记仅具宣示效力。关于机关权力限制事项、变更事项,未经登记不得对抗第三人,但能证明第三人知道的除外(第19条、第34条第2款****)。

第七节 非法人团体;非法人社团;协会

【非法人团体】事实上的团体,无法律人格,但法律并非全盘否认其法律意义。对于非法人团体,不得认为其法律人格弱化或减损,而应认为其

---

* 该条已被2000年2月10日第361号法律第11条c项所废除。——译者注
** 根据2000年2月10日第361号法律第11条d项,本法条被废除。——译者注
*** 根据2000年2月10日第361号法律第11条a项,本法条被废除。——译者注
**** 本法条被2000年2月10日第361号法律第11条e项修改。——译者注
**** 第34条已被2000年2月10日第361号法律第11条a项所废除。——译者注

完全无法律人格。[1]

在涉及非法人团体设立人的诸多法律关系中,非法人团体成为法律关系之载体。非法人团体有独立的管理权,法律通过赋予某些成员(管理人、成员、主席和主管等)为他人行为之权力,而实现独立管理。更为重要的是,非法人团体有独立财产(第36条第2款、第41条第2款)。共同经费(fondo comune)是一笔具有特定目的、并因此不同于成员个人财产的财产。各成员承担缴纳会费之义务,在特定目的存续期间,对共同经费也并无任何权利(第37条、第41条第1款)。共同经费亦独立于成员个人债务,成员个人债务不得及于共同经费。共同经费构成团体债务之唯一责任财产,仅在例外情形中,以非法人团体之名义或为其利益而行为之人——也仅仅是此等人——才须为非法人团体之债务承担连带和个人责任(第38条、第41条第1款)[2]。

【非法人社团和协会】法律将非法人团体区分为非法人社团(政党、工会、俱乐部、所谓的文化团体、赞助团体等)[3]和协会(comitato)(救济协会、慈善协会和各类行业协会)。二者在结构上分

---

[1] 对此,参见 GHEZZI, La soggettività delle associazioni sindacali, Riv. trim. dir. proc. civ., 1963, p. 79 ss.;对于财团法人,参见 GALGANO, Sull'ammissibilità di una fondazione non riconosciuta, Riv. dir. civ., 1963, II, p. 172 ss。

[2] 关于成员得通过共同经费满足个人需要,参见 Cass. 11 maggio 1959, Giust. civ., 1959, I, 1757。

[3] RUBINO, Le associazioni non riconosciute, 2ª ediz., Milano, Giuffrè, 1952; CARRESI, Potere di disposizione e legittimazione processuale nelle associazioni non riconosciute, Riv. trim. dir. proc. civ., 1948, p. 205 ss.; POGGESCHI, Le associazioni e gli atlri gruppi con autonomia patrimoniale nel processo, Milano, Giuffrè, 1951, pp. 9 ss., 173 ss.; GIULIANO, Sulla individualità delle associazioni non riconosciute e delle società semplici, Dir. fall., 1949, I, p. 79 ss.; RUBINO, Questioni varei in materia di associazioni non riconosciute, Temi, 1952, p. 311 ss.; RESCIGNO, Sindacati e partiti nel diritto privato, Jus, 1956, p. 1 ss.; La sezione del partito politico, Studi in onore di G. M. De Francesco, II, Milano, Giuffrè, 1957, p. 565 ss.; Associazione non riconosciuta e capacità di testimoniare, Riv. dir. civ., 1957, II, p. 157 ss.; LA CHINA, Considerazioni varie in tema di associazioni di fatto, Riv. trim. dir. proc. civ., 1956, p. 1474 ss.; FLAMMIA, Contributo all'analisi dei sindacati di fatto, I, Autotutela degli interessi di lavoro, Milano, Giuffrè, 1963; BIANCA, I gruppi minori e la responsabilità dell'associazione non riconosciuta, Riv. trim. dir. proc. civ., 1963, p. 1319 ss.; CHEZZI, La responsabiltà contrattuale delle associazioni sindacali, Milano, Giuffrè, 1963; Cass. 3 luglio 1959, Mass. Foro it., 1959, 397, 2119.

别类似于社团和财团。协会和财团相近的原因在于以下三个方面:捐助金的特殊性质[1];管理者和组织者之个人连带责任(第40条);政府主管机关在协会目的事项发生变化时之介入(第42条)。[2]

50

---

[1] P. FORCHIELLI, Saggio sulla natura giuridica dei comitati, Riv. trim. dir. proc. civ., 1954, p. 105 ss.; NOBILE, I comitati nel nuovo codice civile, Scritti giuridici per la Casa Jovene, Napoli, Jovene, 1954, p. 687 ss.; F. GALGANO, Per una ipotesi sulla natura giuridica dei comitati, Jus, 1958, p. 69 ss.; AURICCHIO, Comitati (diritto civile), Enc. dir., VII, Milano, Giuffrè, 1960, 755 ss.; CANNADA-BARTOLI, Partecipazioni di comuni a comitati di diritto privato senza personalità giuridica, Studi in onore di E. Betti, V, Milano, Giuffrè, 1962, p. 77 ss.; Cass. 12 marzo 1951, Giur. compl. Cass. civ., 1951, I, 399, con nota di Pratis, In tema di natura giuridica ed estinzione dei comitati; 8 novembre 1957, Temi napol., 1958, I, 1 con nota di MAZZACANE.

[2] Cass. 16 Marzo 1959, Foro it., 1959, I, 559.

第三章　人格之保护

第八节　人格保护之法律规范；人格权；姓名；化名；身体；尸体；肖像；通信秘密；可尊性、学术声誉、骑士勋章；贵族头衔和社会属性

【人格保护之法律规范】法律体系通过公法(宪法、行政法和刑法)规范确立了人格的基本属性,这些规范没有赋予个人对于人格的意志决定权。因此,人格要素固然为主体福祉之所在,但绝非主观权利之客体,故而不得转让、不得放弃。这是对人格纯粹的、客观的保护。【人格权】相较之下,赋予主体以主观权利——所谓的人格权——的保护方式,则属次要的保护方式。我们讨论的范围,也限定在后者[1]。

自然人和法人均有人格,但法人人格受自然性质之限制。人格保护之目的,在于保障主体之基本个性、维护人身体和精神不可侵犯。[2]

【姓名】自然人个性之首要特征为姓名。自然人对姓名并不享有主观权利,是法律赋予其姓名权(参见第 6 条之法条表述)。自然人"即使无姓

---

〔1〕 VIGRA, Libertà giuridica e diritti fondamentali, Milano, Giuffrè, 1947；CARNELUTTI, Diritto alla vita privata, Riv. trim. dir. pubbl. , 1955, p. 3 ss. ; DE CUPIS, I diritti della personalità, Milano, Giuffrè, 1959, 1961 (due tomi); DI MAJO GIAQUINTO, Profili dei diritti della personalità, Riv. trim. dir. proc. civ. , 1962, p. 69 ss. ; VERCELLONE, Libertà (diritto privato), Noviss. Dig. it. , IX, Torino, Utet, 1963, 848 ss. ; ARE, Interesse alla qualificazione e tutela della personalità, Studi in onore di A. Asquini, V, Padova, Cedam, 1965, p. 2165 ss.

〔2〕 MESSINEO, Problemi dell'identità delle cose e delle persone nel diritto privato, Ann. Catania, 1949-1950, p. 64 ss. ; SANTINI, I diritti della personalità nel diritto industriale, Padova, Cedam, 1959.

名,但基于值得保护之家庭事由,仍可享有利益"。自然人所享有之权利,包括请求他人停止无端否认姓名或者有害姓名使用等侵害行为,以及在侵害人存有过错时,得以请求损害赔偿(第7、8条)。[1]

【化名】给予化名以相同之保护,但以其"获得与姓名相同之重要性"为限(第9条),亦即在具体交往中,化名发挥或部分发挥姓名之表征作用。[2]

商号和商标不是人格权的表现,因此对它们的保护不是为了人格权,而是为了保护企业。

【身体】就身体之不可侵性而言,需指出的是,尽管经过各种辩证努力,但是对自身或自己的身体并不存在甚至无法构建出一种权利。理由在于,基于人之整体性,只得言及"自由",而不能妄谈对自身的支配。在我国法律制度中,也不存在对他人身体之权利,虽然须承认,在亲权关系、精神-物理活动之给付关系、源于身体之利益的给付关系中,个体自由受到限制。[3] 对自身身体的处分行为,只能在此意义上被允许。

摘取身体器官之行为,唯在当事人自愿实施时,方体现其仅有的债法效力。在任何情况下,导致身体完整性功能永久减损之行为,均因违背公法秩序或善良风俗(第5条)而受禁止。被摘取的身体器官,自分离之时起,为个人财产权之客体。此种取得方式是与独创性成果之取得具有某种相似性的原始取得。[4]

---

[1] CORRADO, Diritto al nome e diritto all'onore, Riv. dir. comm., 1949, II, p. 211 ss.; DE CUPIS, Uso cinematografico del nome altrui, Foro it., 1955, I, 466 ss.; BUCCIANTE, Sulla tutela del diritto al nome, Giust. civ., 1960, I. p. 593 ss.; CAPIZZANO, La tutela del diritto al nome civile, Riv. dir. comm., 1962, p. 249 ss.; Cass. 21 febbraio 1962, Giur. it., 1962, I, 1, 137 ss.; 14 ottobre 1963, Foro it., 1964, I, 306.

[2] DE SEMO, Lo pseudonimo o « nome d'arte » con riguardo anche al diritto cambiario, II, dir. di autore, 1954, p. 447 ss.; 当化名与他人姓名相同时,可能引发违法性问题,对此参见 Cass. 24 luglio 1953, Giust. civ., 1953, 2607。

[3] F. VASSALLI, Del ius in corpus, del debitum coniugale e della servitù d'amore, ovverosia la dogmatica ludicra, Roma, Bardi, 1944.

[4] MESSINEO, Note in tema di atti di disposizione sul corpo umano, Temi, 1956, p. 338 ss.; DE CUPIS, Corpo (atti di disposizione del proprio), Noviss. Dig. it., IV, Torino, Utet, 1959, 854 ss; PESANTE, Corpo umano (atti di disposizione), Enc. dir., X, Milano, Giuffrè, 1962, 653 ss.

【尸体】死亡导致人格消灭,故此,原则上应允许处理尸体,但以不违反法律、公法秩序和善良风俗为限。[1]

【肖像】精神的不可侵犯着重体现在隐私(Riserbo)方面。法律对此多有保护,其中《民法典》规定了肖像保护。[2] 至为明显的是,不存在对本人、父母、配偶或子女的肖像权利。肖像保护意味着对他人于法定情形外暴露或公布肖像之滥用行为的停止请求权;在上述滥用行为造成尊严或名誉(而非权利)损害(此时损害客体不再是隐私而是名誉)时,若行为人具有过错,则享有请求损害赔偿之权利(第10条、1941年4月22日第633号法律《作者权利保护法》第96条及以下条文)。对于法定情形之外,对暴露或公布肖像行为之同意(该同意可撤销)非处分行为,而是表明该行为中无涉隐私这一事实。

【通信秘密】法律规定必须收件人同意,才能使寄件人公开信件的行为不构成违反通信秘密。同理,该同意不得解释为处分行为(上述《作者权利保护法》第93条)。[3]

对于隐私范围内的任何其他个人表达形式的传播[4],若法律未有规定,肖像之保护规范得以适用。

---

[1] PESANTE, Cadavere, Enc. dir. , V, Milano, Giuffrè, 1959, 769 ss.

[2] L. FERRARA, Il diritto sulla propria immagine, Roma, Facoltà di economia dell' università, 1942; PERETTI - GRIVA, In tema di diritto alla propria immagine, Riv. dir. comm. , 1953, II, p. 31 ss. ; VERCELLONE, Il diritto sul proprio ritratto, Torino, Utet, 1959; Cass. 31 gennaio 1959, Foro it. , 1959, I, 200, con nota di DE CUPIS; Giust. civ. , 1959, I, 858, con nota di SCHERMI; 29 ottobre 1963, Foro it. , 1963, I, 2073 s, con nota di MA-GRONE-FURLOTTI; 14 dicembre 1963, Giust. civ. , 1964, I, 287, con nota di SCROI.

[3] G. NAVARRA, Le lettere missive, Firenze, Cya, 1939; DI MAJO GIAQUINTO, Corrispondenza (diritto privato), Enc. dir. , X, Milano, Giuffrè, 1962, 741 ss.

[4] 关于隐私权之争论,最近的研究参见 Giov. PUGLIESE, Il diritto alla «riservatezza» nel quadro dei diritti della personalità, Riv. dir. civ. , 1963, I, p. 605 ss. ; Aur. CANDIAN, Tentativo di qualificazione sistematica del preteso diritto alla riservatezza, Riv. dir. fall. , 1965, I, p. 81 ss. ; Cass. 20 aprile 1963, Foro it. , 1963, I, 877 ss. e 1298 con nota di DE CUPIS; Giust. civ. , 1963, I, 1280, con nota di SGROI; Foro pad. , 1963, I, 513, con nota di ONDEI; Temi, 1963, 241 ss. , con nota di Aur. CANDIAN; Riv, dir. ind. , 1963, II, 27 ss. , con nota di TRAVERSO; Giur. It. , 1964, I, 1, 469, con nota di PUGLIESE.

精神不可侵犯还体现在荣誉[1]之不可侵。上文也已提及,肖像之不当公开行为,侵害名誉。【可尊性、学术声誉、骑士勋章】《民法典》虽未规定,但仍须对于可尊性(dignità)、学术声誉、骑士勋章(1951年3月3日第178号法律)加以保护。其手段类似于姓名保护,但又略有不同。姓名旨在表征个性,可尊性(dignità)、学术声誉、骑士勋章等旨在褒扬(onorare)。故而,主体不得请求他人停止对可尊性(dignità)、学术声誉、骑士勋章之否认行为。对于有害使用行为,自请求停止。【贵族头衔和社会属性】贵族头衔和社会属性(1929年1月31日第61号法规已加以保护)具有排他性,故主体可请求他人停止否认和有害使用行为。但禁止有害使用行为之规范目的与禁止姓名之有害使用不同。后者旨在避免混淆,而前者并无此危险,因为荣誉称号意在荣誉而非表征。如今,贵族头衔不再被承认,只将1922年10月28日之前已经存在的贵族头衔作为姓名的一部分并予以保留(《宪法实施法和过渡规定》第14条),如今对它们适用与姓名相同的规则[2]。

54

55

---

[1] DE CUPIS, Condizioni morali e tutela dell'onore, Foro pad., 1960, I, 677 ss.

[2] C. A. FUNAJOLI, I titoli nobiliari sono aboliti ? Foro civ., 1948, p. 191 ss.; CANSACCHI, La «cognomizzazione» dei predicati nobiliari e la loro tutela giurisdizionale, Giur. it., 1954, IV, 193 ss.; Il riconoscimento giuridiziario dei titoli nobiliari, ivi, 1964, IV, 129 ss,; Azione di reclamo di predicato, Foro pad., 1955, IV, 17 ss.; Azione di usurpazione di predicato e condizioni della sua ammissibità, 1958, I, 59 ss.; PEZZANA, Il diritto allo stemma come diritto delle personalità e la Costituzione repubblicana, Riv. giur. umbro-abruzzese, 1956, p. 511 ss.; In tema di cognomizzazione di predicati nobilari, Foro it., 1961, I, 1647 ss.; BON VALSASSINA, Questioi vecchie e nuove in tema di applicazione della XIV disp. fin. della Costituzione, Glur. cost., 1960, p. 999 ss.; GRASSO, Questioni in materia di predicati nobilari, Foro pad., 1962. I, 665 ss.

第二编

物

第九节　权利客体；财产；物的本义；物权客体；其他权利之客体；空间；自然能源；无形财产

【权利客体】人是法律关系中的主体,或是积极主体或是消极主体;物则是主体之间的连接点,即客体。[1]《民法典》第三篇开篇将财产(Beni)界定为可成为权利客体之物(第810条)。据此可推论,存在不属于财产并因此不得成为权利客体之物。另外,财产也可以不是物。

【财产】可成为法律关系客体之物为财产[2]。这意味着,此类物须具有用性,即满足人类之某种需要。若无此属性,则无法律保护之必要。基于同样理由,作为权利客体之物,须具可供专用性,若无此属性——譬如空气、流水及其他归属于全体之物,亦不得成为法律关系之客体。

【物的本义】有观点认为,存在不属于物的财产,如果将"物"狭义理解为周围物质中可分离部分时,该观点成立。该狭义用法延续了我们的传统,也符合《民法典》之用语和体系。可以看到,所有权编就是物的规定,并保留了物权类别。所以,此时的物——不准确地说,财产——是有体物。

【物权客体】其他因物(res)而得名的物权,其客体始终是,也仅仅是严格意义上的物,也就是物质层面的那一部分。物权和其他主观权利之

---

[1] MAIORCA, L' oggetto dei diritti, Milano, Giuffrè, 1939; La cosa in senso giuridico, contributo alla critica di un dogma, Torino, Ist. giur., 1937; PUGLIATTI, Cosa in senso giuridico (teoria generale), Enc. dir, X, Milano, Giuffrè, 1962, 19 ss.

[2] PINO, Contributo alla teoria giuridica dei beni, Riv. trim. dir. proc. civ. 1948, p. 825 ss.; BIONDI, I beni, 2^a ediz., Torino, Utet, 1956; PUGLIATTI, Beni (teoria generale), Enc. dir, V, Milano, Giuffrè, 1959, 164 ss.; SATTA, Cose e beni nell'esecuzione forzata, Riv. dir. comm., 1964, I, p. 350 ss.

区别恰在于此。物权虽如同其他权利一样归结为主体间之关系,但其直接作用于物。因此,不特定主体相对于物权人之义务,乃是派生(secondario)义务,是不作为义务。

【其他权利之客体】其他权利之客体不得为物(res),而是行为,该行为或是消极主体之行为,譬如债权之客体;或是积极主体之行为,譬如形成权之客体。其他权利之直接客体均为行为,即使行为目的在于使权利人获得物,也不例外。债权之客体为行为(给付),形成权客体亦然。学界错误地将形成权界定为无客体之权利(这一建构令人费解),实际上,形成权之客体为权利人旨在对他人法律领域产生影响之行为。行为作为权利之客体,为工具性财产,但不是物。

权利客体一般理论无法建构,原因主要在于各类客体之异质性。但可以建立关于物的一般理论,也即前述已经阐明的财产,该理论可脱离具体权利内容的多样性而独立存在。

【空间】空间非物。《民法典》第840条提及空间,但不能误解。空间并非客体,而仅是客体之所在,是客体存在和发挥作用不可或缺的工具。诚然,空间对土地所有权的工具性显而易见;但实际上,任何法律关系均倚于空间。就文义而言,上引条文意义巨大,它从原则上将土地所有权扩展至地下,但不得上至空间。[1]

【自然能源】《民法典》第814条所称具有经济价值的"自然能源",虽不是物质的某一部分,但是源自物质本身的力。于此,应扩展物理性之内涵,认为自然能源为物。[2]

---

[1] MAIORCA, Lo spazio e i limiti della proprietà fondiaria, Torino, Ist . giur. , 1934; TRABUCCHI, Sulla nozione di possesso privato di spazio aereo, Giur. it. , 1965, I, 1, 303 s. Conforme Cass. 8 luglio 1960, Riv. giur. edilizia, 1960, I, 656; diversamente Cass. 11 luglio 1958, Foro pad. , 1958, I, 1127; 4 febbraio 1961. Riv. giur. dilizia, 1961, I, 405; 13 giugno 1962, Mass. Foro it. , 1962, 440, 1463.

[2] CARNELUTTI, Studi sulle energie come oggetto di rapporti giuridici, Studi di diritto civile, Roma, Atenaeum, 1916, p. 177 ss. ; Precedenti storici del diritto sull'energia, Riv. dir. civ. , 1960, I, p. 117 ss. ; BIONDI, Energia, Noviss. Dig. it, VI, Torino, Utet, 1960, 529 ss. ; MESSINETTI, Energia, Enc. dir, XIV, Milano, Giuffrè, 1965, 867 ss; Cass. 20 settembre 1948, Giur. it. , 1949, I, 1, 204.

相反,人力资源非物。理由是,人力资源要么用于劳动,故而与人不可分离,其意义在于行动本身;要么用于创造智力成果,即智力劳动,而后者为权利客体。

【无形财产】智力作品——无论科学性、文学性、艺术性或演绎性,工业发明(第2575条及以下条文)为人类智力创造的新事物,人类之进步发展系于此,因而具有无与伦比的重要性。法秩序认可这一重要性,并规定由创造人原始取得权利。[1] 智力成果不同于物,它蕴含人类创造性、发明性之精神活动,故为无形财产。不得将智力成果混淆于"机械实体(Corpus mechanicum)",如书、画、唱片等。"机械实体"或载有智力成果[2],但非智力成果本身。

无形财产与有形财产一样,为绝对权的直接客体,其行使方式如同物权。然而,两者在性质上存在明显差别,故而不能称为文学作品所有权、艺术作品所有权或工业发明所有权。

第十节 有形财产;国家机关财产和宗教财产;权利人缺位时的不动产;归属物和非归属物;融通物和不融通物

【有形财产】囿于《民法典》之论域,本书论题限于私人财产,即其归

---

[1] GRECO, I diritti sui beni immateriali, Torino, Giappichelli, s. d. (1948); Beni immateriali, Noviss. Dig. it., II, Torino, Utet, 1958, 356 ss.; Saggio sulle concezioni del diritto di autore (monismo e dualismo), Riv. dir. civ., 1964, I, p. 539 ss.; CASANOVA, Beni immateriali e teoria dell'azienda, Riv. dir. comm., 1945, I, p. 76 ss.; PIOLA CASELLI, Il diritto d'autore, Torino, Utet, 1943; VALERIO e ALGARDI, Il diritto d'autore, Milano, Giuffrè, 1943; Aur. CANDIAN, Il diritto di autore nel sistema giuridico, Milano, Cisalpino, 1953; ASCARELLI, Teoria della concorrenza e dei beni immateriali, 3ª ediz., Milano, Giuffrè, 1960; FRANCESCHELLI, Beni immateriali (Saggio di una critica del concetto), Riv. dir. ind., 1956, I, p. 381 ss.; Le idee come oggetto di rapporti giuridici, Studi in memoria di L. Mossa, II, Padova, Cedam, 1961, p. 227 ss.; CORRADO, Opere dell'ingegno. Privative industriali, Milano, Vallardi, 1961; VOLTAGGIO - LUCCHESI, I beni immateriali, Milano, Giuffrè, 1962; FABIANI, Il diritto d'autore nella giurisprudenza, Padova, Cedam, 1963.

[2] ARE, L'oggetto del diritto di autore, Milano,Giuffrè, 1962; Cass. 31 luglio 1951, Giur. compl. Cass. civ., 1951, III, 1, 138, con nota di GHIRON, La distruzione della cosa corporea nel campo della tutela dei diritti d'autore.

属和用途为《民法典》所调整之财产。[1]【国家机关财产和宗教财产】国有公共财产(Beni demaniali)并非私法财产,而是指归属于国家、省或市镇所有并为公用之财产。法律配置了特别制度用以规范国有公共财产及以之为客体的物权(第 822-825 条)。另外,上述地方公共机关(Enti pubblici territoriali)之财产,无论是否可处分,同样受特别制度规范,《民法典》仅在例外情形补充适用。其他公共团体和宗教财产则受《民法典》之调整。至于宗教用途的建筑物,以及为公共服务而指定的公共团体财产,其用途的终止必须经过法律程序(第 826、828、830、831 条)。

【权利人缺位时的不动产】从私有财产类别转为国家财产类别的,是那些处于空置状态,即无主的不动产(第 827 条)。本条承认不动产之可抛弃性,但不应理解为是征用权理论的再生,过去曾以该理论作为国家取得无主财产之正当化基础。相反,而是应该与空缺遗产之国家取得(第 586 条)联系起来,此实乃国家为集体利益而履行主权职责之体现。

【归属物和非归属物】归属物(cose in patrimonio)和非归属物(cose fuori patrimonio)之分类仅限于动产。基于上述规范,不动产总有归属。非归属物指的是当前无主但可能会拥有所有者的动产。非归属动产包括:从未归属于任何人之物(res nullius),如为狩猎、捕捞对象之动物;抛弃物(res derelictae)(第 923 条及以下条文)。

【融通物和不融通物】与之判然有别的分类是融通物和不融通物之区分。非归属物,目前无归属但可有归属,故均为融通物,即可为法律交易之客体。反之,则为不融通物。常见不融通物,如全体公用物(beni comuni a tutti)以及国家公有财产(beni demaniali)。这些财产在未丧失其公产属性之前,依法被排除在流通之外。只有通过"去公产化"(sde-manializzazione)程序,并因此转入归属物(beni patrimoniali)范畴后,才可能进入流通领域(第 829、1145 条)。上述不融通物,为一般不融通物,除

---

[1] SANDULLI, Spunti per lo studio dei beni privati d'interesse pubblico, Dir. econ., 1956, p. 163 ss.

此以外尚有特殊不融通物。特殊不融通物绝对或相对不得融通、全部或部分不得融通，即依据法律或通过法律行为不得交易。违反此禁令，交易依法不发生效力（法律行为禁令，参见第 1379、167、170*、187、190 条**以及第 692 条***及以下条文）。

第十一节　生息物和非生息物；不动产和动产

【生息物和非生息物】凡法律制度，均以特定历史时期之社会—经济重要性为标准对融通物作出关键分类。旧法典据此区分不动产和动产。伴随着工业的发展，动产经济之价值已不可同日而语，能生产他物之物的经济、社会价值与日俱增。现今之首要分类应是生息物和非生息物。该分类势必愈发重要，而需法律作不同调整。《民法典》已为此开辟道路，对此仅需提及农地所有权之特别调整规范（第 846 条及以下条文****）、怠于经营生息物之征收（第 838 条****）、生息物租赁自由（第 1615 条及以下条文）、作为生产经济典型手段的经营活动之绝对重要性（第 2082 条及以下条文）。

【不动产和动产】不动产和动产之地位却不复往日，新法典对此的规定也比较克制。不动产和动产区分源于两者在物理上的差异。该差异对于经济、法律制度并非没有影响。日常不动产交易难言频繁且识别及登记甚易，故不动产交易可谓安全。在动产领域中，交易安全却有所欠缺。动产经济价值日新月异；而登记亦扩至某些动产，即所谓登记动产，如船舶、飞行器、汽车（第 2683 条）。登记财产的公示需要越来越受到重视，因而同国债一样，法律作出了特别调整（第 2696 条、第 2810 条第 2 款）。这些特别规范实质上与不动产的调整规范相同。对于登记动产的调整，动

---

*　　本法条被 1975 年 5 月 19 日第 151 号法律第 52 条替代。——译者注
**　　本法条被 1975 年 5 月 19 日第 151 号法律第 69 条替代。——译者注
***　　本法条被 1998 年 2 月 19 日第 51 号立法法令第 148 条修改。——译者注
****　根据 2001 年 5 月 18 日第 228 号立法法令第 5-bis 条，本法条被废除。——译者注
****　根据 1943 年 8 月 9 日第 721 号皇家法令，本法条中有关公司法的规定被废除。——译者注

产规范处于补充适用的地位(第 815 条)。可见,不动产与动产分类之重要性大打折扣。

该分类的重要性大大降低,还可从新、旧法典对于不动产之规定中窥见一斑。旧法典肯认各类不动产,新法典仅择其一,即以其自然性质为不动产者,包括土地、土地之自然或人工附着物以及永久固定于河岸或河床上之水上建筑物(第 812 条第 1-2 款)。

动产则从反面界定,即凡非不动产者(第 812 条第 3 款),均为动产。但自然能源从正面被视为动产(第 814 条)。

在动产中,文书动产因其纯粹的工具性而构成一个特殊类别。所谓文书动产,是指专以表征法律攸关事实的文书。相对于其所表征之法律关系而言,文书具有从属性。文书动产规范的特殊性,即源于该从属性。[1]

《民法典》关于财产的立法分类,止于前述分类。第 813 条不涉及财产分类。本法条表述不当,错误地使用了无体物这一不存在的分类(无体物是主观权利;既为主观权利,当然不是物)。该条之正确理解应是,不动产所有权规范的特殊性系于其客体的特殊性,因此不动产所有权的规范只能适用于此类物权。

第十二节 可分物和不可分物;种类物和特定物;替代物和不可替代物;消费物和不可消费物

《民法典》未能言及其他分类,学说则以《民法典》差异调整为据加以甄别。

【可分物和不可分物】依能否分割为同质之物及分割是否损害物之经济价值,可将物分为可分物和不可分物。不可分性除依据物之自然属性

---

[1] CARRARO, Il diritto sul documento, Padova, Cedam, 1941; GUIDI, Teoria giuridica del documento, Milano, Giuffrè, 1950; CARNELUTTI, Documento (teoria moderna), Noviss. Dig. it., VI, Torino, Utet, 1960, 85 ss.

不可分外,尚有依据当事人或法官之意志或法律规定之不可分(第 1316、713、714、716*、717、720、722、1112、1114 条)。

【种类物和特定物】物可以"类别(genus)"(仅需提及数量、重量、尺寸)或"特定性"(特定物)进行区分,而具有不同的法律意义。种类物上得成立债,却不得为物权之客体。物权发生,以客体特定(specificazione)为要件。客体特定,即将种类物加以特定化(individuazione)(第 1376—1378、1465、1257 条)。[2]

【替代物和不可替代物】根据物之经济功能,可分为替代物和不可替代物。功能在于返还同种类者(in genere suo functionem recipiunt, D. 12,1,2,1)为替代物;相反,功能系于同一性者,为不可替代物。一般而言,种类(genus)物为替代物,但以具体情势被特定化者,为不可替代物[3]。以相同品质(tantundem)取得为目的,仅能以替代物为标的;相反,以物之实际归还为目的,其标的是不可替代物(第 1243、1766、1782、1803 和 1813 条)。作为交换媒介,金钱天生是替代物。[4]

【消费物和不可消费物】消费物和不可消费物之区分标准,又有所不同。消费物一般为可替代物。消费物经一次使用,其经济价值和物理形态湮灭或化为他物。不可消费物,则不具有此种特性。不可消费物包括渐次耗损之物(第 996 条),其要义在于重复使用。消费物非所有权人不得用益,因而不得成立物权性用益权和债权性用益权。为此,法律规定,消费物上之用益,为准用益,两者内涵已迥然不同,后者权利人虽得用益,却只需归还价值(第 995 条)。

---

* 根据 1975 年 5 月 19 日第 151 号法律第 200 条,本法条被废除。——译者注

[2] MAJELLO,L'individuazione nella vendita di genere, Riv. dir. civ., 1957, I, p. 181 ss.; Accordo di individuazione e unilateralità dell'atto diretto alla sua esecuzione, Giur. It., 1961, I, 1, 599 ss.

[3] Cass. 8 ottobre 1955, Mass. Foro it., 1955, 631, 2926.

[4] ASCARELLI, La moneta, Padova, Cedam, 1928;e i vari scritti raccolti negli Studi giuridici in tema di moneta, Milano, Giuffrè 1952; NICOLÒ, Gli effetti della svalutazione della moneta nei rapporti di obbligazione, Foro it., 1944-1946, IV, 41 ss.; MOSCO, Gli effetti giuridici della svalutazione monetaria, Milano, Giuffrè, 1948; LOJACONO, Aspetti privatistici del fenomeno monetario, Milano, Giuffrè, 1955.

第十三节 现在物和将来物;希望之物;希望;孳息;自然孳息;费用;法定孳息

【现在物和将来物】如同生物人,物之法律存在以其物理存在为要件,即物仅为现在物,仅现在物方为物权之客体。法律多次提及将来物,旨在承认将来物原则上为法律行为之客体[1]。对此,应作如是解释:法律行为客体之存在,非实质之存在,而是存在之可能性。客体为法律禁止的,非客体不存在,而是客体不法,不法才导致法律行为无效(第1346条、第1418条第2款)。【希望之物】依我国法律,将来物包括"希望之物(res sperata)",即未来产生之物[2],【希望】典型如未分离之孳息。"希望(spes)",非将来物。"希望",即产生物之纯粹希望,物最终是否存在、产生,不影响法律行为的命运。以"希望"为客体的法律行为,排除给付的对价性,因而具有射幸之性质(第1348条、第771条、第820条第2款、第1472条)。

【孳息】如上所述,未分离之孳息为将来物[3]。分离后,孳息方为独立的权利客体;分离前,孳息为母物之部分。但是,法律制度亦承认,未分离之孳息可作为可区分之物,成为强制执行——扣押之客体(第820条、第2912条及以下条文;民事诉讼法第516条)[4]。

【自然孳息】上述之孳息,指的是另一物产出的具有物质性、周期性的产物,因此该物被称为生息物。严格意义上的果实,法律称之为自然孳息。而后,自然孳息外延渐广,农作物、树木、动物分离物以及矿场、采石场及泥炭地产出均包含在内。自然孳息为所有权人或所有权之派生权人

---

[1] SALIS, La compravendita di cosa futura, Padova, Cedam, 1935; Nicolò LIPARI, Note in tema di compravendita di cosa futura, Riv. trim. dir. proc. civ., 1960, p. 827 ss.; PERLINGIERI, La compravendita di «cosa futura», Napoli, Jovene, 1962; Cass. 5 ottobre 1960, Foro it., 1961, I, 294.

[2] BIONDI, Cosa futura, Noviss. Dig. it., IV, Torino, Utet, 1959, 1021 ss.

[3] MOSCO, I frutti nel diritto positivo, Milano, Giuffrè, 1947.

[4] Cass. 5 aprile 1963, Foro it., 1964, I, 840, con nota di VITUCCI.

原始取得其构成所有权对物的扩张性特征(第820条第1款、第821条第1款和第984条第1-2款),自然孳息产生是否有人工之参与,在所不问。关于孳息返还义务,因基础法律关系之不同而产生差异,孳息也因此被区分为收取之孳息和待收取之孳息,现存孳息和已消费孳息等(第1148条、第212条第3款、第329条,第212条*)。

【费用】孳息返还请求权人,须在孳息价值范围内偿还收取孳息之费用(第821条第2款、第984条第3款、第1149条)。更一般地说,物之返还请求权人须偿还物之费用。不同之处在于,后者一般区分为因保全物而产生必要费用、改善物之有益费用,包括经附加在内的、仅为装饰物奢侈费用(第985、986条和第1150条)。

【法定孳息】所谓"法定孳息",不是物。法定孳息者,收益也,如利息、各类租金、定期金。权利人可请求收益之给付。基于法定孳息和物之收益的对待性和定期性,法律类推适用自然孳息规则。根据法定孳息之不同性质,权利人以时间为度而取得法定孳息(第820条第3款、第821条第3款)。[1]

第十四节 物之集合;从物;动产集合物

【物之集合】集合各物,旨在实现特定经济目的,即或因各物须相辅相成,方能物尽其用,或需要同质的多个物联合,方能实现某特定用途。物之集合现象,与合成物(ex cohaerentibus)有别,后者为一物与他物合成新物,其特征如同单一物(第812条,第934及以下条文,此处涉及添附,第959条第2款、第983条、第1617、2811和2912条);也异于作为可分离之物的组成部分(《航海航空法》第939条第1款、第862条第3款)。物之集合具有

---

* 第212条第2款和第212条根据1975年5月19日第151号法律第81条而被废除。——译者注

[1] MESSINEO, Il dividendo come frutto dell'azione di società, Riv. dir. comm., 1948, I, p. 101 ss; GAMNA, A proposito del dividendo come frutto dell'azione di società, ivi, 1949, I, p. 306 ss.

特殊的法律意义,物理上各物均清晰可辨,但在某类法律关系中,须以聚合(ex distantibus)处理;在他类法律关系中,又须个别处理。[1]为实现上述两类目的,我国法律规定了两种集合现象,即主从物集合和动产集合。[2]

【从物】主物之所有权人或其他物权人使用从物,以持续助力主物之效用,使主物之使用、改善和美化成为可能(第877条)。就农地而言,所谓"活资产"(牲畜)和"死资产"(农具)等从物,尤为重要(第1617条,第1640及以下条文)。主从关系,以持续为要,故而债权性用益权(diritto personale di godimento)中人不能建立此等主从关系(相反规定参看《航海航空法》第246条第2款、第862条第2款以及《民事诉讼法》第515条第2款)。[3]

主从关系表现为,在法律关系中,主物命运及于从物(accessorium sequitur principale),法律关系以权利人意志或其他人之意志而创立,则在所不问。然而,从物也有其独立性。故此,一方面,主从关系之前第三人享有的对从物之权利受到保护,但不得对抗主物的善意取得人;另一方面,权利人得以将之与主物分开处分(第818条、第819条、第2810条第1项、第2912条,以及《民事诉讼法》第515条第1款)。[4]

【动产集合物】基于同样理由,从物规则亦适用于动产集合物之各物。动产集合物指基于特定统一的经济目的,物之所有人将多个物集合而成[5]。可见,集合物仅基于物之所有人的行为而成立。虽各物旨在实现同一目的,但若非均归属于同一主体,不得成立集合物。同时,动产集合物乃动产之集合。因此,动产集合物不包括除了物之外还将其他联结基于共同目的而统一起来的集合体。譬如整体财产,法律上虽视为统一之

---

[1] Cass. 8 aprile 1948, Giur. compl. Cass. civ., 1948, III, 1172, con nota di TORRENTE, e Giur. it., 1949, I, 1, 127 (ivi anche Cass. 21 agosto 1948), con nota di PINO.

[2] DE MARTINI, Pertinenze ed elementi costitutivi di «universalitates rerum», Giur. compl. Cass. civ., 1949, III, p. 270 ss. (nota alla sent. Cass. 14 marzo 1949).

[3] G. ANDREOLI, Le pertinenze, Padova, Cedam, 1936; Contursilisi, Le pertinenze, Padova, Cedam, 1952; RASI, In tema di pertinenze, Riv. trim. dir. proc. civ., 1953, p. 809 ss.; Cass. 19 ottobre 1953, Giur. it., 1954, I, 1, 1018, con nota di BIONDI; 10 giugno 1960, Sett. cass., 1960, 1107; 19 ottobre 1960, Mass. Foro it., 1960, 629, 2823.

[4] Cass. 27 gennaio 1951, Foro it., 1951, I, 724; 18 giugno 1951, ivi, 1952, I, 1389.

[5] BARBERO, Le universalità patrimoniali, Milano, Giuffrè, 1936.

构造,但非动产集合物;企业的统一性不是对动产的聚合,而是各种法律关系之集合,故而与整体财产、动产集合殊有不同。只有动产集合才可以称为"事实集合(universitas facti)",理由在于基于各物之性质而有紧密联系。诸如书、画、钱币之集合,动物之集合(牛群、羊群),即为"事实集合(universitas facti)"。

动产集合物之法律意义在于,其调整规则与组成各物之调整规则,部分有别,在此限度内,动产集合物视为一物。譬如动产集合物占有人受维持之诉(排除妨碍之诉)的保护;又如善意占有人若有正当名义,可经特别取得时效取得动产集合物之所有权(第1170、1153、1156、1160、1161条;亦参见第771条第2款、第2914条第3-4项)。再如,诸如牛群、羊群等以自然属性成立之集合物,以其为客体的用益权之内容具有特殊性,即新生之羊群,若未能填补自然消亡之羊群,则不得被视为用益权之收益(第994条)。

第三编

法律关系

第十五节　法律关系；利益；广义权力和义务；主观权利之涵义

【法律关系】法律关系说明了一方主体的权力(potere)地位和另一方主体的义务(dovere)地位。权力和义务为法律所规定,旨在实现特定利益。准确言之,法律关系之效力,赋予积极主体以意志力(potere di volontà),并使消极主体之利益屈从于积极主体之利益。【利益】利益并不是财产(bene),而是特定财产所具有的对于特定主体的相对价值。准以此言,可认为各主体对于同一财产所享有的利益可能存在等级差异。

【广义权力和义务】法律关系中的积极主体、消极主体之地位,可分别概括为广义权力(potere)和与之对应的义务(dovere)。法律关系不同,广义权力和义务之内容亦不相同。在典型(并非所有)的私法法律关系中,权力体现为主观权利。诚然,私法之特征在于通过赋予个体以意志力的方式来保护利益,然而关于主观权利之内涵存在不同观点。因之,主观权利和除此以外的其他主体权力之界限如何,亦争论不休。[1]

【主观权利之涵义】以笔者之见,作为解释工具,主观权利亦须以法律

---

[1] PUGLIATTI, Esecuzione forzata e diritto sostanziale, Milano, Giuffrè, 1935; CICALA, Il rapporto giuridico, 4ª ediz., Milano, Giuffrè, 1959; BARBERO, Il dritto soggettivo, Foro it., 1939, IV, 1 ss.; GARBAGNATI, Diritto subiettivo e potere giuridico, Jus, 1941, p. 550 ss.; NATOLI, Il diritto soggettivo, Milano, Giuffrè, 1943; SPERDUTI, Contributo alla teoria delle situazioni giuridiche soggetive, Milano, Giuffrè, 1944; BAGOLINI, Note intorno al rapporto giuridico, Arch. giur., 131, 1944, p. 193 ss.; G. MIELE, Potere, diritto soggetivo e interesse, Riv. dir. comm., 1944, I, p. 114 ss.; PALAZZOLO, Teoria del rapporto giuridico, ivi, 1946, I, p 579 ss.; Santi ROMANO, Frammenti di un dizionario giuridico,(转下页)

规范为基础。实际上,若观察法律规范,我们须将主观权利作最广泛解释,即若一项规范为实现利益而直接赋予个人权力,则该规范承认了一项主观权利。这一宽泛解释,也符合我们的传统。若接受这一宽泛解释,自然推论便是,主观权利及相应义务内容各异,法律关系结构也因之复杂多变,但积极主体之地位均为主观权利。

第十六节　主观权利的内容;支配权,从属;请求权,行为义务;所有权;债权;担保权;财产责任;形成权;权限;异于主观权利的权力;行为义务和屈从;负担;终局法律关系;预备法律关系;法律状态;法律期待;主观权利内容之内在限制;具体利益;团结;权利滥用;超越权利

主观权利并非总是对应行为义务(obbligo)。然学界常有不全面之分析,并由此得出相反观点。若主观权利总对应行为义务,则须否认所有权之主观权利性质,因为不侵害的一般性义务具有派生性和反射性的特点,无法对应主体权力。

【主观权利的内容】实际上,主观权利首先体现为主体意志之至高性。据此,主体自身即可实现其利益,而无须他人配合。【支配权,从属】意志之至高性,可名之为支配权(potestà)。对法律关系的对方当事人而言,其并不是负有义务(obbligo),而是陷入屈从(soggezione)。消极主体处于不折不扣的消极地位,完全屈服于支配权。【请求权,行为义务】当主观权利的内容

(接上页) Doveri, obblighi, Poteri, potestà, Milano, Giuffrè, 1947, pp. 91 ss.; 172 ss.; CESARINISFORZO, Il diritto soggettivo, Riv. it. sc. giur., 1947, p. 181 ss.; ora Diritto sogettivo, Enc. dir., XII, Milano, Giuffrè, 1964, 659 ss.; FERRANTE, Il concetto di diritto soggetivo ed alcune sue applicaziointi, Milano, Giuffrè, 1947; G. GUARINO, Potere giuridico e diritto soggettivo, Rass. dir. pubbl., 1949, I, p. 238 ss.; GIULIANO, Norma giuridica, diritto soggettivo ed obbligo giuridico, Pubbl. Univ. Modena, 1952; A. LEVI, Sul concetto di potere giuridico, Studi parmensi, III, 1953, p. 397 ss.; R. ORESTANO, Diritti soggettivi e diritti senza soggetto, Jus, 1960, p. 149 ss.; FROSINI, Diritto soggettivo e dovere giuridico, Riv. dir. civ., 1961, I, p. 115 ss.

由请求权构成时,只有在此情况下,主观权利才与义务相对应。此时,消极主体须为某一特定行为,唯有如此积极主体方得实现其利益。

【所有权】在所有权和其他物权中,权利人对物享有独立的、直接的统治,权利内容主要表现为支配权,权利人对他人之请求权则是实现直接支配之工具。【债权】相反,在债权中,虽不乏支配要素,其核心部分乃是债务请求权。债务之于债权至关重要,此等关系亦据此被称为"债务关系(rapporto obbligatorio)"。[1]

主观权利之决定性内容为权力,借此可正确理解争议颇多的两类权利之性质,即担保权和形成权。

【担保权】担保权为债权从权利,其内容异于债权,是实质性的权力,不论其是一般担保还是特别担保,人保或实物担保。担保权人对债务人甚至第三人之财产享有特别权力,旨在确保债权满足(第2740及以下条文)。为此,担保权在实行之前有特别的效力形式,表现在债务人期限利益之丧失(第1186条和第2743条);当债务人怠于行使对第三人之债权时,债权人得以代位行使(第2900条);撤销债务人的诈害债权行为(第2901条及以下条文);假扣押(第2905条)等。债务人或第三人须负担义务,然此等义务仅是实现担保权权力之工具,而非后者对应之消极地位。原因在于债务人或第三人处于屈从之地位。【财产责任】屈从地位,最终体现为财产责任(第2740条)[2]。

【形成权】顾名思义,形成权(diritto potestativo)的权力内容可归为支配权(potestà)。[3] 在形成权法律关系中,主体享有意志自由,只需其意

---

[1] Ern. BASSANELLI, Signoria ed obbligo nell'obbligazione, Riv. dir. comm, 1945, I, p. 202 ss.

[2] CICU, L'obbligazione nel patrimonio del debitore, Milano, Giuffrè, 1948; RUBINO, La responsabilità patrimoriale, 2ª ediz., rist., Torino, Utet, 1956.

[3] CHIOVENDA, L'azione nel sistema dei diritti, Saggi di diritto processuale civile, Roma, Sefi, 1930, p. 20 ss.; MESSINA, Diritti potestativi, Scritti giuridici, V, Milano, Giuffrè, 1948, p. 3 ss.; FALZEA, La separazione personale, Milano, Giuffrè, 1943, p. 127 ss.; Puleo, I diritti potestativi (individuazione della fattispecie), Milano, Giuffrè, 1959; CARIOTA-FERRARA, Diritti potestativi, rappresentanza, contratto a favore di terzi, Riv. dir. civ., 1960, I, p. 351 ss.

思表示便可发生法律后果,消极主体只能屈从于此等法律后果。随着形成权概念的产生,诸多之前无法确认之权力均得以界定和归类。形成权种类繁多,纯粹实体法上之形成权(即其行使无需司法裁判),如永佃权人之解放权(affrancamento)(第 971 条)、债务不履行之法定解除权(第 1456 条)、不定期合同之退出权(il diritto di recesso)[1]、出卖人之买回权(第 1500 条)。近来,学界基于对主观权利之偏颇理解而反对形成权这一概念。但上文已清楚表明,在诸多主观权利中均有支配权因素。

实际上,上文的简洁论述已表明,主观权利中权力之内容习常体现为支配权,而不是请求权。支配权指权利人得以径直实现自身利益;请求权指需消极主体(义务人)合作方能实现自身利益。上述提及的反对观点,其实是对主观权利的误解。这种误解来自过分强调法律关系中"义务"在实践中的重要性。

【权限】分析主观权利(譬如所有权)内容,可辨识无自治空间的、具体之权力。学界偶有不恰当地称之为权限权力(diritti falcotativi)。为贴合我们的法律用语传统,应称之为权限(facoltà)[2]。

【异于主观权利的权力】须与主观权利区分的权力,仅有为实现更高利益或他人利益而非自身利益之权力。该权力也可导致屈从。诚然,权力相对方或对权力人承担某些特别的、派生的行为义务,但其法律地位固为屈从。

异于主观权利之权力,典型者为公权力机关享有的权力,因而于公法上具有特别重要性。然而,在私法组织——主要是家庭——中,此等权力亦非罕见。"支配权(potestà)"一词,常被用于阐述公法、家庭法领域之权力(亲权、父权、监护权)。但是实际上,该词可描述所有权力情形。鉴于这一考虑,在上文中,我们以"支配权"称呼主观权利的首要类型。

上述权力旨在维护非权力人之利益,具有特别功能。该权力伴有义

---

[1] LAVAGGI, Osservazioni sul recesso unilaterale dal contratto, Foro it., 1950, I, 1053 ss.; MICCIO, Il recesso unilaterale dal contratto comediritto potestativo, Riv. dir. comm., 1952, I, p. 373 ss.; MANCINI, Il recesso unilaterale e i rapporti di lavoro, Milano, Giuffrè, 1962.

[2] MESSINA, Diritti facoltativi, Scritti giuridici, V, Milano, Giuffrè, 1948, p. 61 ss.

务(主观权利亦伴有义务),更为重要的是,权力人必须实施该权力,即所谓受束缚的权力(potere vincolato)。由此派生出诸多异于主观权利的特征,尤见于家庭法中。

【行为义务和屈从】上文已述,与主体之权力对应的是他主体或诸多主体之义务。上文也指出,义务(dovere)不一定是,也不常是行为义务(obbligo)。我们进一步认为,权力——无论是否体现为主观权利,其对应范畴均是屈从。屈从可正确地被称为义务,不过显然不是行为义务,而更多的是一种尊重义务,即不得不遵从之义务。

【负担】与权力概念契合而非悖反的范畴是负担。在负担关系中,权力并非受束缚,因此受到有条件的制约(potere condizionato)。申言之,为实现所赋权力之目的,权力人不仅须行使该权力,还须实施某一特定行为,遵循特定行为规范。然而,是否实施该特定行为,纯属自愿。质言之,该行为并不构成行为义务之客体,不履行并不会招致额外的不利后果。但该行为是实现利益的条件,因而是必需的。典型的负担如买回权人支付价金和费用之负担(第1503条)。负担与行为义务和屈从,殊有不同。此处所称负担,不能混淆于慷慨行为中的负担(第647、648、693和794条)。后者乃行为义务,关于其称谓问题,详参后文。

【终局法律关系】构成要件完备,便发生法律关系,从而导致利益之服从关系,此为终局法律关系之发生。【预备法律关系】在终局法律关系发生过程中,会发生服务于终局法律关系的预备法律关系。[1]【法律状态】为了描述这一阶段,采用法律状态这一命名。预备法律关系产生于不可撤销之要约(第1329、1331条)和向公众之承诺(第1989条)[2]等。

【法律期待】在主观权利形成过程中,主体处于法律期待这一法律地位。法律期待,不是未来主观权利之纯粹希望,也非主观权利本身,而是一种积极的法律地位,即法律制度赋予主体期待以法律意义,期待人据此

---

[1] RUBINO, La fattispecie e gli effetti giuridici preliminari, Milano, Giuffrè, 1939.
[2] GIORGIANNI, L'obbligazione, I, ristampa, Milano, Giuffrè, 1951, p. 45 ss., Diversamente PUGLIATTI, Il rapporto giuridico unisoggettivo, Diritto civile, Milano, Giuffrè, 1951, p. 442 ss.; Cass. 6 maggio 1965, Mass. Foro it., 1965, 240, 827.

可以保全该期待、将该期待转化为主观权利(就此意义,称之为法律期待,以区别于事实期待)。[1] 典型的法律期待,如附停止条件之权利取得人或附解除条件之出让人的地位。此时,期待人不仅可处分法律期待,法律甚至为保全该期待而调整相对人之行为,法律规定若条件不成就归因于相对人,法律期待直接转化为主观权利(第1356条及以下条文)[2]。

【主观权利内容之内在限制】主观权利内容取决于权利人之具体利益,【具体利益】申言之,赋予权力不在于保护某类利益,而是为了使该具体利益与抽象利益相契合。【团结】主观权利的内容尚受团结(solidarietà)原则之制约,即一方利益劣于另一方利益,须以不损害团结原则为限。不过,这种团结若不首先在法律关系主体中实现,就无法在更广泛的社会共同体中实现。主观权利内容之内在限制,可见于如下规范,即土地所有权上的实际利益限制(第840条第2款)、所有权人不得从事损害他人利益的行为(atti emulativi,第833条)和债权人、债务人须端正行事(第1175条)。[3] 在我们看来,这些规范所折射之思想具有普遍意义。如后文所见,法律规定了各种端正义务、诚信义务和信赖义务,此乃团结原则之体现。诸多特别法律制度,均可涵摄于团结原则之下。其要义在于,如不符合该原则,法律会排除、缩减利益之服从关系。[4]

【权利滥用】主观权利内容受上述普遍原则和实际内容的限制,因此,可以认为权利滥用制度已经被消除。[5] 旧有学说亦将损害他人利益

---

〔1〕 SCOGNAMIGLIO, Aspettativa di diritto, Enc. dir. III, Milano, Giuffrè, 1958, 226 ss.
〔2〕 在某些情形中,学者也称之为"对权利的权利"«diritto al diritto»;CARIOTA-FERRARA, Il diritto al diritto, Dir. e giur., 1945, p. 145 ss.; SCOGNAMIGLIO, Il diritto di accrescimento nei negozi a causa di morte, Milano, Giuffrè, 1953, p. 82 ss。
〔3〕 Cass. 27 marzo 1948, Giur. compl. Cass. civ., 1948, I, 316; 16 febbraio 1963, Foro it., 1963, I, 1769.
〔4〕 HUECK, L'obbligo di fedeltà nel diritto privato moderno, Nuova riv. dir. comm., 1, 1949, I, p. 1 ss.
〔5〕 NATOLI, Note preliminari ad una teoria dell'abuso del diritto nell'ordinamento giuridico italiano, Riv. trim. dir. proc. civ., 1958, p. 18 ss.; Salv. ROMANO, Abuso del diritto (diritto attuale), Enc. dir., I, Milano, Giuffrè, 1958, 166 ss.; RESCIGNO, L'abuso del diritto, Riv. dir. civ., 1965, I, p. 205 ss.; Cass. 27 febbraio 1953, Giur. it., 1954, I, 1, 106; 15 novembre 1960, Foro it., 1961, I, 256, con nota di A. SCIALOJA, Il «non uso» è «abuso» del diritto soggettivo?

的行为涵摄于权利滥用之下[1]。基于主观权利之内涵,权利滥用学说因难以自证而被主流学界扬弃。实际上,于今日,权利滥用制度已无存在之必要。因为依定义,主观权利之界限在于团结原则。故此,损害他人利益的行为以及其他不符合诚信原则、端行原则之行为和违背团结原则之行为,均非主观权利内容,故而不构成权利滥用或权利偏航。【超越权利】相反地,这些行为构成超越权利,可依据一般原则认定为非法行为。[2] 因此,《民法典》并未将"权利滥用"作为一种特殊的非法行为类型加以规定。

第十七节 法律关系的类别;公法、私法法律关系;公法主观权利;市民权利和政治权利;私法法律关系:人格法律关系、家庭法律关系、财产法律关系,绝对和相对法律关系、法律关系之直接客体为物或行为,物权法律关系;债之法律关系;物权负担、物权债务

【法律关系的类别】根据不同标准,法律关系区分为不同类别;相应地,主观权利(其构成了法律关系的积极方面,人们通常更倾向于从这一角度来认识法律关系)也得分门别类。本节仅论述根据法律关系所保护之利益和主体、客体之性质对法律关系的分类。

【公法、私法法律关系】根据法律关系所保护的不同利益,法律关系得以区分为公法法律关系和私法法律关系。前者保护公共利益,即法律制度之本质利益。后者保护的是私人利益,即不同公共利益之其他利益。【公法主观权利】公法法律关系之积极主体不限于公法机关,亦可为私人,即为

---

[1] 关于竞害行为,参见 ALLARA, Atti emalativi, Enc. dir., IV, Milano, Giuffrè, 1959, 33 ss.; TORRENTE, Emulazione (diritto civile), Noviss. Dig. it., VI, Torino, Utet, 1960, 521 ss.; Cass. 5 ottobre 1948, Foro it., 1948, I, 1034, e Giur. compl. Cass. civ., 1948, III, 727, con nota di TAMBURRINO; 3 novembre 1959, Foro pad., 1959, I, 1315; 12 ottobre 1960, Mass. Foro it., 1960, 589, 2670; 23 febbraio 1963, Giust. civ., 1963, I, 1053。

[2] Cass. 6 luglio 1948, Giur. it,. 1949, I, 1, 180.

实现公共利益,私人被赋予主观权利;私法法律关系之主体不限于私人,也可为公法机关,即为实现机关自身利益(而不是非人格化机关的整体利益),公法机关被赋予主观权利。【市民权利和政治权利】根据所保护利益性质之不同,私人主观权利可分为市民权利和广义上的政治权利。

【私法法律关系】仍以所保护利益性质之不同,将私法法律关系作如下区分。

【人格法律关系】人格法律关系所保护利益关涉人本身。上文第八节(人格保护)也提及在何种限度内可承认该法律关系。

【家庭法律关系】家庭法律关系,即确保满足家庭利益之法律关系。在家庭法律关系中,或保护作为优先利益的家庭利益,某个体得以享有权力,该权力被适切地称为支配权(第16节);或保护个体之利益,但以该利益契合或依赖于家庭利益为限,该权力为主观权利。基于上文理由,该主观权利类似公法主观权利。在家庭法律关系中,家庭利益高于个体利益。即使家庭关系积极地体现为主观权利,且客体为财产——典型为抚养法律关系——其本质不发生变更。

【财产法律关系】最后一类私法法律关系为财产法律关系,其旨在实现经金钱评价之经济利益。经济利益为个体或集体之经济利益。后者为特殊集体利益。

【绝对、相对法律关系】以消极主体是否特定,将法律关系区分为绝对法律关系和相对法律关系。若法律关系之积极地位为主观权利,主观权利得以据此区分为绝对权和相对权。[1]

---

[1] Santi ROMANO, Frammenti di un dizionario giuridico, Diritti assoluti, Milano, Giuffrè, 1947, p. 52 ss.; SANTORO‐PASSARELLI, Diritti assoluti e relativi, Enc. dir., XII, Milano, Giuffrè, 1964, 748 ss.; NOVARA, La responsabilità del terzo complice nell'inadempimento del contratto, Temi, 1951, p. 74 ss.; TABET, La tutela esterna dei diritti relativi, Scritti in onore di A. Scialoja, Bologna, Zanichelli, 1953, II, p. 535 ss.; BELLINI, Lesione e tutela extracontrattuale del rapporto personale, Riv. trim. dir. proc. civ., 1953, p. 1182 ss.; A. FEDELE, II problema della responsabilità del terzo per pregiudizio del credito, Milano, Giuffrè, 1954, specialm. p. 286 ss.; GIORDANO, In tema d'illecito aquiliano per pregiudizio ad un diritto di credito, Banca, borsa, tit. cred., 1954, I, p. 625 ss.; BUSNELLI, La lesione del credito da parte di terzi, Milano, Giuffrè, 1964.

【法律关系之直接客体为物或行为】以客体区分,法律关系之直接客体为物(或其他客体)或行为[1]。以物为客体的法律关系,最重要的是物权法律关系,但不限于此;以行为为客体之法律关系,最重要的是债,但亦不限于此。[2] 为确证这一点,只需考量以下情形对于物权法律关系这一范畴:客体为财产,但不受物权规范调整[3];对于债权法律关系这一范畴,客体既可以是消极主体的一项行为(不是债务行为),又可以是积极主体针对其他主体实施的行为(譬如形成权或家庭法支配权)。

【物权法律关系】如上所见(第9、16节),在物权法律关系中,权力直接作用于物,法秩序允许权力人直接实现其利益。其他人仅承担不妨碍权力实施之义务。故,物权为绝对权[4]。在物权法律关系中,占支配地位的是积极主体,需根据其具体内容来命名(如所有权人、用益权人、永佃权人等)。相反,消极主体为次要的主体。如上文数次强调,其所负之义务是派生的、反射性的义务。消极主体之间并无差异,亦无须具名区分。违反者仅在违反不妨碍义务(该义务之承担人为全体不特定人,任何人均可违反)时,才须承担债务。

【债之法律关系】在债之法律关系中,直接客体为消极主体之行为。积极主体之权力直接指向该行为,只有该行为方能实现债权人利益。故此,债权为相对权和对人权。仅特定主体才负担债务,也只有该特定主

---

[1] FRANCESCHELLI, L'oggetto del rapporto giuridico, Riv. trim. dir. proc. civ., 1957, p.1 ss.

[2] TILOCCA, Il fondamento della distinzione tra diritti reali e diritti personali, Circ. giur., 1947, p. 36 ss.; La distinzione tra diritti reali e diritti di credito, Arch. giur., 138, 1950, p. 3 ss.; BALLADORE PALLIERI, Diritto sogettivo e diritto reale, Jus, 1952, p. 1 ss.; BARBERO,Guerra e pace fra l'«interno» e l'«esterno» del diritto soggttivo, ivi, 1952, p. 326 ss.; Cass. 19 giugno 1948, Giur. compl. Cass. civ.,1948, III, 96, con nota di PALANDRI.

[3] 相反意见参见,L. FERRARA, Il diritto reale d'autore, Napoli, Jovene, 1940。

[4] BARASSI, Diritti reali e possesso, I, Milano, Giuffrè, 1952; Salv. ROMANO, Aspetti soggetivi dei diritti sulle cose, Riv. trim. dir. proc. civ., 1955, p. 1009 ss.; Sulla nozione di proprietà, ivi, 1960, p. 337 ss.; GIORGIANNI, Diritto reale (diritto civile), Noviss. Dig. it., V. Torino, Utet, 1960, 748 ss.; RODOTÀ, Note critiche in tema di proprietà, Riv. trim. dic. proc. civ., 1960, p. 1252 ss.; PUGLIESE, Diritti reali, Enc. dir., XII, Milano, Giuffrè, 1964, 755 ss.

体可不履行债务。[1] 债的客体是行为,法学上称之为给付。给付须具有财产性(第1147条),其内容可分为给(dare)、作为(fare)和不作为(non fare)。在债之法律关系中,较为重要的是消极主体之地位,债之特性体现于此。因此,债之法律关系,亦被称为债务法律关系和债权法律关系。债之消极主体和积极主体分别被称为债务人和债权人。[2]

【物权负担、物权债务】关于物权负担(oneri reali)和所谓的"物权债务(obbligazioni reali)"[有消极和积极两层含义,前者为附物债务(ob rem),后者为随物债权(propter rem)]或者是"移动之债"(第882条、第1104条)[3],习惯上人们将之界定为介于物、债之间的法律关系。但以我们上述关于债、物权法律关系之区分为依据,此等关系依其性质和结构应被定性为债之法律关系,而非物权关系,因为这些法律关系之客体是行为,准确而言,是给或作为。

[1] BARASSI, La teoria generale delle obbligazioni, 2ª ediz., Milano, Giuffrè, 1948; GANGI, Le obbligazioni, parte generale, Milano, Giuffrè, 1941; Il concetto dell'obbligazione e la distinzione fra debito e responsabilità, Nuova riv. dir. comm., 4, 1951, I, p. 22 ss.; GIORGIANNI, L'obbligazione, Concetti generali, I soggetti, Milano, Giuffrè, 1959; BETTI, Teoria generale delle obbligazioni, Milano, Giuffrè, 1953-55(quattro volumi); SCHLESINGER, Riflessioni sulla prestazione dovuta nel rapporto obbligatorio, Riv. trim. dir. proc. civ., 1959, p. 1273 ss.

[2] GIORGRIANNI, Debito e debitore, Noviss. Dig. it., V, Torino, Utet, 1960, 197 ss.; NATOLI, L'attuazione del rapporto obbligatorio, (in litografia), Milano, Giuffrè, 1961-1964.

[3] TORRENTE, Servitù ed oneri reali, Giur. compl. Cass. civ., 1946, II, p. 393 ss.; GROSSO, Servitù e cd. limitazioni della proprietà, Giur. it., 1946, I, 1, 472 ss.; BALBI, Le obbligazioni «propter rem», Torino, Giappichelli, s. d. (1950); BIONDI, Limiti legali della proprietà; servitù, oneri reali, obbligazioni «propter rem», in rapporto all'art. 913 cod. cvile, Foro it., 1950, I, 617 ss.; DISTASO, Diritto reale, servitù e obbligazione «propter rem», Riv. trim. dir. proc. civ., 1953, p. 437 ss.; C. A. FUNAJOLI, Oneri reali e obbligazioni «propter rem»: a proposito della distinzione fra dritti di credito e diritti reali, Giust. civ., 1953, p. 163 ss.; BIONDI, Oneri reali ed obbligazioni «propter rem», Foro pad., 1953, I, 341 ss.; Concetto di obbligazione «propter rem» in rapporto all'art. 1127 c. c., Giur. it., 1961, I, 2, 19 ss.; Cass. 18 gennaio 1951, Giur. it., 1952, I, 1, 29, con nota di BIONDI, Servitù reciproche «in faciendo», oneri reali e obbligazioni «propter rem», e Giur. compl. Cass. civ., 1951, I, 249, con nota di GROSSO, Tipicità delle obbligazioni «propter rem»; 21 maggio 1951, Riv. dir. comm., 1952, II, 91, con nota di DEJANA, In tema di «o. p. r.» accessorie ad un rapporto di servitù; 29 ottobre 1955, Giust. civ., 1956, 428; 16 ottobre 1958, Mass. Foro it., 1958, 673, 3284.

物权负担之特征是,在物权载有负担的物权法律关系中,物权人为享有积极利益,须承受物权负担这一消极地位,但负担本身非由物权法律关系所决定。

随物之债法律关系与负担不同,积极、消极主体之地位均紧密依赖于物权法律关系。随物之债(propter rem)产生于物权法律关系中。应认为,随物之债受制于物权法定。质言之,随物之债构成某些物权的特性,但应以法律规定为限。

在物权负担和附物债务中,义务人可通过抛弃物而解脱义务[1]。物权移转者,义务亦自动移转。

物权负担和附物债务均与物权关系相伴而生,但附物债务指向的是物本身,物权负担却构成对土地所有权的限制。故此,我国法律对物权负担持谨慎排斥的立场,即对于本法之前设立的物权负担(财产税、长期土地租赁费、什一税),现行法予以容忍,并规定可随时免除;而根据现行法例外规定而被允许设立的此类负担,其正当化基础在于实现公共利益(如地税、财产费等,参见第860、864、964条和第1008条)。

第十八节　复合法律关系；从属性；法权集合；主体之概括财产；遗产；专用财产；企业和经营活动

【复合法律关系】在物权负担、随物债权法律关系中,存在主、从法律关系。法律关系从属性得见于多种情形,如担保之于主债权、保证之于主债权、地役权之于需役地和供役地之所有权、文书关系之于文书基础关系等。在最后一类情形中,文书基础关系亦可为文书关系之从属关系,譬如票据法律关系。【从属性】在上述复合法律关系中,从属性之共同特征在于,在从属的限度内,从法律关系之命运系于主法律关系之命运,而主法

---

[1] MESSSINO, Note sulla rinunzia al fondo servente a scopo liberatorio, Scritti in onore di A. Scialoja, III, Bologna, Zanichelli, 1953, p. 295 ss.; BIONDI, Caratteri dell'abbandono liberatorio del fondo servente, Foro pad., 1964, I, 1123 ss.

律关系之命运独立于从法律关系。但是,从法律关系亦有一定的独立性,从法律关系变更亦能影响从属关系。主从法律关系得以类比于上文(第14节)所提及的主从物关系。

【法权集合】复合法律关系,种类繁多,难以概览,故于此不赘。惟须指出的是,多种积极或消极法律关系可依据某一法律规范集合成一。此现象可溯至联合(unificazione)理论[1]。物之联合即动产集合物,如上文所述(第14节),乃是事实集合(universitas facti)。称之为"事实集合",并非因为物之联合与法律规范无关,而是因为此等联合之基础乃是"自然事实",即各物具有统一用途。此处所谓"法权集合"(univeritstas iuris),不是基于自然物质之联合,而是基于法律规范,多种法律关系联合成一个统一体,其具体目的为何,在所不问。

在我们看来,法权集合之本质不是创立专用财产(patrimonio di destinazione)(独立或分离之专用财产),而是创立独立的"法载体(centro giuridico)",即各种法律关系之聚集点。聚合各种法律关系之目的,虽然不是对其进行人格化从而创造新主体(如法人资格赋予),但也可实现类似功能,即集合各种法律关系,并将这些关系与主体的其他法律关系相分离。独立或分离主体的财产而构成的专用财产,是对财产的聚合,旨在实现担保或承担责任之功能。但法权集合并不限于此。法律关系之集合,虽具有财产性质,其功能却可超越担保或承担责任,而旨在实现其他法律效果。因此,法权集合是处于物或者客体之集合与主体的中间状态。[2]

【主体之概括财产】自然人或法人之概括财产(Patrimonio generale)非法权集合,因为概括财产是主体的整体财产,无论何等情形、于何等维度,其本身均不构成法律关系之载体。法律规范也未就概括财产之集合作出规定。债权人撤销权、代位权、保全性扣押,以及一般意义上的债务人清偿能力等制度,体现的恰恰是对个人财产整体性的法律评价。

---

[1] BARBERO, Le universalità patrimoniali, Milano, Giuffrè, 1936; PUGLIATTI, Riflessioni in tema di «universitas», Riv. trim. dir. proc. civ., 1955, p. 955 ss.

[2] 不同意见参见 PUGLIATTI, Il rapporto giuridico unisoggettivo, Diritto civile, Milano, Giuffrè, 1951, p. 534 ss。

主体是法律关系之载体,是法律关系之归属者。在主体缺位的情形下,法律将整体法律关系聚为一体,升格为法权集合。法权集合分为两类情形:旨在确保多种法律关系的一体移转;旨在实现某一特殊功能,而保持多种法律关系之统一性并与同一主体的其他法律关系相区分。

【遗产】第一类情形以遗产为典型,但不限于遗产。遗产,即死者之整体财产[1],法律将之界定为"集合"(相近范畴可见失踪人和死亡宣告人之财产),从而积极、消极法律关系得以一体移转于继承人。就此而言,被继承人之意志并不发生作用,其作用之领域在于继承人和受遗赠人之间的内部关系(第588条第1款、第754条第1款、第752条、第756条和第671条)。

【专用财产】第二类情形的典型是专用财产。专用财产或归属于多个主体之复数法律关系,即独立专用财产;或是同一主体之复数法律关系,即分离专用财产。[2] 但两者的本质是同一的,即为实现某一特定目的,将归属于同一主体或不同主体之复数积极、消极法律关系集合成统一体,并将其区分于归属上述主体之其他法律关系。专用财产之所以构成独立或者分离,是因为其具有与特定目的关联的担保与担责功能——这一点和主体的概括财产一样(第2740条)。这一功能可以是完全由独立的或分离的专用财产实现,也可以是该财产与概括财产以连带或补充的方式实现。属于独立专用财产者,如非法人社团和协会之财产(第7节)、非法人之公司制财产、夫妻共同财产;分离专用财产,如依据遗产清单接受之遗产[3]、未接受之遗产[4]、依据法律由国家取得之遗产、胎儿以及彼时尚未受孕的胎儿之财产(第2节)、家庭财产、嫁资、破产清算之后的财产等。

---

[1] MESSINO, L'eredità e il suo carattere di «universum ius», Riv. dir. civ., 1941, p. 363 ss.; SALIS, Note sul concetto dell'«hereditas» concepita come «universitas», Studi sassaresi, XX, 1946, p. 1 ss.; CICU, Legato e liberalità, Riv. trim. dir. proc. civ., 1955, p. 642 ss.

[2] PINO, Il patrimonio separato, Padova, Cedam, 1950; Cass. 14 agosto 1951, Foro it., 1952, I, 1372.

[3] MOSCARINI, Beneficio d'inventario, Enc. dir., V, Milano, Giuffrè, 1959, 123 ss.; VOCINO, Inventario (beneficio di) (diritto civile), Noviss. Dig. it., IX, Torino, Utet, 1963, 13 ss.

[4] RADAELLI, L'eredità giacente, Milano, Sel, 1948.

【企业和经营活动】如上所述,遗产以及类似财产、独立或分离之专用财产均未能穷尽"法权集合"之外延。实际上,通过创设一个相对于主体而言独立的法律规范作用对象,就有可能将复数法律关系统为一体,并将其与该主体的其他法律关系相区分(尽管作用于该对象的法律规范并不涉及担保或责任的问题。不过,正因如此,其在技术意义上并未形成一个新的、独立的财产)。此时,这些法律规范调整的对象,不再是出于技术——法律目的而形成的法律关系组合(例如,独立或分离的专用财产),而是一种经济联系的法律形式,其目的具有明确的经济性。从法律角度观察,该联合体独立于主体本身,其不仅是法律关系的独立载体,还是法律行为之载体。于此,须区分主体之行为和须经借此"作用对象"而归属于主体之行为。此等情况与独立人格更接近,但存在本质上的区别。

企业(azienda)乃是此类情况之典型。[1] 在经济上,企业是各种财

---

[1] CASANOVA, Studi sulla teoria dell'azienda, Roma, Sefi, 1938; Azienda, Noviss. Dig. it. II, Torino, Utet, 1958, 1 ss.; Impresa (in generale), Noviss. Dig. it, VIII, Torino, Utet, 1962, 348 ss.; Greco, Profilo dell'impresa economica nel nuovo codice civile, Atti Acc. Scienze, Torino, 77, II, 1941-42, p. 364 ss.; SANTORO-PASSARELLI, L'impresa nel sistema del diritto civile, Saggi, II, p. 945 ss.; Il lavoro nell'impresa, Studi in onore di A. Asquini, Padova, Cedam, 1963, p. 1 ss. (estr.); F. FERRARA iun., La teoria giuridica dell'azienda, 2ª ediz., Firenze, Cya, 1949; ASQUINI, Profili dell'impresa, Riv. dir. comm., 1943, I, p. 1 ss.; GRAZIANI, L'impresa e imprenditore, 2ª ediz., Napoli, Morano, 1959; Santi ROMANO, A proposito dell'impresa e dell'azienda agricola, Riv. dir. agr., 1947, I, p. 19 ss.; BIGIAVI, La «piccola impresa», Milano, Giuffrè, 1947; La professionalità dell'imprenditore, Padova, Cedam, 1948; GARRICUES, Nozione dell'impresa, Nuova riv. dir. comm., 2, 1949, I, p. 51 ss.; T. RAVÀ, La nozione giuridica di impresa, Milano, Giuffrè, 1949; GHIDINI, Disciplina giuridica dell'impresa, Milano, Giuffrè, 1950; Lineamenti del diritto dell'impresa (corso di lezioni universitarie), Giuffrè, Milano, 1961; FANELLI, Introduzione alla teoria giuridica dell'impresa, Milano, Giuffrè, 1950; NICOLÒ, Riflessioni sul tema dell'impresa e su talune esigenze di una moderna dottrina del diritto civile, Riv. dir. comm., 1956, I, p. 71 ss.; AULETTA, Impresa e azienda, Temi napoli, 1958, I, p. 20 ss.; VANZETTI, Trent'anni di studi sull'azienda, Riv. dir. comm,. 1958, I, pp. 32 ss.; 105 ss.; MENGONI, Recenti mutamenti nella struttura e nella gerarchia dell'impresa, Riv. soc., 1958, p. 689 ss.; BRACCO, L'impresa nel sistema del diritto commerciale, Padova, Cedam, 1960; NASI, Osservazioni su una recente teoria dell'impresa, Riv. dir. comm., 1960, I, p. 383ss.; SIMI, Su «L'impresa nella realtà sociale e nel diritto», Dir. lav., 1961, I, p. 33 ss.; Aur. CANDIAN, Appunti in tema di azienda, Raccolta di scritti in onore di A. C. Jemolo, II, Milano, Giuffrè, 1963, p. 139 ss.; FRANCESCHELLI, Imprese e imprenditori, Milano, Giuffrè, 1964.

产、行为之结合体;在法律上,则是各种性质各异、客体不同的法律关系之结合体。因此是法权集合(univeritstas iuris),而非事实集合(rerum)(第14节)[1]。企业具有归属者,但依我国法律,企业本身为法律关系之独立载体。但企业不构成分离专用财产,因为此时并未区分企业财产和企业主财产。

根据法律规定(第2555条、第2082条)人们习常以为,企业是财产之总和,经营活动(impresa)是企业主活动之总和,实则不然。诚然,立法者在某些法律效力方面接受这一狭窄理解。但在其他情形,立法者所采纳的观念显然更加宽泛,即企业是整个组织体(organizzazione),企业经营活动则是以职业为特征的组织化的生产活动。

企业(尤其是经济活动的统一体)被赋予相应的资格——有生命的组织体,以持续性为突出特征。故此,诸多影响企业主之事实,不应影响企业本身(第2112条、第2557条及以下条文、第1330条、第1722条第4项)。企业作为个体,区别于企业主,而受法律保护(第2563条及以下条文、第2598条)。

以经营活动为目的的公司,获得法人资格(第2249条),内含上文所提及的法技术和经济目的双重考量。[2]

---

[1] Cass. 18 febbraio 1949, Nuova riv. dir. comm., 2, 1949, II, 104, con nota di CASANOVA; Cass. 18 febbraio 1950, ivi, 3, 1950, II, 96, con nota di MOSSA.

[2] ASCARELLI, Il dialogo dell'impresa e della società nella dottrina italiana dopo la codificazione, Problemi giuridici, Milano, Giuffrè, 1959, II, p. 781 ss.

第十九节　法律关系设立、变更和消灭；法律关系设立和原始取得；法律关系消灭和权利丧失；法律关系之主体变更；继承；移转；继受取得；不得移转之法律关系；债务继承；法律关系之裂增和合并；法律关系之新设继受取得；生前继承和死因继承；概括和个别继承；合同概括移转；法律关系客体之变更；物上代位；派生法律关系的建立；法律关系内容变更；法律关系消灭；法律关系的休眠和复苏；法律关系未决；法律关系的反射作用；相对效力

【法律关系设立、变更和消灭】法律关系可以设立、变更和消灭。[1]设立、消灭涉及整个法律关系；变更则被界定为部分要素改变而保持法律关系之同一性。换言之,法律关系之主体、客体或内容发生改变,但法律关系本身未变。我们须指出的是,要素部分改变而法律关系保持同一性的讨论,实属多余。严格而言,无论是主体、客体或内容之变更,都能够排除变更后法律关系与变更前法律关系的同一性,因为每个法律关系都是由各个不同要素共同构成。承认变更前后的法律关系保持同一性,虽然不符合理论,但仍具实践意义,目的在于调和法律关系的变更和持续,以维护法律关系(除被改变之要素以外)效力。

【法律关系设立和原始取得】法律关系设立,即积极主体取得主观权利或其他权力[2]。取得人于此并不是对先前法律关系之替代,故为原始取得。客体上是否存在法律关系,于原始取得之效果无关紧要。原始取

---

[1] ALLARA, La teoria delle vicende del rapporto giuridico, Torino, Giappichelli, s. d. (1950); Le fattispecie estintive del rapporto obbligatorio, Torino, Giappichelli, s. d. (1952).
[2] PUGLIATTI, Acquisto del diritto (teoria generale), Enc. dir., I, Milano, Giuffrè, 1958, 508 ss.

得者,比如先占取得抛弃物(res derelicta)[1]或未归属于任何人之物(res nullius)(第10节)。

【法律关系消灭和权利丧失】法律关系消灭,即主体丧失主观权利或其他权力,丧失意味着其他主体并未因此而取得,丧失即权利灭失也。权利丧失,如权利人放弃,法律上称为弃权(rinunzia)。

【法律关系之主体变更】不过,如果在同一事件中,权利之取得和丧失相互依存,即一主体丧失之权利为他主体所取得,那么构成法律关系之变更——准确而言——是法律关系主体之变更。主体变更包括积极主体变更和消极主体变更。

【继承】对于法律关系积极或消极主体之变更,法律称之为"继承(successione)",即权力更替(特别是权利之继承)或义务更替[2]退出法律关系之主体,称之为被继承人(autore della successione,拉丁语为 dante causa);进入法律关系之主体,称之为继承人(successore,拉丁语为 avente causa)[3]。此时称法律关系具有同一性——如前文所述——之意义在于,使继承人之具体法律地位等同于被继承人。

【移转】从被继承人角度观察,继承导致出让(alienazione)或者更广义的移转(trasmissione)。移转的外延比出让更广泛,它还包括被继承人死亡之情形,即所谓的死因移转。

【继受取得】从继承人角度观察,继承人导致继受取得。继受取得与原始取得相对,后者是法律关系设立之结果。继受取得者,继承人法律地位源自被继承人的法律地位,原本归属于后者的法律地位,现归属于前者。

继承之充要要件为一主体替代另一主体之法律地位,而不以被继承人的意思为必要。原因在于,除意定继承外,尚有法定继承,即法律规定的继承或因合乎法律规定的权威机关决定之继承。前者如死因继承,后者如征收。

---

[1] DE CUPIS, Teoria dell'acquisto per invenzione, Scritti in onore di A. Scialoja, III, Bologna, Zanichelli, 1953, p. 171 ss.
[2] MANGO, La successione nel diritto soggettivo, Arch. giur., 142, 1952, p. 112 ss.
[3] CAMPAGNA, Avente causa, Enc. dir., IV, Milano, Giuffrè, 1959, 598 ss.

【不得移转之法律关系】继承的地位可以是积极或消极的法律地位。但对于有些法律关系而言,其积极或消极地位不得移转。

积极法律地位,若涉及具有亲身性之利益或高于个体之利益,则不得移转。譬如人格权、家庭法中的权力不得移转,甚至某些财产性权利也不得移转,譬如使用权、居住权,以及各类租赁合同项下的权利(但有例外)不得移转。

消极法律地位不得移转,涉及两种情况。其一,消极地位不是由特定主体——而是由不特定主体——占据的,不得移转。譬如绝对法律关系,尤其是物权法律关系中的消极地位。其二,消极地位固有人身性的,不得移转,譬如家庭法中的消极地位。

92　　可移转性,不能由当事人意定排除,但法律另有规定者除外(第1379条、第692条及以下条文;第965条第3-4款;第980条第1款、第1260条第2款)。[1]

【债务继承】债权继承,譬如债权让与(第1260条及以下条文)[2],学界概无争论;相反学界对债务继承存在众多争议。这是因为,债之客体为债务人行为,如果债务人变更却仍然认为法律关系保持同一,这的确很难让人理解。然而当消极主体不存时,承认债务继承,实有必要。倘若拒绝债务继承理论,除非构建其他理论,否则就会导致消极主体消灭,则法律关系消灭。因此,对死者债务的继承,应该无需争辩(详见后文)。但我们认为,即使立法者未置一词,也须承认生前债务继承理论。[3] 然而,鉴于

---

[1] PUGLIATTI, L'atto di disposizione e il trasferimento dei diritti, Diritto civile, Milano, Giuffrè, 1951, p. 3 ss.; Considerazioni sul potere di disporre, ivi, p. 33 ss.; PIRAS, Sull'esercizio della facoltà di disporre, Nuova riv. dir. comm., 1, 1947-48, I, p. 21 ss.

[2] GRAZIANI, La cessione dei crediti, Studi di diritto civile e commerciale, Napoli, Jovene, 1953, p. 151 ss.; PANUCCIO, La cessione volontaria dei crediti nella teoria dei trasferimenti, Milano, Giuffrè, 1955; Cedibilità e cessione di diritti e di situazoni giuridiche, Enc. dir., VI, Milano, Giuffrè, 1960, 822 ss.; Cessione dei crediti, ivi, 846 ss.

[3] BIGIAVI, Novazione e successione particolare nel debito, Dir. e prat. comm., 1942, I, pp. 71 ss., 116 ss.; Corrardo, Il trasferimento del debito, Riv. dir. priv., 1943, I, p. 139 ss.; G. STOFLI, Appunti sulla cd. successione particolare nel debito, Riv. trim. dir. proc. civ., 1948, p. 733 ss.; RESCIGNO, L'assunzione dell'obbligo altrui, Arch. giur., 141, 1951, p. 80 ss.; Studi sull'accollo, Milano, Giuffrè, 1959; Debito (successione nel), Noviss. Dig. it., V, Torino, Utet, 1960, 191 ss.; Cass. 3 gennaio 1958, Giur. it., 1958, I, 1, 311.

法律关系中债务人行为的重要性,在债务继承中,不仅需要债权人同意,还必须有利害关系人明确的意思表示,以表明他们希望维持原法律关系按照原有特征(尤其是对债务人可主张的抗辩权和对债权人提供的担保)继续存续。之所以这样规定,是因为即使债权人和债务人协商一致,这些事项并不能一概地、当然地对后法律关系发生效力。若无须相关利害关系人之同意,则应认为原法律关系消灭,因消极更新而发生新的法律关系(第 1268 条及以下条文,尤其是第 1271 条第 3 款、第 1272 条第 3 款、第 1273 条第 4 款、第 1235 条)。[1]

狭义上的继承是指同一法律关系中主体之更替。然而广义上的继承还包括新法律关系继受旧法律关系。若从积极主体的角度观察,后一情形便等同于继受取得。

【法律关系之裂增和合并】准以此言,继承也发生于法律关系之裂增(即多个主体代替一个主体)和法律关系之合并(即一个主体代替多个主体)中。两种情形,均发生法律关系之继受。

【法律关系之新设继受取得】除法律关系之传来继受取得外,继承之外延尚包括法律关系之新设继受取得。新设继受取得者,通过新设法律关系予以实现。但新法律关系继受自原法律关系,因其以原法律关系为前提并吸收后者部分内容或者后者以其他方式对新法律关系形成限制。

法律关系之新设继受取得体现于所有权以外的其他物权*之创设和在更广泛意义上所有(被不恰当称作)权利上之权利的情形。依定义,权利不得以其他权利为客体(为此,我们不接受无体物之范畴,见第 11 节)。因此,在上述情形中,以原法律关系的客体为客体。可见,新法律关系的客体派生自原法律关系,后者对前者加以限定。基于此,就可解释以下权利形态:对所有权之外其他物权的质押与抵押,对债权的质押与用益权。

---

[1] Cass. 3 gennaio 1958, Giur. it., 1958, I, 1, 311; 1°aprile 1960, Mass. Foro it., 1960, 164, 730.

* 意大利民法典并不使用"他物权(diritti reali su cosa altrui)"这个术语作为一个正式分类,而使用"所有权以外的其他物权(diritti reali diverso dalla proprietà)"这一术语。但从功能上看,两者等同,意大利法也确实区分了类似"所有权"与"他物权"的体系。——译者注

新设继受取得抑或传来继受取得,皆须遵循"无人可向他人移转不享有之权利(nemo plus iuris ad alium transferre potest quam ipse haberet)"(D. 50,17,54)的原则;在新设继受取得中,取得的权利须小于原法律关系(minus iuris quam ipse habet)之积极主体实际享有的权利。

【生前继承和死因继承】法律关系主体之继承,可分为生前继承和死因继承。

为避免法律主体消亡导致法律关系消灭,构建死因继承理论实有必要。此等必要性还在于死因继承的实现意义和其特有的历史复杂性。[1] 基于此,死因继承被换称为继承,死因继承法被换称为继承法。死因继承之外延不断扩张,不仅包括传来取得、新设取得,甚至凡是死因取得之方式——无论基于死者之意志或法律之规定——均囊括在内。实际上,基于维持法律关系和契合家庭之需要,法定继承大量存在。完全(ex novo)新设取得亦属于法定继承。所谓完全新设取得是指,仅在经济意义上派生于遗产的权利,亦即,继承人无偿获得财产,是以承担某种经济上的损失为基础。例如,法律规定须向被继承人的某些非婚生子女支付终身年金(assegno vitalizio)的情形,即属此类(第580条、第594条*)。

并非任何基于主体死亡之取得,均可纳入继承之范畴。非赖于或取决于死者财产之利益取得,不是继承。抚恤金、各种补偿金、被继承人订立的利于第三人契约中的第三人利益(第1412、1920、1921、1923条第2款和第2122条)之取得,均非继承取得。上述情形,是直接为相关在世者而特设的取得,称为"依法本身(iure proprio)"取得,并因此区别于"依继承(iure successionis)"取得。此外,虽以死亡为要件,但应被认为是依据生前行为之取得,亦非继承,譬如以赠与人先死为要件之赠与取得。

死因继承法,也被称为遗产法(diritto ereditario),原因在于"遗产"

---

[1] CICU, Le sucessioni (parte generale), 2ª ediz., Milano, Giuffrè, 1961; BARRASI, Le successioni per causa di morte, Milano, Giuffrè, 1944; CARIOTA-FERRARA, Problemi di teoria generale nel diritto ereditario, Riv. dir. civ.,1955, p. 14 ss.; Le successioni per causa di morte, I, parte generale, Napoli, Morano, 1961-62; L. COVIELLO iun., Diritto successorio, Bari, Cacucci, 1962.

* 2013年12月28日第154号法令对上述两条作了文字上的修改。——译者注

一词(ereditià)是指死者之财产。

【概括和个别继承】依据我国法律,整个遗产或部分遗产之继承,方得称为概括继承(successione a titolo universale)(第588条第1款)。其他情形之继承——无论生前(inter vivos)或死因(mortis causa)继承——均称之为个别继承[1]。概括继承并非复数法律关系或者法权集合(第18节)之继承,而是全面继承(per universitatem)。根据我国法律,概括继承只见于遗产继承。原因在于,遗产被构造为复数法律关系之集合,其目的恰在于继承;而其他复数法律关系集合之构造,旨在实现其他目的。[2]

概括继承之典型特征在于继承人(erede)[3]按照继承遗产(除以个别继承分配的遗产外)之比例继承积极或消极法律关系(第754条*),自开启继承时起取得遗产占有[4](第1146第1款)。因之,继承人之法律地位与死者[5](拉丁语为de cuius,具体含义为其遗产被处理之人 is de cuius hereditate agitur;也可以称之为被继承人)之生前地位相同。

在死因继承情形,个别继承人被称为受遗赠人(legatario)。为了与继承人作区分,个别继承人被宽泛地称为"具因人"(譬如第2909条)。个别继承人继承特定的积极法律关系,而不继承债务(除非个别继承须遵循其他规定);个别继承不得占有,个别继承人只能将自己之占有与前手之占有进行合并(第1146条第2款)。所谓净资产继承——法人剩余财产之继承(第6节)、国家依法继承财产(第586条),均非全面继承(per uni-

---

[1] 关于个别继承概念之批评,参见 G. STOLFI, Note sul concetto di successione, Riv. trim. dir. proc. civ., 1949, p. 535 ss.

[2] CICU, Successione fra persone giuridiche, Riv. trim. dir. proc. civ., 1956, p. 1142 ss. 即使公司合并,由于其目的不同于继承,故也不能称之为概括继承。反对观点,即通说,参见 RUPERTO, La successione universale tra vivi nel nostro diritto, Riv. dir. comm., 1950, I, p. 123 ss。排除公法机关的概括继承的判例,参见 Cass. 24 luglio 1958, Giust. civ., 1958, 1631, con nota di M. S. GIANNINI。

[3] G. STOLFI, Concetto dell'erede, Giur. it., 1949, IV, 162 ss.

* 根据1975年5月19日第151号法律第187条,本法条被废除。——译者注

[4] C. A. FUNAIOLI, Successione ereditaria nel possesso, Giust. civ., 1951, p. 320 ss.

[5] Cass. 1° marzo 1947, Temi, 1949, 1, con nota di G. STOLFI.

versitatem),而是个别继承。【合同概括移转】个人继承中也包括合同概括移转,其移转客体亦为复数法律关系,可分为法定概括移转(第1599条、第2113条和第2558条)和意定概括移转(cessione del contratto,第1406条及以下条文)[1]。合同意定概括移转之要旨在于,双务合同未履行者,第三人得继受一方合同当事人的所有法律关系。

【法律关系客体之变更】法律关系变更的第二个面向是客体变更。法律关系客体可通过当事人意思表示或法律规定发生数量或质量上的变更,只要不因此丧失法律关系的同一性,即保持法律关系之结构不变。若客体变更导致法律关系性质发生根本改变(例如,物权法律关系中物的替换),则不再属于变更范畴,而是原物权法律关系消灭,并由新物权法律关系取而代之。不过,当法律关系客体变更与原法律关系结构相一致时,这种变更也有可能构成法律关系更新(novazione),但也并非绝对如此——除非该变更不是次要性变更(modificazione accessoria)。如果发生非次要性变更的情况,若要认定法律关系已发生更新,法律——基于"维持法律关系"的原则——要求当事人必须以明确无误的方式表示此种意图。例如,若欲更新债的客体,必须明确表示欲使原债务消灭的意思,不得含糊其辞(第1230条第2款、第1231条)。

【物上代位】客体变更须以法律关系之同一性维持为限。据此,得以理解物上代位之机理。物上代位者,实乃同一法律关系中客体之替代。例如,特权、质权或抵押权之客体物灭失或毁损的,保险金须用于灭失或

---

[1] PULEO, La cessione del contratto, Milano, Giuffrè, 1939; NATOLI, Alcuni aspetti della cessione del contratto secondo il nuovo codice civile, Giur. compl. Cass. civ., 1949, I, p. 320 ss.; CARRESI, La cessione del contratto, Milano, Giuffrè, 1950; Cessione del contratto, Noviss. Dig. it., III, Torino, Utet, 1959, 147 ss.; M. ANDREOLI, La cessione del contratto, Padova, Cedam, 1951; R. CICALA, Cessione del contratto, Enc. dir., VI, Milano, Giuffrè, 1960, 878 ss.; Il negozio di cessione del contratto, Napoli, Jovene, 1962; GENOVESE, Alienazione delle cose assicurate, Padova, Cedam, 1962; GORLA, Problemi sulla cedibilità dell'offerta contrattuale (di scambio) dell'opzione e del contratto preliminare, Riv. dir. civ., 1963, I, p. 1 ss. 关于合同相对人之同意,参见 Cass. 4 aprile 1950, Giur. it., 1951, I, 1, 53, con nota adesiva di CARRESI, 21 ottobre 1961, Mass. Foro it., 1962, 606, 2302;14 maggio 1962, Mass. Foro it., 1962, 309, 999;不同的判决 Cass. 8 luglio 1960, Giur. it., 1960, I, 1, 1240, con nota adesiva di PRATIS。

毁损物之恢复(第2742条第1款);共有财产分割后,共有人所得财产若不是原抵押权之客体,则发生物上代位(第2825条第2-3款)。

【派生法律关系的建立】与上文所见之继承相似,物上代位一词也可用于新法律关系派生于原法律关系的情况。申言之,当客体变更有损法律关系同一性之维持时,新法律关系取代旧法律关系,并承担相同之功能(subrogatum sapit naturam subrogati)。譬如没有被用来恢复灭失或损毁的物,新的特殊担保关系会产生,而旧的担保关系会被取代(第2742条第1款);受死亡宣告之人并未死亡,而其物被出让的,可请求价金,此时乃是债之法律关系替代物权法律关系(第66条第1款)。新物权法律关系成为遗产、失踪人、家庭财产或家资之组成部分,则替代旧有物权法律关系,但其法律效果也仅限于替代本身(第535第2款、第54条、170条第1款*、第183条**、第187条和第189条***)。物上代位大量见于用益权制度(第1017条及以下条文)[1]。在物上代位意义上,如下传统格言可谓确切:"价金替代实物,实物取代价金(pretium succedit in locum rei; res succedit in locum pretii)。"

综上,广义之继承,包含新法律关系对原法律关系之替代;广义的物上代位,亦如此。然须强调的是,除此以外,有些继承和物上代位仍维持法律关系的同一性。

【法律关系内容变更】法律关系之变更还包括不改变法律关系同一性的内容变更。内容丰富的法律关系尤得变更。譬如所有权关系具有弹力性,即使各种内容变更而不失其同一性。不过,其他法律关系的内容也可以进行不同程度的变更。比如,在上文所述的"权利上的权利"中,对其法律关系之内容加以限制,从而发生新法律关系。又,法律关系尚可通过减轻或加强而变更其内容(如取消或订立违约金条款,第1382条及以下条文)。

---

* 本法条被1975年5月19日第151号法律第52条替代。——译者注
** 本法条被1975年5月19日第151号法律第62条替代。——译者注
*** 本法条被1975年5月19日第151号法律第68条替代。——译者注

[1] DEJANA, Surrogazione dell'indennità alla cosa in usufrutto, Riv. dir. comm., 1946, I, p. 315 ss.

【法律关系消灭】法律关系因所保护利益之实现而消灭,此谓满足性消灭(estinzione satisfattoira),譬如物之消费、清偿、限时性法律关系之时间届满等;法律关系尚可因主体或客体要素的消灭而消灭。法律关系消灭均为自动消灭。

主体合一,即法律积极地位和消极地位之混同,亦导致法律关系消灭。如果混同不导致法律关系消灭,那么此时单一主体关系理论并不能对其进行解释[1]。此时需要从各具体情形中识别排除混同效果的法律手段,从而可以解释该法律关系为何仍得以维持(这些情形,比如在第490条、第512条、第661条、第1395条、第1735条和第2272条第4项)(见第5、18和60节)。

法律关系可因当事人之合意而消灭,譬如更新(第1230条及以下条文);或因一方当事人之意志而消灭,如弃权、单方退出(recesso)、经抗辩而消灭(ope exceptionis,抵销、消灭时效,参见第1242条第1款、第2938条);或因有权机关之措施而消灭,譬如积极主体之"滥用权利"(譬如第330条*、第384条和第1015条)。

【法律关系的休眠和复苏】法律关系可能处于要素未终局消灭、但其复生也未确定的状态。法律将此类情形规定为法律关系并非完整无缺,亦非消灭,而处于休眠状态,得于将来复苏。休眠之法律关系处于不活跃之状态,法律关系复苏后,则重现活力。

主体方面之法律关系休眠,包括如下现象:比如,因失踪人死亡能够使债务消灭的,可以暂时不履行债务(第50条第4款);对失踪人宣告死亡的,因失踪人死亡能使债务消灭的,可以暂时不履行债务(第63条第2款);在配偶被宣告推定死亡时,另一方可以脱离婚姻关系(第65条;见第2节);因新债务人承担一项可撤销的债务而使原债务人获释之情形。不

---

[1] PUGLIATTI, Il rapporto giuridico unisoggettivo, Diritto civile, Milano, Giuffrè, 1951, p. 395 ss.; CARIOTA-FERRARA, Rapporto successorio, rapporto giuridico e rapporto giuridico unisoggettivo, Riv. dir. civ., 1957, I, p. 727 ss.

* 本法条被1975年5月19日第151号法律第152条替代。2001年3月28日第149号法律第371条对本条第2款做了文字上的修改。——译者注

过,如果该债务被撤销,原债务人的债务将恢复(第 1276 条)。

客体方面之法律关系休眠,包括:地役权因暂时欠缺效力而中止(第 1074 条)[1];一时履行不能导致债务中止(第 1256 条第 2 款);保险金未用于物之恢复时,特别担保关系之状态(第 2742 条第 1 款);不动产抵押权人取得不动产所有权后,当实现其他抵押权或不动产被强制执行时,该抵押权复苏(第 2862 条第 2-3 款)。

【法律关系未决】与法律关系休眠不同的是法律关系未决状态。基于此法律关系可溯及消灭,譬如附停止和附解除条件之成就(第 1360 条第 1 款);或者主体溯及取代,比如,无权代理之追认,被代理人(dominus)溯及成为代理行为之主体(第 1399 条第 2 款)。

【法律关系的反射作用】作为权力和义务的度量衡之法律关系,存在于当事人之间。任何第三人,无论与当事人关系如何,均处于法律关系之外。故而,法律关系不得实现、损害第三人之利益。不过,上述论断只是表明法律关系不得直接作用于第三人之法律领域,并不意味着不能对第三人产生反射作用。反射作用是指,第三人地位与一方当事人之法律地位攸关,故而法律关系与第三人发生联系。上述论述,可解释法律关系之相对效力(relatività)现象。

【相对效力】在当事人之间已经成立的法律关系,可能对第三人尚未发生效力,或者不再发生效力。例如,当事人之间的下列行为:登记之前的不动产或其他登记财产物权之设立、转让行为(第 1376、2643、2644、2683 和 2684 条),占有移转之前的动产物权之转让行为(第 1155 条),实际用益之前的对人用益权许可行为(第 1380 条)[2],债务人接受转让或

---

[1] BRANCA, Perimento del fondo e quiescenza della servitù, Studi giuridici in onore di A. De Gregorio, I, s. 1. (Roma), Dante Alighieri s. d. (1955), p. 225 ss.
[2] DEJANA, L'articolo 1380 del codice civile ed il conflitto tra diritti di credito, Annali Triestini, XVII, 1946-47, p. 5 ss.; NATOLI, Il confitto dei diritti e l'art. 1380 del codice civile, Milano, Giuffrè, 1950; SCARPELLI, Il cd. conflitto tra diritti personali di godimento e l'art. 1380 del codice civile, Riv. trim. dir. proc. civ., 1951, p. 951 ss.; Cass. 31 marzo 1953, Giur. it., 1953, I, 1, 877 (对第 1380 条的限制适用); 29 luglio 1958, Giust. civ., 1958, I, 1418; 21 aprile 1960, Mass. Foro it., 1960, 215, 955.

受领转让通知之前的债权转让行为(第1264、1265条)以及债权人撤销之前的诈害债权行为(第2901条4款)。

有些法律关系不成立,譬如虚伪行为;有些法律关系溯及灭失,譬如被撤销、撤回和解除(此时灭失的对象为对先前法律行为具有消除效力的法律事实,因此法律关系溯及灭失难以纳入法律关系消灭之范畴)。但这些法律关系具有或保有反射作用(第1414-1416、1445、1452、1458条)。第1415、1445条以及第534条第2-3款、第1153条之情形均是对法律关系相对效力之突破,其正当性基础难以笼统地以学界执迷的所谓权利外观理论[1]妥当解释,应结合具体情形加以说明。从无权利人处(a non domino)取得所有权制度[2],其正当化基础在于对取得人信赖之保护。

以及,即便法律关系在当事人之间已经消灭,它仍可能保留其相对效力。例如,用益权、永佃土地所有人权利、永佃权或地上权消灭之后,其原本附着于这些权利上的抵押权仍得以存续,从而继续产生法律效力(第2814-2816条)。

---

[1] FALZEA, Apparenza, Enc. dir., II. Milano, Giuffrè, 1958, 682 ss.; Cass. 8 ottobre 1956, Foro it., 1957, I, 1473; 9 ottobre 1959, Mon. trib., 1959, 575.

[2] MENGONI, L'acquisto «a non domino», Milano, Vita e pensiero, 1949; Acquisto «a non dominom», Noviss. Dig. it., I, Torino, Utet, 1957, 242 ss.; Nature giuridiche degli acquisti «a non domino», Riv. trim. dir. proc. civ., 1963, p. 1299 ss.

第四编

法律事实

第一章 法律事实和人的行为

第二十节 法律事实和法律后果；构成要件；次序；溯及力；法律事实的前提；法律事实的类型；法律事实，人的行为，法律行为

【法律事实和法律后果】法律事实(fatti giuridici)是指能够导致法律后果(evento giuridico)产生的事实，即能够引起法律关系发生、变更和消灭的事实，或者使新成立的法律关系取代先前法律关系的事实，又或者使某人、某物或某一事实的法律属性得以确定的事实。虽符合法律规定，但无法引发法律后果的合法行为，不属于法律事实。

【构成要件】由法律规定的能够导致法律后果产生的法律事实，被称为构成要件(fattispecie)*。根据导致法律后果产生的事实数量是单个或多个，构成要件被分为单一的构成要件和复合的构成要件[1]。

---

* 根据意大利民法理论和本书内容，fatti giuridici 是指能够在个案中引起法律后果的具体事实，fattispecie 则是指法律层面预设的能够引起法律后果的抽象前提。准确地说，fattispecie 一词才对应萨维尼于19世纪提出的"法律事实"术语，后者实际上指向抽象的前提条件（目前学界通常称其为"构成要件"，从而和实际产生法律后果的个案事实相区别）。我国民法学界有时并未严格区分抽象的构成要件和个案中具体的法律事实，统一采用"法律事实"一词。考虑到上述术语的差异，为了翻译的简洁，同时也为了避免读者的误解，译者将 fatti giuridici 译为"法律事实"，fattispecie 译为"构成要件"。但请读者务必注意，本书的"法律事实"是指个案中的具体事实。——译者注

[1] SCOGNAMIGLIO, Fatto giuridico e fattispecie complessa, Riv. trim. dir. proc. civ., 1954, p. 331 ss.; MAIORCA, Fatto giuridico. Fattispecie, Noviss. Dig. it., VII, Torino, Utet, 1961, 111 ss.; CATAUDELLA, Note sul concetto di fattispecie giuridica, Riv. trim. dir. proc. civ., 1962, p. 433 ss.; FALZEA, Efficacia giuridica, Enc. dir., XIV, Milano, Giuffrè, 1965, 432 ss.

【次序】按照形成构成要件所需的时间顺序或逻辑顺序,对具有统一功能的法律事实进行排序,此时这些法律事实会呈现出一种次序[1]。

如前所述,构成要件在其形成过程中,也许会产生与最终法律关系相关的预备法律关系(第16节),最终法律关系也是基于后者才得以建立。由此可以确认并不是每一个能够产生法律效果的法律事实或法律事实群都可以被认定为构成要件,只有那些能够产生最终法律效果的,才可以称为构成要件。构成要件概念的重点在于,构成复合构成要件的各法律事实之间按照预期实现的目的排列组合,其中存在一个主法律事实,其余法律事实作为该主法律事实的补充,按照时间顺序先后发生。比如,需要先有新婚夫妇的声明和户籍官的职能行为,才能形成婚姻关系(第107条);需要得到收养人和拟被收养人的同意,同时由上诉法院作出宣告收养成立的决定(第296条*和第298条),才能形成收养关系;需要得到负责监护事务法官的同意和法院的准许(第375条**),监护人才能转让无行为能力人的财产;需要继承已经开始且继承人表示接受继承,死因继承的转让效力才发生(第457条和第459条);附条件契约(第1353条及以下条文)和对公众的允诺(第1989条),亦是如此。

【溯及力】根据前文提及的构成要件中各法律事实的次序安排,只有在全部构成要件(不仅要求具备构成要件,还要求具备生效要件)均具备后,方能产生终局法律效果。当上述要件具备后,法律效果的发生追溯至主法律事实成立之时。比如,继承的效力发生于开启继承之时(第459条),附条件契约的法律关系成立于契约缔结之日(第1360条第1款)。

【法律事实的前提】依上所述,那些无法引起法律后果发生的法律事实,并不是构成要件。不过,如果缺少该法律事实,新的法律后果便无法产生,因此,可以将这类法律事实称为前提。当然,在法律语境中,其具有不同含义。法律事实的前提比如,在认领私生子女之前,存在生父母已经

---

[1] SANDULLI, Il procedimento amministrativo, Milano, Giuffrè, 1940; Salv. ROMANO, Introduzione allo studio del procedimento giuridico nel diritto privato, Milano, Giuffrè, 1961.

* 根据1983年5月4日第184号法律第67条,该法条第2款和第3款被废除。——译者注

** 根据2022年10月10日第149号立法法令第1条,本法条被废除。——译者注

解除婚姻关系的事实(第252条第2款*);在确认继承之前,存在被继承人已经死亡的事实(第456条);在他人因占有而取得物品之前,存在已经抛弃该物的事实(第923条第2款)。

【法律事实的类型】根据法律事实的作出方式,即以作为的方式或不作为的方式,可以将其分为积极法律事实和消极法律事实;根据法律事实的产生原因,即是因某事件而产生或因某状态而产生,可以分为即时法律事实和永久法律事实。这些法律事实由于其性质上的异质性,并未也不可能在法律制度中获得统一规定;那些能够产生民事法律关系的法律事实(也就是本书的研究主题),更是如此。

意大利《民法典》中甚至没有关于法律行为这一类法律事实的专门规范,尽管意大利学术界对此早已提炼出一般理论。

为此,法学家们必须对《民法典》中相关法律规范进行提取,从而抽象出法律事实的一般概念,并根据法律事实的不同种类总结出各类法律事实的规范体系。法律事实的规定分布在《民法典》各编与其相关的法律关系部分,面对如此庞大且分散的规则,法学家们按照惯常办法,将适用相同规则的法律事实进行组合分类。这种分类并不随意,不过可以将此理解为:把各类法律事实的具体特征抽象化,然后从较小范畴上升到更大范畴。

依法律后果的性质,法律事实可以有不同分类,且各具描述性特点(比如法律事实可分为构成性法律事实、变更性法律事实和消灭性法律事实),但无论这些分类如何,就法律事实的本质而言,在民法范围内法律事实的分类标准可以限缩为两种。

【法律事实、人的行为、法律行为】第一种分类标准,也是最重要的分类标准,即根据法律效果的产生是否与人的意思有关,法律事实分为狭义的法律事实(fatti giuridici in senso stretto)和人的行为(atti giuridici)。

第二种重要的分类,是对人的行为这一类型所作的区分。如果人的行为只是产生法律所规定的效果的前提条件,那么该法律事实属于狭义

---

* 应为"第252条第2款":本法条被2013年12月28日第154号立法法令第23条修改。——译者注

的人的行为(atti giuridici in senso stretto)。如果该行为通过意思表示以产生法律效果,则构成法律行为(atti di volontà o negozi giuridici)。更准确地说,在私法领域,法律行为属于意思自治行为,因为法律效果产生自法律制度所保护的私人意思。

结合上述两种分类标准,我们可以将法律事实分成三类,分别是狭义的法律事实、人的行为和法律行为。本章将阐述前两类,第三类的讨论将在下一章进行。

第二十一节 狭义的法律事实;狭义的人的行为;合法行为和不法行为;行为能力和意思能力

【狭义的法律事实】通常,与自然有关的事实被认为是狭义的法律事实,即非人为却能够产生法律效果的事实,比如人的出生和死亡,或者周围环境的变化。而与人有关的事实,则构成人的行为。但是,如前所述,区分狭义的法律事实与人的行为之标准,是法律行为中人之意思重要性。如果法律制度在规定法律后果时并不考虑该事实是否源于人的行为、人是否有意,即使该事实是由人有意作出,该事实也属于狭义的法律事实。反过来说,只有那些依人的意思产生法律结果的法律事实,才构成人的行为。

因此,属于狭义的法律事实的,不仅有非人为的自然事实,还有那些虽然人为引起但不以其为必要的事实,或者虽然有人的意愿但不以其为必要的事实。

的确,对于由人之活动引发的事实,法律效果的归属取决于行为主体的确定。但不能就此认为这种事实构成狭义的人的行为,因为得以产生法律效果的主体要求并不由法律事实的性质所决定,而取决于法律效果与形成的法律事实之间的因果关系。毕竟,对各种法律事实而言,事实产生后当然会发生法律规定的结果。

因此,狭义的法律事实这一类别,不仅包括财产的自然增益,还包括因人的行为导致的添附、建造、种植、混淆、混合、加工、发现遗失物和宝藏等——并非因行为人之意思而产生法律效果的事实(第927条及以下条文,第934条及以下条文)。因此,狭义法律事实与主体的行为能力无关,也与其行为的心理要素(即意思和认识)无关。

【狭义的人的行为】如果要将人的行为与上述事实类型进行区分,那么必须关注到,前者中行为人具备认知和意思[1]。狭义的人的行为和狭义的法律事实一样,法律效果的产生均完全来自法律的规定,而不像法律行为那样产生于私人意思。但狭义的人的行为,其法律效力的产生也要求行为人对事实的发生具备认知和意思,即狭义的人的行为要求主体具备行为能力和行为活动的心理要素。不过,这种行为并不适用属于法律行为的那些规范,因为私主体的意思对后者才具有特别作用。行为的心理要素,即存在于主体内心的意思和认知,并不构成法律事实,但鉴于内心要素的重要性,它们能使与主体有关的事实变成人的行为。

【合法行为和不法行为】狭义的人的行为可以分为合法行为和不法行为。

合法行为之内容丰富多样,这些行为之所以被归为一类,是因为它们具备以下共同特征:为法律认可(即不违法),必须出于行为人的意愿(具有主观的意志),结果的产生完全由法律规定[2]。合法行为包括缔结婚姻(第79条及以下条文)、对非婚生子女的认领(第250条*及以下条文)(参见第38节结尾处)、根据家父的指定而设立的役权(第1062条)[3]、占有

---

〔1〕 V. M. TRIMARCHI, Atto giuridico e negozio giuridico, Milano, Giuffrè, 1940; MANIGK, Natura ed inquadramento sistematico degli atti giuridici privati, Ann. dir. comp. XVI, 1943, p. 133 ss.; Santi ROMANO, Frammenti di un dizionario giuridico, Atti e negozi giuridici, Milano, Giuffrè, 1947, p. 3 ss.; MIRABELLI, L'atto non negoziale nel diritto privato italiano, Napoli, Jovene, 1954, specialm. p. 34 ss.; BETTI, Atti giuridici, Noviss. Dig. it., I, 2, Torino, Utet, 1958, 1504 ss.; SCOGNAMIGLIO, Atto giuridico, Enc. for., I, Milano, Vallardi, 1958, 589 ss.; SANTORO-PASSARELLI, Atto giuridico, Saggi, I, p. 355 ss.; PANUCCIO, Le dichiarazioni non negoziali di volontà, Milano, Giuffrè, 1960 (绝版).

〔2〕 Aur. CANDIAN, Atto autorizzato, atto materiale lecito, atto tollerato. Contributo alla teoria dell'atto giuridico, Saggi di diritto, III, Milano, Giuffrè, 1949, p. 447 ss.

* 本法条被1975年5月19日第151号法律修改。——译者注

〔3〕 Cass. 20 marzo 1952, Temi, 1952, 515, con nota di MIRABELLI, La destinazione del padre di famiglia come atto giuridico. DEJANA, Destinazione del padre di famiglia (diritto civile), Enc. dir., XII, Milano, Giuffrè, 1964, 311 ss.

(第1140条及以下条文)、债的履行——尤其是债的给付(第1176条及以下条文;参见第2726条)[1]——和承认(第2730条及以下条文)(参见第63节)。

合法行为中存在一组被称为通知的特殊类型。此种行为具有声明的性质,其目的是让他人知情,因此被认为是具有心理活动的行为[2]。它不是对我们通常所说的学问知识的传播,而是对事实或者意图的通知。比如,通告、提议、反对、暗示、告发、告示和警告(比如第1113条、第1209条、第1219条、第1264条第1款、第1399条第4款、第1407条第1款、第1495条第1和2款、第2742条第2款)。

不法行为是指行为人有意识作出的违反特定义务或一般义务的行为,无论该行为是否基于故意。不法行为和合法行为的明显区别在于,不法行为为法律制度所禁止。故,实施该行为所产生的法律后果不与行为人利益相一致,反而与该利益相悖。本文所讨论的不法行为是指违反民法规则的行为,常见于侵害他人主观权利并对其造成损害的情形。对此,行为人承担对他人进行赔偿的义务[3]。可见,对不法行为的制裁往往通过(赔偿之)债得以实现。如此一来,不法行为可能表现为债务不履行,也可能是损害其他主观权利,不法行为也可能因债务不履行或损害其他主观权利而发生,其中法律将第二种情形称为不法事实(第2043条及以下条文)[4]。非法的法律行为不属于不法行为,因为它没有违反主体的行为义务,也没有对他人造成损害,行为人也不因此而承担赔偿义务。有关非法的法律行为,将在之后进行阐述(第40节)。

---

[1] GIORGIANNI, Natura del pagamento e vizii di volontà del « solvens », Foro pad., 1962, I, 713 ss.

[2] CARNELUTTI, Teoria generale del diritto, 3ª ediz., Roma, Sefi, 1951, p. 280.

[3] GIUSIANA, Il concetto di danno giuridico, Milano, Ambrosiana, 1944; P. FORCHIELLI, Il rapporto di causalità nell'illecito civile, Padova, Cedam, 1960; SCHLESINGER, La « ingiustizia » del danno nell'illecito civile, Jus, 1960, p. 336 ss.; SACCO, L'ingiustizia di cui all'art. 2043 c.c., Foro pad., 1960, I, 1420 ss.

[4] DE CUPIS, Fatti illeciti, Milano, Vallardi, 1961; Danno (teoria generale; diritto vigente), Enc. dir., X, Milano, Giuffrè, 1962, 622 ss.; Scognamiglio, Illecito (diritto vigente), Noviss. Dig. it., VIII, Torino, Utet, 1962, 164 ss.; RODOTÀ, Il problema della responsabilità civile, Milano, Giuffrè, 1963.

【行为能力和意思能力】在《民法典》中,可以找到一些有关狭义的人的行为(包括合法行为和不法行为)中行为能力和意思能力的特别规定。比如,对于给付这一合法行为,法律规定,行为人不能以"无行为能力"为由对给付提出异议(第1191条)[1];再比如,我们倾向于认为能够普遍适用于各种人的行为的规则指出,人的行为(法典错误地将此处的行为称为不法事实)应当具备充分且必要的能力,即作出行为时应当具有判断能力和意思能力(第2046条;参考《刑法典》第42条第1款和第85条)。这种能力并不是法律行为所要求的行为能力(参见第3节),而是一种最低限度的能力,它要求行为人能够有意识地认识到行为的实质内容,而不要求其能够认识到行为的法律后果。

进一步可知,即使已经具备判断能力和意思能力——它们是人的行为的要件,而不只是合法行为的要件——也必须真实存在一个有意识的意思。如果是能力欠缺以外的原因导致意思不存在,那么该行为也不能产生法律后果。

总而言之,归责性标准是统辖人的行为这一范畴的准则,无论该行为是合法还是非法[2]。

第二十二节 法律规范和法律事实;期间,地点和事实

通常,人们会将法律本身(或者更笼统地将其称为法律规范)和期间——最重要的自然事实之一——纳入法律事实的范畴,但这种做法并不正确。

【法律规范和法律事实】如上所述,各种法律事实必须根据法律规定而产生法律效果。但在任何情况下,法律规定都不是产生法律效果的直接原因,因为根据法律规范的结构,它只是将特定的法律效果与某个法律事实相联系。如果不考虑这一点,而只认为法律效果来自私人意思或法

---

[1] RESCIGNO, Incapacità naturale e adempimento, Napoli, Jovene, 1950.
[2] DEVOTO, L'imputabilità e le sue forme nel diritto civile, Milano, Giuffrè, 1964.

律规定,那法律关系形成与变更的原因就会像一些学者所主张的那样,被简化为法律行为和法律规范。这种做法不仅忽视了上文已经指出的各种法律事实之间的差异,还会错误地将法律行为和法律规范置于同一层面。但实际上,在法律行为中,私人意思的行使来自法律赋予的自治权,法律效果的产生也由法律直接确定。

【期间、地点和事实】期间和地点一样,只不过是一种关系,即事实存在的一种方式,其自身并不构成事实。就像在论述物权时指出的那样,不能将空间认作是物(第9节)。再比如,为了调整债的履行这类法律事实,法律规定了关于期间和地点的制度(第1182条和第1183条)。因此,因时效而消灭和因时效而取得并不是时间带来的法律效果,而是在一段时间内怠于履行或占有所导致的结果。总而言之,法律之所以规定期间计算规则,只是因为期间是法律事实的一种存在方式。随后将阐述与时间经过存在不同关联的两种制度——消灭时效与失权,这两项制度与适用于物权领域的时效取得不同,它们普遍适用于各种法律关系。

第二十三节 时间计算;自古占有

【时间计算】《民法典》中的时间计算规则基本上是为消灭时效所设,但该规则同样适用于时间计算具有法律意义的各种情形。

以公历进行时间计算。民用日从午夜12点开始计算,一些法条所指的(比如第1085条第2款)自然日是从日出到日落的时间,一个月的期间是指从开始计算的第一天起到下个月同一日期的这段时间,无论实际经过的天数如何(比如从1月28日到2月28日为一个月)。如果无法对应到同一日期,那么一个月的期间结束至公历中下个月的最后一天(比如从1月31日到2月28日为一个月)。但如果期限是按天数计算,且等于或长于一个月,该期限内的每一天必须全部计算(比如第232条*及以下条

---

* 本法条被1975年5月19日第151号法律第90条替代。——译者注

文)。月数计算的规定同样适用于年数计算。法律基本采用民用日的计算方法,该方法不要求精确的时刻,只强调期间从当日开始,至该周期的最后一刻结束。如果法律规定有初始时刻,比如因户籍身份所产生的事实,需例外地使用自然日的计算方法。如果事实所发生的瞬间具有法律意义,则需确认具体的时刻(例如确认某事实先于另一事实而发生)有时是通过公证书对时间进行确认,比如公证遗嘱(第603条第3款)、注册登记和抵押权登记(第2852条:抵押权顺序自其登记之时开始)的情形,有时则无需公证书,比如自书遗嘱。周期的计算,采用连续时间制,而非有效时间制。也就是说,要将该周期内的每一天都计算在内,包括那些无法作出行为的节假日。对此,有一个宽限规定是,如果行为完成的截止日是公共假期,那么该日期将延长到公共假期后的第一个工作日。只有在少数情况下,周期才按照有效时间进行计算,即完成行为的时间段仅指工作日(见1933年12月14日第1669号法令第51条第2款、第52条第1款,该法令通常被称为《汇票法》;1933年12月21日第1736号法令第46条第2款、第41条第1和2款,该法令通常被称为《支票法》)。另外,计算期间时,起始日和起始时刻不计算在内,但是终止日和终止时刻应计算在内。期间的计算规则包括消灭时效的相关规定(第2963条)——此为基础规定——以及《民法典》和《民事诉讼法典》中的其他规定(前者指第1187条、第2962条;后者指第155条)。

【自古占有】如果根据旧法而非现行法形成的法律关系存续至今,由于现行法对此已经无法追溯,这种事实上长期存在的状态被视为合法,无论其最初是否合法。由于此种情形不被认为是因时效而取得,因此该规则也适用于那些非因时效而取得的法律关系[1]。

---

[1] Cass. 15 gennaio 1949, Giur. compl. Cass. civ., 1949, I, 47, con nota di GASPARRI, Sul concetto di « immemorabile ».

第二十四节　消灭时效制度的基础和原因；消灭时效制度的客体；不受时效约束的权利；不受时效约束的所有权；理由；权利和诉讼：权利的消灭时效；虽时效届满但已经支付的债务不予返还；抗辩不受时效限制；消灭时效开始计算，消灭时效的阻却；消灭时效的中止；消灭时效的中断；消灭时效的期间；一般消灭时效；短期消灭时效；依生效判决而确定的权利之消灭时效；推定消灭时效；理由；消灭时效的适用方式：即时性；消灭时效的例外规定；消灭时效规定不可变更；消灭时效的放弃

【消灭时效制度的基础和原因】消灭时效是导致法律关系终结的通常方式之一,它因法律关系中负有履行义务一方怠于行使权利而发生。设置消灭时效制度的原因,并不是通常所说维护法律关系的确定性,而是为了使法律状态与事实状态相适应。也就是说,有权行使权利的主体未在一定时间内行使的,权利即告丧失。既然因时效而消灭的原因是权利人在一定时间内怠于行使权利,那么,如果权利的取得并非行为人所能决定,或者某状态和事件排除了所有权人怠于行使权利的情况,权利便不会因时效而消灭。

【消灭时效制度的客体,不受时效约束的权利】主体绝对不能处分的权利不受时效限制。针对这些权利,行为人既不能通过法律行为进行处分,又不能以不作为的方式处分或放弃。不可处分的权利有两类,一是区别于主观权利、为了保护更高利益或他人利益而赋予人的权力(第 16 节),二是作为例外的、权利人绝对无法处分的真正主观权利(例如第 826 条)。

【不受时效约束的所有权】除了不可处分的权利以外,"法律规定的其他权利"(第 2934 条第 2 款)也不受时效限制。实际上,除了所谓的权限权力(diritti facoltativi)以外(第 16 节)——权利中包含不受时效限制的权

力——唯一一种可处分且不受时效限制的权利就是所有权。除此以外的其他财产权——无论是人身权*还是物权——如果权利人未在法律规定的时间内行使,一般都会因时效而消灭(第 2934 条第 1 款)。【理由】所有权之所以不适用消灭时效制度,并非如普遍观点认为的"不作为也构成行使权利",而是因为在此情形下消灭时效所具有的将实际形成的利益与法律相统一的功能无法实现。人身权(diritto personale)消灭后,将债务人从关系中解放出来,他物权消灭后,所有权扩张——这两种情形均符合之前的事实状态,但如果所有权因时效而消灭,那么将会产生一种财产不归任何人所有的新事实状态。像这种已经实现的利益,不应该适用消灭时效制度,而应当适用取得时效制度。

从法律规定来看,无论是因全部或部分不行使他物权而导致权利消灭的规定(第 954 条第 4 款、第 970 条、第 1014 条第 1 项、第 1073 条、第 2880 条),还是旨在保护所有权的返还所有物之诉的规定(第 948 条第 3 款),都能明确地说明所有权不适用消灭时效制度。

不过,如果所有权适用消灭时效,可能会更符合《民法典》所主张的积极性观念。对土地所有权尤为适用,因为此种规则能够为下面这一新规定提供一个技术性的理由,即土地所有权在无所有权人时归属于国家(第 827 条)。在这种情形下,消灭时效制度能够保护集体利益,而怠于行使权利的所有权人,其个人利益被认为应当次于集体利益。

【权利和诉讼:权利的消灭时效】前文提到,所有权不可因时效而消灭,其论据之一就是:法律明文规定返还所有权之诉(azione di rivendicazione)不受时效限制。由此我们可以引出一个相当具有争议的问题:消灭时效消灭的是实质性主观权利还是诉权。诉权是一种完全不同于程序性权利的主观权利,但相较于实质性主观权利,它具有工具性的特点,可以

---

* 意大利部分学说使用广义的财产概念,即财产是单个个体的法律地位和利益——财产的集合,其中个人权利被认为具有财产性质的权利。这一观点能解释个人权利遭到损害而需计算赔偿时,该学说可以发挥明显作用。显然,作者接受了该学说观点。故此处将人身权放在财产权利之下。——译者注

被诉诸裁判(以《民事诉讼法典》第 99 条为依据)。《民法典》当然有意解决该争议,它通过法律条款规定诉权和实质性主观权利皆会因时效而消灭。在关于消灭时效之法律规定的第一条中,《民法典》确定"每一个权利基于消灭时效而消灭(第 2934 条第 1 款)",旧民法典消灭时效部分(第 2135 条),也规定了"关于物和人身关系的诉权因时效而消灭"。若在某些条文中(例如与返还请求权相关规定)表述的是消灭时效作用于"诉权",应当将这一表述理解为:通过诉权主张,主观权利是否从属于消灭时效。

【虽时效届满但已经支付的债务不予返还】该问题的主要争议点还在于,根据"有权保有已偿还的债务(soluti retentio)"制度,债在时效届满后是否存续。不过该问题已经得到解决,因为法律明确规定,自愿清偿时效届满的债务,不得要求返还(第 2940 条)。由此产生的一个理论问题是,此时我们应该承认消灭时效制度能够使权利消灭吗? 还是予以否认。这一问题的解决有赖于对所谓"自然债务"(《民法典》第 2034 条)概念的采纳,即原先的债务是否仅转化为一种自然债务。[1]

【抗辩不受时效限制】诉权因时效届满而消灭的相关规定中存在一例外,即被要求履行契约的被告,可以不受时效限制而通过抗辩反对原告主张的权利,也就是说诉权具有时效性,但抗辩是恒久的(quae temporalia ad agendum perpetua ad excipiendum)(参见第 1442 条第 4 款,第 1495 条第 3 款;与之相反的规定是第 1449 条第 2 款)[2]。

法律并不会规定时间的流逝,法律规定消灭时效制度是因为权利人在时间的流逝中怠于行使权利。权利人只有作出不怠于行使权利的行为,才能阻止、中止或者中断消灭时效的进行。

---

〔1〕 Salv. ROMANO, Note sulle obbligazioni naturali, 2ª ediz., Firenze, Sansoni, 1953; OPPO, Adempimento e liberalità, Milano, Giuffrè, 1947, p. 205 ss. ; CARRESI, L'obbligazione naturale nella più recente letteratura giuridica italiana. Riv. trim. dir. proc. civ., 1948, p. 546 ss.; BIONDI, Liberalità e adempimento di obbligazione naturale, Foro it., 1958, I, 1953 ss.: Ricognizione e novazione di obbligazione naturale, Foro pad., 1961, I, 473 ss.

〔2〕 PAGANO, Sul valore del principio « quae temporalia ad agendum, perpetua ad excipiendum », Dir. e giur., 1955, p. 442 ss.

【消灭时效开始计算;消灭时效的阻却】法谚"Actioni nondum natae non praescribitur"说的是消灭时效自权利可主张之日起开始计算(第2935条)。通常,权利的中止条件和起始期限构成消灭时效开始计算的阻却事由,《民法典》对此也有明文规定(第1166条)。但如果根据中止条件或者某种起始期限(参见第43、44节;与之不同的规定是1185条第1款),此时权利还未产生,也就无必要讨论权利是否适用消灭时效,毕竟期待不会受时效限制。

【消灭时效的中止】与消灭时效的阻却不同,消灭时效的中止是指权利本可以主张,但由于权利人处于某种特殊的法律状态或权利人与相对方之间存在某种特殊法律关系,行使权利受到阻碍或变得困难。法律规定了消灭时效的中止事由(第2941条和第2942条)。第一种是由单方引起的中止事由,包括行为人缺少法定代理人且不具备民事行为能力,以及军人及相关人员处于战争期间[在此注意,第2942条第1项错误地列举了"因精神病而被宣告为禁治产人(interdetti per infirmità di mente)",其实此处应该是指"被法律宣告为禁治产的人(interdetti giudiziali)",因为现在也可以因其他生理疾病而被宣告为禁治产人。参见第415条第3款结尾处]。第二种是由双方引起的中止事由(除第2941条第8项以外),发生在配偶关系或者必要管理的法律关系中。此外,《民法典》有限地采纳了"行为人缺乏民事行为能力时,消灭时效不对其发生效力(contra non valentem agere non currit praescriptio)"原则(曾经有效),在消灭时效的中止事由中增加债务人以欺诈方式隐瞒债务(第2941条第8项)的情形,以保护债权人利益。不过,通常情况下如行使权利遇到事实阻碍事由(一些特别法对失权规定了事实阻碍事由,参见《汇票法》第61条和《支票法》第53条),消灭时效的计算不受影响。

如果中止事由之前已存在,消灭时效从事由消除之时起开始计算;如果嗣后发生中止事由,需合并计算中止前经过的期限和中止事由消除后经过的期限。

【消灭时效的中断】消灭时效因权利人提起诉讼、债权人对债务人进行催告(第1219条),或者权利人的相对方对权利进行承认(第2943条、

第2944条、第2945条第2-3款)而发生中断。在权利人提起诉讼的情形中,即使法院无管辖权,消灭时效依然中断。除非诉讼程序结束(《民事诉讼法典》第306条及以下条文),否则中断会持续到法院作出判决之时(《民事诉讼法典》第279条、324条)。

在引起中断的行为结束或者期限终告终后,消灭时效重新开始计算,而无需将中断之前的期间合并计算(第2945条第1款)。

不同于中止,消灭时效中断对连带债务人、连带债权人或担保人(第1310条第1-2款,第1957条第4款;或者参见《汇票法》第95条,《支票法》第76条)也产生效力[1]。

【消灭时效的期间】根据期间的不同,法律区分了一般消灭时效和短期消灭时效。

【一般消灭时效】一般消灭时效为期10年(第2946条),但是物权(地上权、永佃权、用益物权、居住权、地役权和抵押)的消灭时效期间为20年(第954条第4款,第970条,第1014条第1项,第1073条,第2880条;也可以参考《〈民法典〉实施条款和过渡条款》第248条)。如果承认所谓的无负担的时效取得(usucapio libertatis),那么在20年消灭时效届满之前,无负担地占有某物的权利人能够获得该物完整的所有权。

【短期消灭时效】在一般消灭时效之外,考虑到某些法律关系的性质,法典规定了5年、3年、2年、1年和6个月这几种不同的短期消灭时效(第2947条及以下条文,第1442条,第1449条等),特别法也规定了一些短期消灭时效。

【生效判决规定的消灭时效】适用短期消灭时效的权利已被裁判的[2],依生效判决而确定的权利(actio indicati)应当在10年一般消灭时效期限内行使(第2953条)。

【推定消灭时效】短期消灭时效中存在一种特殊类型,即推定的消灭时效。之所以这样命名,是因为债权非因一般时效经过而灭失,而是法律

---

〔1〕 但不适用于其他主体:Cass. 19 agosto 1955, Giust. Civ., 1956, 263。

〔2〕 不是只有第2953条所指的生效判决构成此种事由,参见 Cass. 11 settembre 1952, Foro it., 1953, I, 331。

推定(第2727条和第2728条)该债权已经消灭。【理由】设立推定消灭时效制度的原因(第2954条及以下条文),在期限各有不同的短期消灭时效经过后,足以认为那些债权——尤其是因劳动给付而产生的工资,商业实践中即时履行且没有收据的债——已经通过履行或者其他方式而消灭。即使在这之后仍然存在给付,消灭时效依然按照原定时间持续计算(第2958条),除非有相反证据证明推定情形已经消失。不过,被法律认可的证据只包括以下几种:在诉讼中承认债务已经消灭(第2959条)所形成的证据(无论该证据如何形成)、对债务已解除所作的决定性宣誓(第2736条及以下条文)。决定性宣誓分为由权利人就解除事实作出的宣誓和法律规定的其他主体就解除相关信息作出的宣誓(第2960条,也参见第2961条第3-4款)[1]。

【消灭时效的适用方式:即时性】法律规定的期限届满,消灭时效即产生效果。届满后,因消灭时效受益的主体才可放弃该法律效果,该主体的债权人或者利益相关人也可以为了自身利益代为主张消灭时效(参见第1242条第2款)。而且,即使因消灭时效受益的主体不主张消灭时效(第2939条),其债权人或利益相关人也可以提出抗辩。因此,权利人放弃的行为不对这些相关人发生效力。【消灭时效的例外规定】法官不能主动提起没有被主张的消灭时效(第2938条)。也就是说,如果被告没有就原告的请求提出时效届满的抗辩,那么法官也不得提起这一没有被主张的消灭时效。

【消灭时效规定不可变更】为了保护事实情况符合法律规定这种大众利益,消灭时效不能被私人意志改变。因此,任何旨在修改消灭时效进程、期间和方式(第2936条)的契约均归于无效,但法律允许相关人在规定范围内约定一个失权期间,以取代时间较之更长的消灭时效(以第2965条为依据)。无论是时效开始之前还是计算过程当中,只要消灭时效尚未届满,都不得放弃消灭时效(第2937条第2款),仅在负有履行义务的主

---

[1] FUBINI, Considerazioni sulla rinunzia alla prescrizione presuntiva, Foro it., 1955, I, 1415 ss.

体承认权利后才能中断消灭时效。

【消灭时效的放弃】消灭时效期间已经届满后,就像对消灭时效提出抗辩那样,法律允许(即使是默示)放弃该消灭时效(第 2937 条第 2-3 款)[1]。对消灭时效的放弃必须由具有放弃资格——而不是法律所言的具有处分该权利(del diritto)的权力(第 2937 条第 1 款)——的主体作出,因为因时效届满而消灭的权利不属于因消灭时效受益的主体,而属于该主体的相对人[2]。共同债务人之一放弃消灭时效的,不对其他债务人产生效力,连带债权人之一放弃消灭时效则会对其他债权人产生效力,其他债权人将因此受益(第 1310 条第 3 款)。

第二十五节　失权,基础和制度成因;失权所保护的利益;法定失权和裁定失权,约定失权;严格的失权期间:因受到阻碍期间不开始计算;失权期间因受到阻碍而结束;为保护更高利益的失权排除意思自治;意思自治范畴下保护个人利益的失权

【失权,基础和制度成因】消灭时效和失权在学理上的区分标准并不明确[3]。在我们看来,失权的基本原理和制度成因与消灭时效不同,失权不像消灭时效那样,以权利人在一段时间内怠于行使权利的主观事实

---

[1] Cass. 4 maggio 1962, Mass. Foro it., 1962, 263, 872; 4 giugno 1962, Mass. Foro it., 1962, 407, 1338.

[2] MESSINEO, Variazioni sul concetto di《rinunzia alla prescrizione》, (art. 2937, co. 1°,c. c.), Riv. trim. dir. proc. civ., 1957, p. 505 ss.

[3] GIUSIANA, Prescrizione e decadenza, Torino, Ist. giur., s. d. (1943); Appunti sulla prescrizione, Riv. dir. civ., 1957, I, p. 424 ss.; Santi ROMANO, Frammenti di un dizionario giuridico, Decadenza, Milano, Giuffrè, 1947, p. 46 ss.; V. TEDESCHI, Lineamenti della distinzione tra prescrizione estintiva e decadenza, Milano, Giuffrè, 1948; Decadenza, Enc. dir., XI, Milano, Giuffrè, 1962, 770 ss.; Aur. CANDIAN, Decadenza e prescrizione, Temi, 1950, p. 1 ss.; P. TRIMARCHI, Prescrizione e decadenza, Jus, 1956, p. 218 ss.; PELLIZZI, In margine al problema della decadenza, Giur. it., 1957, IV, 38 ss.

为依据,而以法律规定的期间内未行使权利的客观事实为依据。失权也不是为了在经过法律认为已足够的时间后将事实情况和法律状态协调一致,而是为了将权利的行使限制在一段时间内(参考第 2964 条开头部分),通过积极行使权利以维护更高利益或者个体利益。

【失权所保护的利益】失权与消灭时效的区别还在于,消灭时效专门保护普遍利益但不考虑私主体的意思,而失权制度可以用于保护私人利益。

【法定失权和裁定失权】法定失权主要保护更高的利益。作为法定失权的种类之一,裁定失权是指法律允许法官在特定情形下作出失权的判决(比如第 481 条,也参见《民事诉讼法典》第 152 条);【约定失权】约定失权保护的是私人利益,只要约定的期间不会导致权利人行使权利变得非常困难,法律便承认这种约定(第 2965 条)。如前所述,约定失权的期间可能会与消灭时效的期间相同。

如前所述,没有行使权利的客观事实是失权的关键。但法律在规定权利行使期限时,往往没有明确是否应考虑权利人的主观情况,所以在一些情形下,人们对究竟是失权还是消灭时效存在争议。因此,当法律条文未指明时(比如第 244 条和第 245 条,第 802 条和第 804 条,法典将失权表述成期限),应当结合期限的前缀词进行判断。

【严格的失权期间:因受到阻碍期间不开始计算】失权期间会因受到阻碍而不开始计算,一旦开始计算,失权期间不会中止也不会中断(第 2964 条)。失权期间不会被中止,是因为权利必须在一定时间内被行使。只有在法律明文规定的特殊情形,失权期间才可以因权利人的特殊法律状态被中止,比如,在禁治产期间(法律仅规定因患精神病而被宣告为禁治产人的情形。显然该规定不正确),丈夫对亲子关系提起否认生父身份诉讼的期限中止(第 245 条*)。失权期间之所以不会被中断,是因为失权与权利人怠于行使权利无关,即使权利人或相对人作出的行为能排除不作为,但不足以阻却失权期间,只有履行了法定或者约定的行为,才构成

---

* 本法条被 2013 年 12 月 28 日第 154 号立法法令替代。——译者注

权利行使,继而阻却失权期间[1]。【失权期间因受到阻碍而结束】根据制度设计,只需要行使权利就能阻却失权期间,而不要求实现权利。因此,当作出相应行为或者中断期间到期后,消灭时效重新开始计算,但是失权期间被阻却后,不会再重新计算。实际上,失权期间被阻却后,应开始适用消灭时效的规定(第 2967 条;也可以参考第 1495 条)。

失权的法律规制反映出该制度在所保护利益方面的本质差异。

【为保护更高利益的失权排除意思自治】凡涉及更高利益,或依法律规定已超过双方当事人可处分范畴,私人意志便不能变更失权的法律规定。而且,由于失权的制度需求与消灭时效不同,所以失权没有像消灭时效那样被授予意思自治权限,既不允许放弃已经发生的失效权利,也不需要提出抗辩,因为法院应当依职权主动审查和适用失权规则。

【意思自治范畴下保护个人利益的失权】如涉及的是私人利益,那么当事人可以放弃正在进行中的失权(对失权的放弃必须由被告在审判过程中提出)。此时,被主张该权利的人所作承认和权利人行使权利一样,都具有阻却失权的效力——就像消灭时效所规定的那样。在法律没有规定的情况下,当事人可以约定失权;在前述提及的范围内,私人意志也可以用约定失权取代法定失权(第 2966 条、第 2968 条和第 2969 条)。

有关销售中买回权的失权期间,根据动产或不动产的属性之不同,法律确定了不同失权期间,期间可以缩短,但不能延长(第 1501 条)。比如,某纯财产性权利的法律关系中同时具有大众利益和私人利益,且两者受制于同一失权期间,如果大众利益受较长期间的保护,则买回权必须在该较长期间内行使(参考第 1495 条第 1 款),保护私人利益的较短期间可以由当事人自由约定,但约定的期间不能使权利行使变得困难,以至于损害私人利益以外的其他利益。

---

[1] Cass. 26 maggio 1954, Mass. Foro it., 1954, 343, 1688; 30 settembre 1954, ivi, 633, 3172.

第二章 法律行为

第二十六节 法律行为的概念；行为和意思；意思自治；实际意图；法律行为的原因和动机；《民法典》中的术语和体系

【法律行为的概念】法律行为是一种旨在实现为法律所认可的目的的意思行为[1]。具体而言，在私法范畴中——法律行为理论产生自此范畴,法律行为也是该范畴中最重要和最清晰的制度类型——法律行为是旨在实现某种受法律制度保护之目的的意思自治行为(以第1322条第2款为依据)。通过对法律行为概念的简单分析,我们能够确定法律行为的结构性和功能性特点。

【行为和意思】首先需要强调,法律行为属于人的行为之类别,属于法律事实的一种。由此可知,为了产生法律效力,必须存在实际的行为活动,而不是精神或心理上的活动(尤其是所谓的内心意愿)。意愿必须转化为实际行为。不过,产生法律效果的决定性因素是意思(意思构成法律

---

[1] BETTI, Teoria generale del negozio giuridico, 2ᵃ ediz., rist., Torino, Utet, 1960; Negozio giuridico, Noviss. Dig. it., XI, Torino, Utet, 1965, 208 ss.; G. STOLFI, Teoria del negozio gluridico, rist. Padova, Cedam, 1961; Aur. CANDIAN, Intorno alla teoria del negozio giuridico, Temi, 1947, p. 92 ss.; CARIOTA - FERRARA, Il negozio giuridico nel diritto privato italiano, Napoli, Morano, s, d.; Definizione del negozio giuridico come esercizio di un diritto o di una facoltà o di un potere, Riv. dir. civ., 1961, I, p. 321 ss.; FERRANTE, Negozio giuridico. Concetto, Milano, Giuffrè, 1949; SCOGNAMIGLIO, Contributo alla teoria del negozio giuridico, Napoli, Jovene, 1950; Lezioni sul negozio giuridico, Bari, Cacucci, 1962; DE GIOVANNI, Fatto e valutazione nella teoria del negozio giuridico, Napoli, Jovene, 1958.

行为的特点)。行为活动不仅像狭义的人的行为那样,法律行为是出于意愿的结果,而且此种行为还体现为一种指向特定目的的意志表达。因为如此,法律行为才具有法律上的重要性。可见,法律行为由两个要素构成:一是外在要素,即行为;二是内在要素,即意思[1]。

之后我们会看到,在一些情形下,对旨在实现某目的的意思作出表示时,即便意思存在瑕疵,甚至缺少意思,这些行为仍可被看作是法律行为,并且能产生法律效力。这一规定源于法律交往中特定情形下对外在因素的优先考量,但此时的特殊处理并不会改变法律行为的本质。

【意思自治】为了更深入地理解法律行为的结构,应当对其内在要素——意思进行明确界定。这种意思并不是一种权威式的、独立发生的意思,它之所以能产生法律效力,是因为前述那种最高权威的意志——体现在法秩序中的意志——授权于它(第1322条第1款)。这种根据法律制度能够产生法律效果的意思,似乎更适合被定义为自治。【实际意图】在意思可处分的范围内,自治这一词表明了法律效果应当归于意思本身,抛开意思在法律上的形式构造,从本质上说,法律效果是意思所追求的结果。所谓意思自治,是指在我们研究的这一法律部门中,个人或特定集体的私人意志(参见第59节),在法律授权下,得以实现其自身目的。[2]

---

〔1〕 PUGLIATTI, La volontà elemento essenziale del negozio giuridico, Diritto civile, Milano, Giuffrè, 1951, p. 63 ss.;《 Animus 》, Enc. dir., II, Milano, Giuffrè, 1958, 437 ss.; ONDEI, La volontà nei contratti, Foro pad., 1949, III, 17 ss.

〔2〕 Santi ROMANO, Frammenti di un dizionario giuridico, Autonomia, Milano, Giuffrè, 1947, p. 24 ss.; ZANOBINI, Autonomia pubblica e privata, Scritti giuridici in onore di F. Carnelutti, IV, Padova, Cedam, 1950, p. 183 ss.; SANTORO-PASSARELLI, Esperienze e prospettive giuridiche dei rapporti fra i sindacati e lo Stato, Saggi, I, p. 139 ss.; L'autonomia dei privati nel diritto dell'economia, Saggi, I, p. 227 ss.; Autonomia collettiva, Saggi, I, p. 255 ss.; ASCARELLI, Certezza del diritto e autonomia delle parti, Problemi giuridici, Milano, Giuffrè, 1959, I, p. 113 ss.; Salv. ROMANO, Ordinamenti giuridici privati, Milano, Giuffrè, 1955; Autonomia privata, Milano, Giuffre, 1957; L'atto esecutivo nel diritto privato (Appunti), Riv. dir. civ., 1957, I, p. 631 ss.; L. FERRI, L'autonomia privata, Milano, Giuffrè, 1959; BETTI, Autonomia privata, Noviss. Dig. it., I, 2, Torino, Utet, 1958, 1559 ss.; PUGLIATTI, Autonomia privata, Enc. dir., IV, Milano, Giuffrè, 1959, 366 ss.

【法律行为的原因和动机】前述内容显示出目的这一要素对法律行为概念的重要性，因为它指出了法律行为的功能性。但在其他人的行为中，目的不具有上述地位，因为人的行为这一类型的法律效力完全由法秩序确定，行为功能（无论是抽象层面还是实质层面的功能）也由法秩序决定[1]。私人意思具有法律意义并能获得法律强制力（第 1372 条开头部分），并不是因为意思本身或者意思旨在实现的目的，而是因为意思具有社会重要性，法秩序认为其旨在实现的利益值得保护（以第 1322 条第 2 款为依据）。法律行为旨在实现的目的，被认为是权利人作出法律行为的决定性原因，因此，它被称为法律行为的原因[2]。此处需要澄清的是，法律在调整私法自治时所考虑的目的，是通过法律行为能够直接实现的目的，即法律行为在所有情形下都能独立且同等实现的目的。至于私法自治旨在实现的具体目的（依赖于上述那种直接的、稳定的目的），由于它们在各情形下有所区别，且与法律行为结构无关，所以法律在确定法律行为制度及其种类时，未作考虑，也无法考虑。

因此，原因是主体作出行为的决定性理由，我们可以采纳原因作为法律行为的客观要素这一通说[3]。其客观性在于：原因内化于特定类型的法律行为之中，并赋予该类型以典型特征[4]。至于具体目的——虽然肯定存在，但在不同情况下会有所区别，具有偶然性，所以具体功能不是法

---

[1] 关于此，参见 SANTORO-PASSARELLI, Atto giuridico, Saggi, I, p. 368 ss.。

[2] PUGLIATTI, Nuovi aspetti del problema della causa nei negozi giuridici, Diritto civile, Milano, Giuffre, 1951, p. 75 ss.; Precisazioni in tema di causa del negozio giuridico, ivi, p. 105 ss.: CARUSI, La causa dei negozi giuridici e l'autonomia della volontà nel diritto privato italiano, Napoli, Humus, 1947; OSILIA, Considerazioni sulla causa del contratto, Riv. trim. dir. proc. civ., 1949, p. 344 ss.; REDENTI, La causa del contratto secondo il nostro codice, ivi, 1950, p. 894 ss.; MIRABELLI, Causa, oggetto, funzione, interesse, Arch. giur, 138, 1950, p. 91 ss. BETTI, Causa del negozio giuridico, Noviss. Dig. it., III, Torino, Utet, 1959, 32 ss.; GIORGIANNI, Causa (diritto privato), Enc. dir, VI, Milano, Giuffrè, 1960, 547 ss.

[3] MIRABELLI, Causa subiettiva e causa obiettiva, Riv. trim. dir. proc. civ., 1951, p. 323 ss.; Cass. 16 febbraio 1949, Giur. compl. Cass. civ., 1949, II, 342, con nota di BOLOGNA, Appunti critici sulla causa oggettiva del negozio.

[4] SCALFI, Tipicità della causa del negozio giuridico, Temi, 1954, p. 91 ss.

律行为的本质属性——它只是法律行为的主观情况,可将其称为法律行为的动机。动机的独特作用将在下文阐述。举个例子以更好地说明两者的区别:买卖法律行为的原因始终是所售物品与金钱的交换,无论当事人提出的用途如何(即动机),总是卖方通过售卖以获得金钱,买方通过购买以获得该物。

【《民法典》中的术语和体系】法律行为的概念(对此我们已经就其定义进行简要分析)并没有为《民法典》所考虑,也没有被统一规定。《民法典》甚至没有使用理论界所熟悉的术语,而是采用了"行为(atto)"这一在法律技术层面并不恰当的表述。如此安排的原因被解释为,法典不涉及学理概念和定义,后者应由法学家,而不是立法者完成。更何况法律行为概念界定的标准及其具体适用,学界仍有保留意见。

尽管法典单独规定了契约以外其他比较重要的法律行为,但法典将契约作为法律行为的一般形态,并给出定义(我们只能满足于此)"双方或多方为了在彼此之间建立、变更或者消灭财产性法律关系的协议(第1321条)"。从规定中可以看出,契约只是法律行为的一种类型,是双方或者多方为财产性目的而建立的法律关系[1]。因此,学理应当完成构建一个涵盖所有法律行为类型(除契约以外)的"法律行为"一般范畴的任务。法典部分条文的安排也佐证了这一构建需求:一方面,有关契约的法律规范不仅可以适用于没有被法典规定的契约类型,在不相抵触的情况下,也可以适用于单方财产性法律行为(第1323条、第1324条),甚至可以适用于非财产性法律行为。另一方面,《民法典》契约部分还包括单方法律行为的专门规定(第1334条、第1414条第3款)。显然,这样的立法体系在技术上不能说毫无问题。

---

[1] MESSINEO, Dottrina generale del contratto, 3ᵃ ediz., rist., Milano, Giuffrè, 1952; Contratto (diritto privato; teoria generale), Enc. dir., IX. Milano, Giuffrè, 1961, 784 ss.; ALLARA, La teoria generale del contratto (litografia), 2ᵃ ediz., Torino, Giappichelli, 1955; OSTI, Contratto, Noviss. Dig. it., IV, Torino, Utet, 1959, 462 ss.; SCOGNAMIGLIO, Contratti in generale, Milano, Vallardi, 1961; GROSSO, Divagazioni di un romanista sulla dottrina generale del contratto, Riv. trim. dir. proc. civ., 1963, p. 469 ss.

第二十七节　法律行为的主体和客体；主体要求；行为能力和代理权；法律行为合法化；客体要求：可能性、合法性、确定性或可确定性；要求满足的时间

【法律行为的主体和客体】同法律关系一样,法律行为也发生在主体之间,并有一个客体。严格来说,主体和客体并不是法律行为的构成要素,也不是像法律规定那样(以第1325条为依据),将其视为法律行为的具体要求。主体和客体只不过是法律行为会涉及的范围和对象。尽管它们对法律行为的形成来说实为必要,但它们只是法律行为的外化存在,而非法律行为的内部要素。那些内部要素(之前已有提及,后续也会进一步阐述)才是法律行为的构成要素(我们也可理解为法律行为的建构材料)。

主体和客体必须符合法律行为的要求。基于此,我们需要明确法律行为的主体要求和客体要求(参考第1346条)。

就主体而言,如果主体完全无行为能力或者部分无行为能力(参见第1节),那么此人就不是能通过法律行为建立或者变更法律关系的主体。同样,如果某物或者某行为不能作为法律关系客体或者法律行为所指向的关系,那么它们就不具备成为客体的资格(参见第9节和第10节)。

【主体要求】法律关系中主体不适格会导致法律行为不适格,但有时候即使法律关系主体适格,考虑到主体所具备的权利能力、行为能力和代理权(第3节),法律行为仍然不符合法律规定。

【行为能力和代理权】严格来说,行为人必须具有缔结法律行为的资格或能力,法律行为才能成立并生效。之前已经论述过行为能力和代理权的区别,但在此必须作进一步阐述。如果法律行为要在行为人法律领域内发生,那么行为人就必须具有行为能力;如果法律行为涉及处分行为人某项权利,那么行为人还必须具有处分权,即一种特定的行为权力。这种行为权力(甚至包括以自己名义的处分权),可以通过法律或私人意思

(限于特定领域)授予效果,作用于其法律领域之主体以外的第三人[1]。

131 (之后将讨论的)法定代理和意定代理中的代理权,是代理人依法律或被代理人意思安排,行使代理权并缔结法律关系,代理行为在授权范围内对被代理人产生法律效力。被代理人可以是无行为能力人(这常发生于法定代理),也可以是有行为能力人(常发生在意定代理中)。在意定代理中,也可以将代理权授予无行为能力人(以第 1389 条第 1 款为依据),因为法律行为的效果在授权范围内发生,并作用于具有行为能力的被代理人,而非代理人。

【法律行为合法化】最近,部分学者提出"法律行为合法化(legittimazione al negozio)"的概念,从而对下述情形进行解释:除了对其产生法律效力的主体可以行使权利,在该主体被剥夺权利的时候(无论该权利是否被授权给其他人),其他人也可以根据意思自治(比如第 1558 条,第 1979-1980 条)或者法律规定(比如第 1515 条,第 1686 条第 2 款,第 1718 条第 2 款,第 1789 条,第 1800 条第 2 款)实施相应行为。法律行为合法化(legittimazione al negozio)甚至包含表见合法化(legittimazione apparente)的情形(比如第 534 条第 2 款,第 1153 条,第 1159 条及以下条文等)[2]。此外,此类学说进一步提出"欠缺合法资格的情形:因主体相对于他人所处的特殊状态,前者被禁止作出某法律行为(比如第 1261 条,第 1471 条,第 2233 条第 3 款*,第 2357 条)"。不过,在笔者看来,这种情况归类于相对无行为能力的概念范畴(参见第 1 节结尾部分,该部分有其他例子)。

132 权利能力、行为能力和处分权是法律行为的主体要求,不满足以上要求会导致法律行为不成立或不生效。不过,如果是无行为能力,那么将会

---

[1] CARIOTA-FERRARA, I negozi sul patrimonio altrui, Padova, Cedam, 1936; PUGLIATTI, Considerazioni sul potere di disposizione, Diritto civile, Milano, Giuffrè, 1951, p. 33 ss.; CARRARO, Il mandato ad alienare, Padova, Cedam, 1947, p. 51 ss.; T. RAVA', Circolazione giuridica e rappresentanza indiretta, Banca, borsa tit. cred., 1953, I, p. 141 ss.; BUCCISANO, Contributo allo studio sul contratto estimatorio, Riv. dir. comm., I, p. 86 ss.; GIANNATTASIO, Contratto estimatorio, Enc. dir., X, Milano, Giuffrè, 1962, 87 ss.

[2] RESCIGNO, Legittimazione (diritto sostanziale), Noviss. Dig. it., IX, Torino, Utet, 1963, 716 ss.

* 本法条被 2006 年 7 月 4 日第 223 号立法法令第 2 条替代。——译者注

引起法律行为无效中可撤销情形的法律结果(第1425条),如果是无权利能力或无处分权,根据情况不同,可能引起的法律后果不同。对此,后文将详细阐述(第54节以下)。

【客体要求】法律行为的客体要求:标的是可能的、合法的及确定或可确定的(第1346条)。不满足任一方面,都会导致法律行为无效(第1418条第2款)。

【可能性】客体是可能的,意味着某物或者某行为,按其性质能够成为法律行为或某特定法律行为的客体。因此,普通租赁(locazione)的客体只能是非生产性的物,生息物租赁(affitto)的客体只能是具有生产性的物,抵押的客体只能是可替代物,使用借贷的客体只能是不可替代物。

【合法性】客体是合法的,意味着某物或者某行为根据法律规定能够成为法律或者某特定法律行为的客体。例如,国有财产不能成为法律行为的合法客体(第1348条);超出法律范围(第5条)处分的自己身体的一部分,不能成为法律行为的合法客体;契约约定或者法律规定禁止转让的财产(第1379条),不能成为法律行为的合法客体。法律允许将来物作为法律行为可能的客体,但是在某些法律行为中,将来物会变成非法客体,比如捐赠和嫁资的情形(第771条,第179条;参见第13节)及其约定继承的情形(第458条*;参见第557条第2款)〔1〕。

【确定性或可确定性】客体的确定性或可确定性是指,为了使法律行为有效,必须对标的加以确定,或者至少能够依据当事人的意思表示将其确定。〔2〕。因此,如果客体的确定性不是由契约和当事人决定,而是由第三人决定,那么法律认为,在必要情况下,良善(boni viri)第三人之意愿可以被法官意志所替代,除非客体的确定性不由第三人决定将导致法律行为归于无效(第1349条;也可以参见第631条和第632

---

* 根据2006年2月14日第55号法律第1条,本法条被废除。——译者注

〔1〕 MOSCHELLA, L'illiceità obbiettiva nei contratti, Temi, 1952, p. 105 ss; Patto successorie e indagine della volontà, ivi, p. 253 ss.

〔2〕 Cass. 25 marzo 1961, Giust. civ., 1961, I, 969; 6 ottobre 1962, Foro it., 1963, I, 1232.

条,第 664 条,第 778 条第 3 款,第 1286 条和第 1287 条,第 1473 条和第 1474 条)[1]。

物的特定化与物的确定性不同[2],前者之所以有必要,是因为它能使法律行为产生其所具备的实际法律效力(第 1376 条、第 1378 条)。

【要求满足的时间】何时必须具备法律行为的主体要求和客体要求? 是在法律行为成立之时就已存在,还是在(可能稍晚一点的)法律行为生效之时存在即可?

在法律行为成立时,必须具备主体要求(不仅适用于行为能力,还适用于处分权)。唯一例外是,如果没有规定法律行为的溯及力,那么当事人嗣后突然丧失行为能力,该丧失不影响法律行为成立。之所以这样规定,是因为法律通过主体要求的消灭时效规定来保证法律活动能够顺利进行。

客体要求必须在法律行为生效时具备,这可以从以下法律规定中得到论证,即给付在条件成就之前或期限届满之前突然变得可能的,法律行为有效(第 1347 条);但是,如果物在附停止条件成就之前突然灭失的,买方则不需要作对待给付(第 1465 条第 4 款)。对客体要求的审查之所以不能只停留在契约成立时,是因为种类物或者将来物作为处分行为或者转让契约的客体时,还需要确认客体的确定性和可能性。在这种情况下,虽然转让是根据能产生实际法律效果的法律行为作出的,但是转让的实际结果受制于物是否被特定化或者物是否已经存在(参见第 1378 条,第 1472 条第 1 款,第 2823 条)。客体要求所要满足的时间条件与主体要求不同,是因为法律希望通过这些时间条件确保法律行为得以实现,而不只是法律行为成立。

---

〔1〕 G. SCADUTO, Gli arbitratori nel diritto privato, Cortona, s. e., 1923; ASCARELLI, Arbitri e arbitratori, Studi in tema di contratti, Milano, Giuffrè, 1952, p. 205 ss.; SANTORO-PASSARELLI, La determinazione dell'onorato di un lascito e l'arbitrio del terzo, Saggi, II, p. 761 ss.; NATOLI, Significato e limiti dell'intervento del giudice nella delerminazione della cosa e del prezzo, Giur. compl. Cass. civ., 1946, II, 1, P. 176 ss.; FURNO, Appunti in tema di arbitramento e di arbitrato, Riv. dir. proc., 1951, II, p. 157 ss.

〔2〕 AURICCHIO, La individuazione dei beni immobili, Napoli, Jovene, 1960.

第二十八节　法律行为的构成要素；具体的意思：处分或者支配；行为：法律行为的形式；自由约定的形式和法定形式；意思陈述的法律行为；意思实践的法律行为；两种法律行为的不同规则

【法律行为的构成要素】论述完法律行为的主体要求和客体要求后,我们需要研究法律行为的构成要素(elementi),也就是我们之前说过的意思、行为和原因。通过确定法律行为概念,我们已经指明如何认识这些构成要素以及它们彼此之间的联系,尽管它们在《民法典》中被错误地命名为法律行为的要求(requisiti)(第1325条)。

【具体的意思:处分或者支配】意思——不是泛指能够转化为行动的意思,而是特指已经转化为处分或者支配的意思——是法律行为的本质,或者说是法律行为的内容[1]。正是意思这一要素使法律行为成为人的行为中的特殊类型,或者更确切地说,是最重要的类型。因为在这种类型中,行为及行为的法律效果均由私人意愿决定并产生。如前所述,此处所指的是一种具体化的意思。当该意思直接作用于既有法律关系时,它表现为一种狭义上的处分行为(参见第52节);当行为人对自身设定具有约束力的行为规则时,意思表现为一种支配。自治性这一词所表现的内容正体现于此。

按照上述内容来理解意思——我们认为不仅没有障碍,反而普遍建议继续采用这一名称指代法律行为的内容——符合长期以来的术语传统,也符合法律行为的起源、结构和功能。法律行为始终是一个意思行为,即便在某些特定情境下(下文进一步阐述),该行为可以在缺乏相应意思的情况下发生效力。

【行为:法律行为的形式】对法律行为的成立而言,非常重要的是,意

---

[1] GORLA, Il potere della volontà nella promessa come negozio giuridico, Riv. dir. comm., 1956, I, p. 18 ss.

思通过行为被表达。就此可以发现行为是法律行为的第二个构成要素,意思构成法律行为的内容,而行为构成法律行为的形式。行为将主体的意思带入外部世界,并对它进行完善,使它能产生所期望的法律效果并具备法律意义。作为法律行为的形式,行为所具备的构成性特点否认了下面这种观点,即内心的意愿已经具备产生法律效果的能力,行为只是使其为人所知晓。形式的概念必须从两个层面加以明确:一方面,是要修正当前将对意思所作的表示和表明(manifestazione)等同于显露(espressione)的观点;另一方面,则是要澄清此处所说的形式有更广泛的含义,它不同于要式行为中作为结构要件的形式。尽管法典在描述行为时也采用了后者这一传统术语含义(第1325条第4项,第1350条和第1351条)。

【自由约定的形式和法定形式】我们先从第二个方面谈起。形式是意思的表现,任何法律行为都不能缺少形式。《民法典》规定的作为法律行为要求之一的、"法律规定必须采取、否则无效的"(第1325条第4款)形式,并不是一般意义上的形式,而是法律为某些法律行为规定的特殊形式(比如私证书和公证书,对此我们后续会作介绍)。在这里,需要区分自由约定的形式和法定形式,前者指向我国法律采用的非形式主义的自由形式规则,后者仅适用于法律对形式有明确规定的法律行为。

行为或法律行为的形式并不当然意味着表示,因此我们并不同意将法律行为定义为意思表示这一说法。

【意思陈述的法律行为(negozi dichiarativi)】通常来说,法律行为的意思不仅要被显露出来,还需要被表示,也就是说要向他人具体或者笼统地表明该意思。

为使法律行为成立,有时候表意人在完成意思表示之后还要进行进一步的活动,比如在要物契约(contratti reali)中完成物的交付(参考第1549条,第1766条,第1783条*,第1803条,第1813条,第1786条)[1],或者在买回中提出价格(第1503条第1和2款)。

---

* 本法条被1978年6月10日第316号法律第3条修改。——译者注

[1] DALMARTELLO, La consegna della cosa, Milano, Giuffrè, 1950; P. FORCHIELLI, I limiti oggettivi del concetto di consegna, Riv. trim. dir. proc. civ., 1952, p. 73 ss.

【意思实践的法律行为(negozi di attuazione)】除了意思表示的法律行为以外,还存在不向他人作出意思,而通过实践(attuazione)显露意思的法律行为。这是一种具有争议的法律行为类型[1],用以描述该行为的术语也不统一,有"法律行为的表明(manifestazione)""针对意思的法律行为(negozio di volontà)"和"行为举止(comportamento o contegno)"这三种[2]。上述这些术语看上去都不合适,因为"表明"是前面提及的"表示"的同义词,"针对意思的法律行为"与意思陈述的法律行为并无差别(在我国的法律语言中),"行为举止"虽然在一般意义上也有"表示"的含义,但是它们指向在与法律行为有关活动中和他人建立交往,这种关系并不在我们所讨论的法律行为范畴中。因此,我们更倾向于使用"实践"一词来表明这些法律行为中的形式成分。这一词语清晰地指出了这些法律行为的特殊之处,也就是直接地实现主体的意思和目的,行为人无需和其他主体产生关联。这就是意思实践的法律行为和意思陈述的法律行为之区别。基于此,需要对意思实践的法律行为作具体的法律规定。

先占和抛弃(第 923 条),遗产的默示接受(第 476 条)[3],自书遗嘱的毁损(第 684 条)[4],秘密遗嘱的取回(第 685 条),遗赠物的改造(第 686 条第 2 款),先于承诺人答复的履行(第 1327 条第 1 款)[5]和对可撤销法律行为的履行(第 1444 条第 2-3 款),都是意思实践的法律行为,即对于这些法律行为的推断——有时是出于需要,有时是出于惯例——存在一个旨在产生法律效果的意思,通过有意识的活动将意思显露出来。只不过在这种法律行为中,并不向他人作出该意思表示,而是将其进行

---

[1] MIRABELLI, L'atto non negoziale nel diritto privato italiano, Napoli, Jovene, 1954, p. 307 ss.; CAMPAGNA, I «negozi di attuazione» e la manifestazione dell'intento negoziale, Milano, Giuffrè, 1958.

[2] 有关行为举止的总体介绍,参见 FALZEA, Comportamento, Enc. dir., VIII, Milano, Giuffrè, 1961, 135 ss。

[3] Cass. 4 giugno 1955, Giust. civ., 1955, 1830.

[4] GIAMPICCOLO, Su alcune figure di cd. revoca tacita del testamento, Riv. dir. civ., 1961, I, p. 527 ss.

[5] Cass. 28 gennaio 1950, Mass. Foro it., 1950, 53, 239; 11 novembre 1959, Temi napol., 1960, I, 147.

实践。

我们认为,意思陈述的法律行为中,也可能蕴含着意思实践的法律行为;所声明的意思,是基于那个已实践的意思表示而设定的。例如,遗产的接受并不通过某一实际行为作出(如受领遗产),而是由有关遗产的意思陈述法律行为作出(第477条和第478条),这种情况还包括遗赠物的撤销(第686条第1款)和遗产份额转让的分割生效(第768条)[1]。

【两种法律行为的不同规则】区分上述两种法律行为非常重要,因为适用于它们的共同规则仅限于共同的具体要求和构成要素,甚至这些规则也并不能完全被适用。实际上,如果法律行为主体要求和客体要求的法律规则,以及确定法律行为内容——具有意识的意思——的规则适用于每个法律行为(自然也包括意思实践的法律行为),但是意思实践的法律行为很明显并不适用有关意思陈述的法律规则(该行为法律效力的产生要求相对人知晓或存在意思),而且与意思——两种法律行为的共同要素——相关的法律规定也有变化,毕竟表示这一要素不对这种行为产生作用。

尽管意思实践的法律行为中存在对意思的显露,意思也因此被确定和知晓,并成为在社会层面和法律层面有意义的现象,但是其法律效果的产生不以他人明知或者有意识的协作为前提条件。在我们看来,该法律行为中被实践的意思并不会受到像意思陈述的法律行为那样的限制。这一点同样适用于意思表示瑕疵的场景:在意思陈述的法律行为中(下文即将阐述),这些瑕疵在对其有效性产生种种限制;但是,对于意思实践的法律行为,意思瑕疵可以被自由地主张,以排除特定情境中该法律行为的存在。考虑到本质属性,意思实践的法律行为并不适合成为附条件或附负担的行为(参见第42节及以下内容)。

---

[1] 对遗产非法占有提起诉讼并不意味着接受继承,Cass. 9 novembre 1948, Giur. It., 1949, I, 1, 240。

第二十九节　表示的概念；法律行为的重复表示；明示；沉默；默示；被推定的法律行为；典型表示

【表示的概念】意思表示总是与他人有关。意思之所以能产生法律效果，是因为它是向他人作出的，因此意思需要与表意人相脱离，脱离自表示作出的那一刻发生[1]。

表示依其指向的是特定的某个主体、多个主体，或者不特定主体，而各有不同。学理上将第一种情形称为需受领的表示(dichiarazione recettizia)，将第二种情形称为无需受领的表示(dichiarazione non recettizia)[2]。但这种区分并不正确，因为正如已经指出的那样，从定义上讲，每一个表示都是为了他人能接收意思。考虑到区分是以相对人是否确定为标准，因此或许可以将第一种表示称为指向性表示(dichiarazione indirizzata)，将第二种表示称为非指向性表示(dichiarazione non indirizzata)。这种命名能够表明第一种表示必须指向、通知到那些直接相关的特定主体，尽管有时候会发生意思转达的情况(参见第1433条)；也能显示出为什么意思表示自受送达人知晓的那一刻起生效(第1334条；第1335条规定推定受送达人自收到通知的那一刻起知晓)。第二种表示的命名则显示了表示不需要也不可能通知某人，因为这种情形中并不存在直接相关的受送达人。

【法律行为的重复表示】为了使以另一种形式作出的表示的意思更加确定，有时候表示会被重新作出(即使该法律行为已经成立)，这被称为法律行为的复制[3]，更准确地说是法律行为的重复[4]。

---

[1] SCHLESINGER, Dichiarazione (teoria generale), Enc. dir., XII, Milano, Giuffrè, 1964, 371 ss.

[2] GIAMPICCOLO, La dichiarazione recettizia, Milano, Giuffrè, 1959；如今本书的相同内容载于 Dichiarazione recettizia, Enc. dir., XII, Milano, Giuffrè, 1964, 384 SS.；CARRARO, Dichiarazione recettizia, Noviss. Dig. it., V, Torino, Utet, 1960, 597 ss。

[3] GORLA, La riproduzione del negozio giuridico, Padova, Cedam, 1933.

[4] SANTORO-PASSARELLI, L'accertamento negoziale e la transazione, Saggi, I, p. 303 ss.

【明示】需要区分明示（dichirazione espressa）和默示（dichirazione tacita），后者也包含沉默（silenzio）。有关两者的区分，学理上不仅没有达成统一意见，而且观点也尚不确定，不过倾向于认为明示是以语言或者书面作出，默示则相反。

现在来看，这种观点并不正确，因为明示还能以不同于语言和书面形式的方式作出，比如示意动作、姿势以及类似方式，只要这些动作直接地表明了表意人意思，那么也能构成明示。不过法律有时候并不承认这样的明示，而只承认采用特定方式的明示，比如接受继承必须通过文书的形式作出（第475条第1款）。但这仅说明接受继承是一种要式行为。有必要进一步指出的是，在特定情况下，沉默被认为是意思的明示[1]。由于有关表示的法律规则在各种情形下都是相同的，因此没有理由将后面提到的特定情况下的沉默与明示相区别。

【沉默】关键在于判定沉默能否被认为是意思的表示。该问题需要解决，要结合特定情形判断沉默是否构成对主体意思的明确表示。按照传统教义，如果表意人必须且能够作出表示但未作表示，则视沉默为意思表示（第1712条第2款，第1832条，第2301条第2款，第2499条第2款是对这一教义的应用）[2]。

【默示】那么是否可以就此得出不承认以默示方式进行意思表示的结论？对此，首先要将意思实践的法律行为排除在能以默示作出的范围之外（尽管现实往往相反），因为意思实践的法律行为中并不存在表示，意思是被直接实践的（即使该实践包含在另一个意思表示当中）。无法用默示方式作出表示的情形还包括：无论旨在产生法律效果的意思如何，法律效果的产生均来自法律规定的情形（后续会对此进行阐述）。

因此，我们倾向于将默示的情形限制在确认性行为（atto dichiarativo）

---

[1] DE MARTINI, In tema di《silenzio》nella conclusione dei contratti, Foro it., 1950, I, 582 ss.; TRAVI, Silenzio e conclusione dei contratti, Giur. it., 1953, I, 2, 73 ss.; Cass. 15 maggio 1959, Mass. Foro it., 1959, 268, 1442.

[2] Cass. 7 ottobre 1959, Mass. Foro it., 1959, 511, 2703; 3 marzo 1961, Mass. Foro it., 1961, 100, 448.

(无论是否构成法律行为)中,其中当然包含意思表示(而不是意思实践),尽管该意思并没有以明确的形式显露出来。换句话说,是通过完成与意思相关的行为(这种行为可被视为必然的确认性行为),从而默示地表明了上述意思。这种行为例如,向法官提出准正请求或者以规定的方式表示准正意愿,构成对非婚生子女的默示认领(第254条第2款*);自愿返还债权执行文件的复印件,构成默示解除债务(第1237条第2款);对法律规定的行为进行互不相容的指定,构成默示撤销委托(第1724条);进行"与主张消灭时效的意愿相冲突的行为",构成默示放弃消灭时效(第2937条第3款)。总之,为了构成默示的意思表示,必须存在一个如下的决定性行为,即该行为是对另一个不同的意思或事实的表示,但是构成默示的意思表示实际上是通过这一行为完成的[1]。

默示之所以能够产生法律效力并适用有关法律行为的法律规则,实际上依赖于旨在产生法律效果的私人意思。但如果法律仅根据主体的某一行为便规定能够产生法律效力,而不考虑旨在产生法律效果的实际意思,也不要求对行为的意愿和认识,那么它就不属于法律行为。在某些情况下,法律会非常现实地将这种行为排除在法律行为之外,但在其他一些情况中,法律又会将该行为确认为法律行为。上述法律规范在立法技术表述上的区别,并不能改变法律现象在本质上实属相同的情况。诚然,在所有这些情况中,法律将与该行为相对应的意思所产生的法律效果归因于行为,但其实这些行为中即便缺少实际意思,甚至该行为是无意识作出的,也同样能够产生法律效力。因此,应当将所有这些情况排除在法律行为之外,且不能适用法律行为相关的规则。

【被推定的法律行为】虽然法律有时候会承认当事人某个被假设的法律行为,但不能将这种法律行为称为默示法律行为,也不能称为被推定的法律行为(被推定的法律行为和默示法律行为一样,是早期学说中比较受欢迎的概念)。只有在法律规定的情形中,也就是证明法律行为在具体情

---

* 根据2013年12月28日第154号立法法令第25条,本法条被废除。——译者注
[1] GIAMPICCOLO, Note sul comportamento concludente, Riv. trim. dir. proc. civ., 1961, p. 778 ss.

况中不成立时,才会使用推定法律行为这一说法(例如第684条、第686条、第1237条第2款)。

【典型表示】如果无法提供证明,由于法律为主体在各具体情形下的作为或者不作为赋予了固定的意思含义,所以如果采用学理上最近提出的术语,这种表示可以被称为典型表示或者具有典型法律含义的表示。

此外,还存在一类情形:尽管某一行为被赋予了本质上属于法律行为所具有的效果,但该行为本身并不构成法律行为。

法律在规定丧失接受遗产的权利或者遗产清单利益权利时(第481条,第487条第3款,第485条第2-3款),非常正确地没有提到法律行为[1]。这只不过是单纯地拒绝接受遗产,继而在法律效力层面发生权利的丧失(关于该规定,1865年《民法典》第951条和第960条的表述有误)。

但是,当向其中一个债务人返还债权原始证书而构成债的解除(第1237条第1款)、利害关系人拒绝追认从而排除代理行为的法律效力(第1399条第4款,本条规定与第481条非常相似)和通过默示续订以延续租赁契约、结算账户、劳动契约(第1597条、第1823条第2款、第2097条第3款*)时,为了说明法律效力,法律将这些行为认定为利害关系人的法律行为,而这也为默示法律行为和被推定法律行为这些错误概念提供了理由。包括前面提及的情形在内,个人意思在这些情况中都没有发挥任何作用,因此是否实际存在一个有意识的意思并不重要。这些情况也排除适用有关主体和意思的法律规定,尤其是关于行为能力的法律规定。一旦否认这些情形中存在法律行为,那么适用上述法律规定的做法就是错误的。

第三十节 书面化;法定的郑重形式;约定的郑重形式;书面化作为构成要素;重制文件

【书面化】除了上述提到的基本形式(默示、沉默),表示还可能伴随

---

[1] BARBERO, Sulla cd. accettazione presunta dell'eredita, Foro pad., 1950, I, 921 ss.
* 根据1962年4月18日第230号法律第9条,本法条被废除。——译者注

着书面化。书面化的含义(documentazione)可以从前面已经给出的文件(documento)概念中得出(第 11 节)。书面化旨在陈述作出表示这一事实,表示可以在书面化之前就已作出(书面化可以由其他主体完成),也可以由表意人同时作出表示和书面化。不过,表示和书面化这两个活动在概念上是相互区分的,即使是在上面提及的后一种情形中也是如此,因为尽管它们在时间上同时发生,但表示的发出仍然需要某种方式[1]。

【法定的郑重形式】有时,法律或私人意愿会要求进行书面化以完善法律行为[2]。为了确保意思的决定在重要法律行为中是明确的,其形成也是相当审慎的,法律会要求某些法律行为(这些法律行为也因此被称为要式法律行为或郑重行为)必须具备一定的形式,即通过私证书或者公证书进行表示和书面化(例如,第 14 条,第 162 条第 1 款,第 163 条第 1 款*,第 167 条第 3 款,第 254 条第 1 款**,第 475 条第 1 款,第 484 条第 1 款,第 519 条,第 601 条及以下条文,第 782 条,第 1350 条,第 1351 条,第 1392 条,第 1403 条,第 1503 条第 3 款,第 1543 条第 1 款,第 1978 条第 1 款,第 2821 条,第 2879 条第 1 款,第 2882 条)。【约定的郑重形式】除此以外,当事人也可以约定要式法律行为,从而确定彼此的意思(第 1352 条)[3]。

【书面化作为构成要素】在此情形中,书面化属于成立要素,但这并不意味着可以将表示等同于证明文件,也不能认为"表示被纳入证明文件"的这种说法是正确的。文件从来都不是构成要素。在法律规定要对转让

---

[1] Aur. CANDIAN, Documentazione e documento (teoria generale), Enc. dir., XIII, Milano, Giuffrè, 1964, 579 ss.

[2] BARBERO, A proposito della forma negli atti giuridici, Jus, 1940, p. 442 ss.; ORNANNT, Forma del negozio giuridico, Noviss. Dig. it., VII, Torino, Utet, 1961, 555 ss.; MOSCARINI, Patto di competenza territoriale esclusiva e forma del negozio, Riv. trim. dir. proc. civ., 1964, p. 1769 ss.; A. LENER, Forma scritta costitutiva e conclusione del contratto, Foro it., 1964, I, 1780.

* 本法条被 1975 年 5 月 19 日第 151 号法律第 44 条替代。——译者注
** 本条款被 2013 年 12 月 28 日第 154 号立法法令第 25 条修改。——译者注

[3] CARIOTA-FERRARA, Le forme dei contratti ed i contratti sulle for-me, Riv. notar., 1948, I, p. 11 ss.; GENOVESE, Le forme volontarie nella teoria dei contratti, Padova, Cedam, 1949.

和抵押权设定进行公示的情形中,公示也不是成立要素,尽管除了使法律行为能对第三人产生法律效力的目的以外(下文第 52 节将对此进行详细说明)[1],法律规定必须进行登记或转录或注明,这也是出于使法律行为成立的目的。因此,公示只是形式的组成部分(参见第 2022 条第 1 款、第 2808 条第 2 款、第 2843 条第 2 款)[2],书面化才是法律行为的构成要素,公示则不是。

【重制文件】由此可知,文件嗣后灭失并不导致法律行为失效,此时需要做的只是重制文件(第 684 条、第 2725 条;《票据法》第 89 条及以下条文;《支票法》第 69 条及以下条文)。

第三十一节　意思和表示；意思说；表示说；责任说；信赖说；法律上的信赖风险原则

【意思和表示】(实际的或者推定的)意思与表示之间的冲突,又或者说是法律行为内容与形式之间的冲突,是法律行为理论中长久以来最具争议的问题之一。根据本书的安排,在尝试解决这个问题时,我们并不考虑那些会把该问题复杂化的观点。正如已经提及的,意思只有被显露才会在社会层面造成影响,并成为法律现象,否则内心意志没有也不可能有任何法律含义。显露通过表示来完成,指向表意人理性或者意思的表达,其目的是让他人产生信赖。正是基于表示,欲产生法律效力的意思才会被法律制度纳入考量范畴——这是审查为解决这一争议话题而形成的各种理论的前提。另外,需要明确的是,解决该问题不能从抽象层面出发,而要以一定的实在法规定为基础。因此,我们首先阐述那些更让我们信服的观点所依据的实在法论据,然后在各种法律适用中验证该观点。

---

　　[1]　PUGLIATTI, La trascrizione, I, 1, La pubblicità in generale, Milano, Giuffrè, 1957; CORRADO, La pubblicità nel diritto privato, parte generale, Torino, Ist. giur., 1947; RUBINO, La pubblicità come fatto permanente, Riv. dir. comm., 1957, I, p. 10 ss.

　　[2]　AULETTA, La forma nel contratto di società di capitali, Ann. Catania, I, 1946-47, p. 122 ss.

【意思说】鉴于内心意志本身并不重要,因此,首先要否认所谓的意思说。在意思说中,法律行为的成立和生效取决于存在一个与表示相对应的意思,甚至该意思必须是真实意思(因为在此观点看来,如果意思有瑕疵,据此形成的意思可能与真意不同)。一个实际或者假定的意思如果没有被充分地表示就不能产生法律效力,如果缺乏表示则当然不能产生法律效力。可见,意思说否认法律制度中作出表示的那一刻是发挥私法自治最集中和最重要的时刻,也否认了私法自治只有被表示才能在空间和时间中发挥作用。

【表示说】另外,正因为法律行为是行使个人自主权的结果,所以也不能认为法律行为的成立和生效只取决于表示,而不用考虑表示是否符合内心的意愿。一旦这样认为,法律行为就像是没有生命力的傀儡。而且,该学说也与现实相反,因为现实告诉我们,在其历史发展和一般形态下,法律行为是一种指向意思的行为,正是有了对意思的表达,并因此产生既有情况之外的新情况,法律才得以消减因意思缺失或意思瑕疵(抽象地说两者是一样的)而造成的后果(比如,法律规定在这种情况下可以撤销法律行为,而不是使其无效)——这是(任何一种法律制度中都包含的)法律行为保留原则的适用,同时也没有忽略意思缺失或瑕疵的情况。如果以意思与表示不符为由否认意思,那么必须存在合理的理由或者是因为行为人自身的某种行为,该行为本身可以视为对意思缺失或瑕疵的等效补充;或者是考虑到表示本身所实际造成的具体情况。

就意思和表示相冲突所造成的问题而言,上述两种解决方案在抽象层面均是可行的,第一种方案反映为责任说,第二种则归结为信赖说。

【责任说】根据第一种理论,只要表示与意思不相符是因表意人的过错而产生,无论该意思是实际的还是假定的,都会因此产生法律责任,而这也为法律行为效力保留原则提供了正当理由。如我们所见,该理论的基础仍然是个人主义,尽管其中意思的教条主义因考虑到法律行为的社会意义而有所减缓。

【信赖说】第二种理论的关键在于表示是否已经引起了受领方的信赖。如果受领方已经形成信赖,那么法律行为的社会意义就会根据表示的内容得到实现,该法律行为也具有了法律意义。如此便无需对表示背后的意思进行调查,因为此刻只能从表示中推断出意思的内容。很显然,这种理论是承认意思自治在社会意义上更具优先性的结果。但是这还不足以使该理论被接受,因为这要考察《民法典》选择的是结果式道路还是调和式道路。实际上,《民法典》选择了结果式道路。

【法律上的信赖风险原则】根据团结原则,从有关法律行为的法律规定出发,可以推论出如下原则,即受领方或其他相关人可基于对表示的无过错信赖而要求表意人承担信赖风险。这一原则是对无过错信赖的保护,与其是否构成法律行为无关。因此,这并不是一种责任(除非实际产生了责任),而是风险,是主体为其利益采取行动时可能会产生的不利后果(cuius commoda eius incommoda)。但是风险并不针对表示本身,而针对表示是否能够在客观上引起信赖的产生[这点因法律行为性质不同而有所区别,比如法律根据其是生前法律行为(inter vivos)还是死因法律行为(mortis causa)而有不同规定],以及实际上是否引起信赖产生。如果实际上并未产生信赖,或者信赖是因当事人自己的轻率或疏忽而产生,那么法律就没有理由牺牲站在表示背后的意思,这样一来表示具有优先性的理由也就无法成立。

当然,基于上述提出的解决方法,也可以认为无过失的信赖在一定情形下能产生指向某一类特定情况的法律效果,即便在这种情况中主体不仅不具备旨在产生法律效力的意思,也缺乏作出特定行为的意思和对该行为含义的认识。以下法律规定都充分地证明了,(下文进一步阐述的)我国法律采用了针对意思缺失或意思瑕疵制度的补偿制度,即他人无过失信赖下的风险原则,从而确保那些因表示而作出法律行为的利益能够实现,包括:未被宣告为禁治产人或准禁治产人,但作为无行为能力自然人的法律规定(参见第3节);合并阻碍性错误与瑕疵错误并确定此类错误的判断要求(参见第36节);在谈判和缔结契约(第1337条、第1338条、第1398条)[1]中、在对法律行为进行解释和履行(特别是第1366条、

---

[1] CARRESI, Oneri ed obblighi delle parti nel processo di formazione del negozio giuridico, Foro pad., 1948, I, 795 ss.; Introduzione ad uno studio sistematico degli oneri e degli obblighi delle parti nel processo di formazione del negozio giuridico, Riv. trim. dir. (转下页)

第 1368 条、第 1370 条、第 1375 条)[1]时、在代理(特别是第 1396 条)和虚假行为(比如第 1415 条第 1 款、第 1416 条第 1 款)的规定中[2]坚持适用诚实善良原则(其底层逻辑仍然是信赖保护)[3]。

第三十二节 意思和表示之间所谓的分歧标准；障碍性错误；身体胁迫；戏谑表示；虚假行为；真意保留

【意思和表示之间所谓的分歧标准】关于意思表示与声明之间的关系,涉及多种法律形态。然而这些形态并不能完全归类于意思与声明相背离的范畴,这不仅是因为在许多情形中意思和表示之间并没有真正的分歧,还因为造成各情形适用不同法律规范的原因并不是两者的分歧。传统的也是最值得注意的情形,包括绝对胁迫、障碍性错误、戏谑表示、真意保留和虚假行为。在学理上,前两个情形被归为非自愿的分歧(无论是否明知),其他情形则被归为自愿的分歧。以下事实证实了这种分类并不可靠:绝对胁迫排除了法律行为的存在,障碍性错误只有在具备特定特征时才能撤销法律行为。此外,真意保留与此分类无关,虚假行为不能对抗

(接上页)proc. civ. 1949, p. 822 ss.; Ancora in tema di oneri e obblighi delle parti nella formazione del negozio, Foro pad., 1952, I, 579 ss.; SACCO, Nuova riv. dir. comm., 1, 1947-48, II, p. 59 ss.; MOSSA, ivi, p. 156 ss.; G. STOLFI, Sulla responsabilità del terzo contraente che abbia colluso col rappresentante, Riv. dir. comm., 1954, II, p. 62 ss.; BENATTI, La responsabilità precontrattuale, Milano, Giuffrè, 1963; Cass. 5 maggio 1955, Riv. dir. comm., 1956, II, 360, con nota di MENGONI, 12 giugno 1959, Giust. civ., 1959, 1, 1707.; 3 luglio 1964, ivi, 1964, I, 1991; 5 agosto 1964, Mass. Foro it., 1964, 594, 2225.

[1] Salv. ROMANO, Buona fede (diritto privato), Enc. dir., V, Milano, Giuffrè, 1959, 677 ss.; G. STOLFI, Il principio di buona fede, Riv. dir. comm., 1964, I, p. 163 ss.; RODOTA, Appunti sul principio di buona fede, Foro pad., I, 1283 ss.; GIAMPICCOLO, La buona fede in senso soggettivo nel sistema del diritto privato, Riv. dir. comm., 1965, p. 335 ss.

[2] CARRESI, I fatti spirituali nella vita del diritto, Riv. trim. dir. proc. civ., 1956, p. 419 ss.

[3] Cass. 28 giugno 1946, Foro it., 1947, I, 379.

第三人,戏谑表示与因被胁迫而作出的表示一样,不会产生法律效力。

【障碍性错误】意思和表示之间发生的未意识到的分歧,构成障碍性错误,是作出表示或者对表示作转达时发生的错误(第 1433 条)。不过,障碍性错误并不影响法律对此作出规定,因为正如我们即将看到的那样,该错误与意思形成错误适用相同规定。这样做并不是毫无缘由的,因为和意思形成错误一样,表示中的错误也不能否定其原本所想。

【身体胁迫】在绝对胁迫(也被称为身体胁迫)的情形中,行为人在身体受胁迫的情况下作出表示(如他人控制着写字人的手进行书写),该表示只是在物质层面指向行为人,但该行为人实际上并无表示。一般而言,行为人只可能因自己主动承担风险的表示而受束缚,更简单地说是因基于意愿作出的表示而受束缚。在缺少作出表示所依赖的意思时,比如在绝对胁迫的情形(这种情形下甚至缺少表示)下,表示不具有可归责性,也不构成信赖的基础。可见,法律将身体胁迫定位为"缺乏意思"的情形(报告第 653 节*)。

【戏谑表示】同样,戏谑表示(比如开玩笑、教学、戏剧表演)中也不存在意思,因此不构成自愿的分歧。

【虚假行为】严格地说,虚假行为也不属于自愿的分歧,因为在该行为中,正如我们将看到的那样,意思和表示之间并不存在冲突,产生冲突的是当事人希望对第三人产生法律效力的外部表示与当事人希望对彼此发生法律效力并构成双方真意的内部表示(或者称之为与之相对的表示)。

【真意保留】唯一构成自愿分歧的情形是真意保留,因为意思已经被有意识地表示,缔约程序也已履行。如前所述,法律不承认那些未被充分表示且与已经被表示的意思相冲突的意思。故,真意保留并不影响法律行为的有效性[1]。

---

* 该报告是指 Relazione del Ministro Guardasigilli Grandi al Codice Civile del 1942(瓜尔达西吉利-格兰迪部长关于 1942 年民法典的报告),下文所指报告均是这一报告。——译者注

〔1〕 Cass. 2 marzo 1950, Giur. it., 1951, 1, 1, 60, con nota di F. SATTA, Un caso di riserva mentale.

第三十三节 虚假行为的法律规定；相反表示；虚假行为协议；绝对的虚假和相对的虚假；虚假行为和被隐藏的法律行为；被隐藏法律行为对双方的法律效力；虚假行为的目的；虚假行为和欺诈；虚假行为的绝对推定；虚假行为的法律效力；对当事人虚假行为的抗辩；不得对因派生获得权利的第三人提出抗辩；不得对扣押财物的债权人提出抗辩；对其他第三人的抗辩；债权人之间的冲突；虚假行为的证明

【虚假行为的法律规定;相反表示】虚假行为的意思表现在相反表示中,后者同时具有虚假的意图和真实的意图,而这些真实的意图并不会展露在外部虚假表示中[1]。尽管虚假行为并不会对双方当事人产生效力,但法律仍然规定虚假行为必须由双方协商而成[2],也就是说存在所谓的虚假行为协议。【虚假行为协议】虚假协议可以通过多方的财产性法律行为作出[3],也可以通过被法律误称的需受领的单方法律行为作出

---

[1] F. FERRARA, Della simulazione nei negozi giuridici, 5ᵃ ediz., Roma, Athenaeum, 1922; G. MESSINA, Simulazione assoluta, Scritti giuridici, Milano, Giuffrè, 1948, V, p. 69 ss.; Salv. ROMANO, Contributo esegetico allo studio della simulazione, Riv. trim. dir. proc. civ., 1954, p. 15 ss.; AURICCHIO, La simulazione nel negozio giuridico, Premesse gene. rali, Napoli, Jovene, 1957; DISTASO, La simulazione dei negozi giuridici, Torino, Utet, 1960; Autonoma considerazione dell'atto apparente rispetto al regolamento dissimulato, Giur. it., 1962, I, 1, 575 ss.

[2] Cass. 28 luglio 1958, Mass. Foro it., 1958, 554, 2726.

[3] 即使没有国家权力的干预,虚假的家庭法律关系似乎也与更高利益互不相容。SANTORO-PASSARELLI, L'autonomia privata nel diritto di famiglia, Saggi, I, p. 381 ss. 关于这一观点,参见 P. FEDELE, La simulazione nel matrimonio civile, Riv. dir. matr, 1936, p. 61 ss.; BIGIAVI, Giur. it., 1949, I, 2, 359 ss.; DE LUCA, Sull'invalidità del matrimonio civile per simulazione, Foro it., 1950, I, 1393 ss.; BETTI Rilevanza giuridica di una simulazione di matrimonio, Giur. it., 1951, I, 2, 232 ss.; DEL BONO, Simulazione del matrimonio civile?, Riv. trim. dir. proc. civ., 1951, p. 563 ss.; PAGANO; Sulla simulazione nel matrimonio civile, Giur. it., 1960, I, 2, 467 ss。

(第1414条)[1]。在其他单方法律行为中,如果表示的受领方并不确定,则无达成虚假协议之可能,此时该虚假行为将变为真意保留。在这种单方法律行为的情况中,之后作出的表示将取代之前作出的表示,不过这并不是因为后者揭露了前者是虚假表示,而是因为它从时间顺序上取代了前者(比如某一遗嘱处分宣称在这之前的遗嘱处分乃虚假行为,它是通过对前一遗嘱的撤销,而非通过揭露前一遗嘱的虚假表示来否定其法律效力)[2]。

【绝对的虚假和相对的虚假】如果当事人实际上并不想建立法律关系,但缔结了虚假协议,则构成绝对的虚假;如果当事人想缔结一个不同于虚假行为的法律关系,则构成相对的虚假。

相对的虚假行为可以是为了掩盖原因,例如,捐赠被伪装为买卖。相对的虚假行为也可以是为了掩盖某种方式,例如,法律行为被附条件,但它其实不是附条件的法律行为,反之亦然。相对的虚假行为还可以是为了掩盖标的,例如,表示的价格低于实际约定的价格。相对的虚假行为还可以是为了掩盖主体,例如,买方并不是真正想要购买的主体。主体方面的虚假行为也被称为虚构的人际关系[3]。

【虚假行为和被隐藏的法律行为】在相对的虚假行为中,不应该认为被隐藏的法律行为——被掩盖的法律行为——是一种与虚假(虚构)法律行为完全无关的法律行为,实际上前者作为后者的一个补充性事实,以填补虚假行为中内容真实的部分。【被隐藏法律行为对双方的法律效力】根据法律规则,被隐藏的法律行为必须满足实质和形式的要求,才能在当事人之间产生效力(第1414条第2款)。例如,如果虚假的买卖契约背后是捐赠,那么只有在买卖契约的标的是现实物而不是将来物时,该捐赠才会

---

[1] PUGLIATTI, La simulazione dei negozi unilaterali, Diritto civile, Milano, Giuffrè, 1951, p. 539 ss.; ASCARELLI, Sulla simulazione in materia di società e sulla simulazione di modificazione statutaria, Studi tema di società, Milano, Giuffrè, 1952, p. 215 ss.

[2] BIGLIAZZI-GERI, Appunti in tema di simulazione del testamento, Riv. trim. dir. proc. civ., 1962, p. 1274 ss.; Cass. 2 marzo 1950, Giur. it., 1951, I, 1, 60.

[3] Cass. 6 giugno 1962, Mass. Foro it., 1962, 415, 1366.

在当事人之间有效;或者,该买卖是通过公证书缔结的[1]。

【虚假行为的目的】在澄清了分类之后,必须说明虚假行为的目的。虚假行为是为了满足虚假行为人的利益,创造出与真实情况不同的法律状况之表象,而这种表象随后会被当事人修改(相对的虚假行为)或者保持不变(绝对的虚假行为)。当事人试图通过虚假行为规避的或许是一个单纯的事实层面的预期、会发生法律效果的预期、他人实际的权利,又或者是法律所禁止之事项;也可能是为了确定对创设第三人预期或权利而言所必要的前提条件。

【虚假行为和欺诈】但无论如何都不能将虚假行为称为欺诈性虚假行为,尤其是在虚假行为排除他人权利或法律禁令的情况下。这不仅是因为虚假行为和欺诈是不同概念——近期学说也认同这一观点——还因为它们并不能共存。规避法律的欺诈和规避债权人的欺诈(将在下文论述)是一种真实的法律行为,之所以不产生效力,只是因为它是欺诈行为(fraus)。然而,虚假行为是一种虚构的法律行为,任何利益相关方都可以据此提起诉讼,无论虚假行为所追求的目的是否合法。非法的或具有欺骗性的被隐藏法律行为,是一个真实的法律行为,也能适用相关的法律规定(第1414条第2款)。

【虚假行为的绝对推定】不过,法律会当然地将一些特定情况认作虚假行为(这是法律预先确定表示之含义的例子,参见第29节),因为根据经验不得不怀疑这其中隐藏着非法行为。比如为了保护无民事行为能力人,法律所指定的无民事行为能力人亲属作为居间人实施的赠与,构成虚假行为(参见第779条第2款、第780条第4款*、第599条第2款);租赁的同时存在标的物的转让,也被认为是虚假行为(第1526条第3款)。但这种情形中法律行为无效,究竟是出于对法律所规定的虚假行为的抵制,还是更直白地说,是出于对规避法律之企图的抵制(参见第39、41节),仍然存在争议。

154

---

[1] G. STOLFI, In tema di forma e di prova del negozio dissimulato, Riv. dir. proc., 1965, p. 137 ss.; Ancora sulla forma del negozio dissimulato, Riv. dir., comm., 1965, II, p. 154 ss.; Cass. 7 dicembre 1950, Mass. Foro it., 1950, 547, 2686.

* 根据1975年5月19日第151号法律第205条,本条款被废除。——译者注

155 【虚假行为的法律效力】法律根据虚假行为的目的确定了法律效力。按照内部表示,虚假行为并不会在当事人之间产生法律效力,但该无效性暗含着——尽管近期存在相反观点——仅虚假行为对双方无效的意味,除非这当中还存在一个隐藏的真实法律行为(第 1414 条第 1 款)。

【对当事人虚假行为的抗辩】可以对当事人的虚假行为提出抗辩,也就是说,如果当事人有意作出的虚假行为损害第三人利益,那么第三人可以提出该法律行为无效。虚假卖方的相关权利人、债权人和特留份继承人为第三人(第 1415 条第 2 款)〔1〕。

【不得对因派生获得权利的第三人提出抗辩】但契约的当事人及其第三人不得对这类第三人提出抗辩,即对虚假行为产生信赖,也因此对与之建立或者与其他第三方建立的法律关系产生信赖,从而成为虚假行为第三人或其派生法律关系当事人的主体〔2〕。比如法律规定不得对"从表见权利人处善意获得权力的第三人提出抗辩,但虚假行为请求登记的效力不在此限"(第 1415 条第 1 款;参见第 2652 条第 4 项、第 2690 条第 1 项)〔3〕。这些第三人受到了信赖风险原则的保护,虚假行为的表示使第三人成为法律行为中的利益相关人,有意进行虚假行为的当事人就应当承担该信赖风险。【不得对扣押财物的债权人提出抗辩】虚假买卖标的物中虚假买方的债权人,如果善意请求强制执行法律也将其作为派生获得权利的第三人(第 1416 条第 1 款),因为对标的物的扣押已经为债权人提供了担保(第 2913 条及以下条文;《民事诉讼法典》第 492 条)〔4〕。

---

〔1〕 AURICCHIO, Sulla tutela del creditore nel giudizio di simula-zione, Dir. e giur., 1959, p. 730 ss.; DI MAJO GIAQUINTO, Sull'azione di simulazione esercitata dai creditori dell'erede del simulato alienante, Riv. dir. comm., 1964, II, p. 310 ss.; Cass. 22 aprile 1964, Giust. civ., 1964, I, 1351.

〔2〕 SANTORO-PASSARELLI, Limite di opponibilità della simulazione, Saggi, II, p. 1029 ss.; DEL BONO, Simulazione parziale ed opponibilità al terzo, Temi, 1954, p. 445 ss.; Cass. 9 luglio 1953, Riv. dir. comm., 1955, II, 1, con nota di VALSECCHI.

〔3〕 Cass. 17 settembre 1963, Foro it., 1964, I, 608.

〔4〕 PESTALOZZA, Simulazione, esecuzione, trascrizione. Diritti del creditore ipotecario, Temi, 1947, p. 387 ss.; applicazione al fallimento, Cass. 24 novemure 1960, Dir. fall., 1961, II, 28.

【对其他第三人的抗辩】至于其他第三人,例如,虚假买方的特留份继承人,尤其是虚假买方的其他债权人,可以就虚假行为对他们提出抗辩,因为他们并不对虚假行为享有相关权利,也未对虚假行为形成直接性依赖,即使他们对虚假买方所谓的所有权假设出一个期望。债权人的担保债权并不设于债务人的那些具体财物之上,而是设于债务人责任财产范围之上。对死者遗产所享有的特留份权利也同样如此。这就是此类第三人与因派生获得权利的第三人被不同对待的原因。

【债权人之间的冲突】基于上述相同的理由,由于虚假卖方并没有实际失去财物的所有权,所以其特留份继承人和债权人都可以向虚假行为的双方当事人和虚假买方的债权人提出抗辩[1]。为了对他们进行公平调整,如果虚假买方的债权人的债权先于虚假行为发生,则其优先于虚假卖方的债权人(第1416条第2款)。

【虚假行为的证明】第三人当然不需要证明虚假行为这一事实[2]。但虚假行为当事人及其特留份继承人则应当根据契约证明的一般规定,排除虚假协议和被隐藏的法律行为存在(第2721条及以下条文),除非被隐藏的法律行为是非法的(第1417条)[3]。

第三十四节 意思瑕疵;人的行为中的意思瑕疵;旨在产生法律效果的意思瑕疵

【意思瑕疵】具有瑕疵的意思,不仅是通常所指的旨在产生法律行为效果的意思(或者更简单地说是法律行为中的意思),还指人的行为中的意思。我们不能仅从物质存在这一层面出发去理解人的行为中的意

---

[1] Cass. 7 febbraio 1964, Foro it., 1964, I, 1182.
[2] Cass. 21 febbraio 1961 e 14 marzo 1961, Giust. civ., 1961, I rispettiv. 1008 e 961.
[3] Cass. 8 novembre 1957, Giur. it., 1957, I, 1, 483, con nota AURICCHIO, Appunti sulla prova della simulazione; 8 ottobre 1958, Foro it., 1958, I, 1630, con nota di G. STOLFI; 22 febbraio 1960, Giur. it., 1960, I, 1, 1024, con nota di DISTASO; 22 gennaio 1964, ivi, 1965, I, 1, 294.

思,而应当将其理解为与法律行为中的意思相当的、有意识地进行表达的意思。如果不包含人的行为中的意思,对于绝对胁迫或戏谑表示,就不能认为意思和表示之间存在分歧,因为意思在该情况下是缺失的,也当然不存在表示。【人的行为中的意思瑕疵】除了意思不存在,也可能因为缺乏对行为意义的认识而有意思瑕疵,即表示与旨在产生法律效果的意思不相符。这种意思瑕疵因障碍性错误(errore ostativo)而产生。尽管该瑕疵指向人的行为中的意思,而不是旨在产生法律效果的意思,【旨在产生法律效果的意思瑕疵】但它影响了法律行为的有效性(与错误、胁迫和欺诈这些意思瑕疵所造成的结果一样),因为法律行为总是出于意愿才作出。这也为适用法律行为保留原则和他人信赖利益保护原则提供了理由[1]。因此,意思瑕疵在各种情况下都只能导致法律行为的撤销,现行《民法典》(第1433条)对突破传统做法,将法律行为中意思错误(通常被称为意思瑕疵中的错误)之一般规定,也适用于障碍性错误。

法律规定了三种情形下的意思瑕疵,分别为错误、身体上或精神上的胁迫和欺诈(第1427条)。

第三十五节　障碍性错误；表示错误；表示的分歧；转达错误；意思错误：本质上的意思错误；动机错误；事实上的意思错误和法律上的意思错误；障碍性错误和意思错误的区分；本质性错误的确定；无关错误的情形；动机错误具有法律意义的情形；错误的可识别性和可谅解性；法律行为的撤销和修正

【障碍性错误】障碍性错误是人的行为中意思瑕疵的一种,如前所强调,这种错误是出于对行为本身所具有的含义并不知情,所以该行为不会

---

〔1〕　有关这两种错误,参见 Cass. 13 gennaio 1955, Mass. Foro it, 1955, 11, 40。

(如所应当的那样)被一个明知的意思支配[1]。如前所述,在意大利法律体系中,障碍性错误的一般规定和法律行为中意思错误相同,因此需要先界定这两种错误,再介绍有关的法律规定[2]。

【表示错误】障碍性错误发生在表示中(第1433条),在该错误中表示这一行为具有独特的意义(表示错误对意思实践的法律行为的影响,参见第28节)。表示错误是指对表示的含义并不了解或进行了错误理解,并导致表示与旨在产生法律效果的意思不相符(参见第122条第1款)的情形。不相符的原因,或者是根本不存在旨在产生法律效果的意思,或者是作出的表示与意思完全不同(被换成了另外一个表示)或部分不同。部分不同是指在形成一具体法律行为所应具备的要素方面——客体、在表示中意欲发生法律效果的意思所指向的主体(也可以是不特定的主体)、原因、履行方式——存在不同。如果在表示、表示指向的客体、针对特定人的法律行为(intuitu personae)中的主体[3]、原因和履行方式这些要素方面产生同一性错误,并且该错误导致行为人无法实现自身目的,同时错误符合我们将在下文阐述的要素,那么该错误构成障碍性错误。障碍性错误是一种有关同一性的错误,所以它从定义上来说是一种本质的错误。因此,在障碍性错误中就不再继续区分本质错误和偶然错误。障碍性错误和意思瑕疵中的错误一样,可以发生在事实层面或法律层面,后者是指对法律规则的无知或错误认识。

当发生针对法律行为构成要素的偶然性表示错误,但该错误并不妨碍构成要素的确定时,这种错误并不是障碍性错误,即错误的描述不会影

---

[1] MESSINEO, Teoria dell'errore ostativo, Roma, Athenaeum, 1915; L. FERRI, Errore ostativo e interpretazione del contratto, Riv. trim. dir. proc. civ., 1958, p. 1505 ss.; SACCO, L'alterazione intenzionale della dichiarazione contrattuale e l'art. 1433, Giur. it., 1961, I, 2, 245 ss.

[2] 有关错误的一般形式,参见 VERGA, Errore e responsabilità nei contratti, Padova, Cedam, 1941; FORMICA, Rassegna di giurisprudenza: errore, Riv. dir. civ., 1955, p. 1045 ss.; TRABUCCHI, Errore (diritto civile), Noviss. Dig. it., VI, Torino, Utet, 1960, 665 ss.; BARCELLONA, Profili della teoria dell'errore nel negozio giuridico, Milano, Giuffrè, 1962; PIETROBON, L'errore nella dottrina del negozio giuridico, Padova, Cedam, 1963。

[3] Su un error in persona in una vendita, Cass. 19 gennaio 1956, Giust. civ., 1956, 414.

响法律效力(falsa demonstratio non nocet)。比如在遗嘱处分的情况下,只要通过遗嘱内容或者其他方式,就可以推断出继承人想要指定的被继承人和遗嘱所处分的标的物,法律便可排除在表明意思时发生的障碍性错误(第625条)。

【表示的分歧】当法律行为涉及多方主体时,障碍性错误会表现为分歧,也就是受领方对表意人作出的表示和其自身意思仅仅在表象上互相对应(因此双方的表示也只是表面上的一致),因为受领人错误地理解了表意人的表示。比如,受赠人认为赠与是无负担的,并表示接受该赠与。但实际上,该赠与是附加负担的赠与[1]。

【转达错误】表示错误中有一类是转达错误(第1433条),是指在需要转达表示时会发生的错误(参见第29节)[2]。这种错误发生在对表示负有转达职责的个人或者部门不准确甚至不诚实地转达表示时。关于转达中的错误,应该注意如果是通过电报的方式进行转达,法律规定发件人有责任核对原件,核对后则"推定(实际上是确认)"发件人对错误不存在过错(第2706条第2款)。可以将这一规定扩大适用至其他公共传输方式,但不能依据本条就断定,在发件人没有过错的情况下,转达表示(根据该表示形成法律行为)时发生的障碍性错误会影响法律行为的效力。该错误要产生法律效力,还必须满足一般要件(尤其是下文将论及的可识别性要件)。无过错要件的意义,在于排除发件人在其他情形可能需要承担的损害赔偿责任。

【意思错误】如果是对事实或法律情况不知情或错认(也就是发生了事实层面或法律层面的错误)才导致主体作出法律行为,则构成旨在产生法律效果的意思错误。在这种情况中,表示由表意人有意作出,表意人明知表示所具有的含义,并且该表示也符合其内心意思,但是该内心意思的

---

[1] G. STOLFI, Appunti in tema di dissenso, Riv. trim. dir. proc civ., 1954, p. 280 ss.; BIONDI, Dissenso contrattuale, clausole di stile, condizione risolutiva e « modus », Foro pad., 1962, I, 1099 ss.; MESSINEO, Dissenso (diritto civile), Enc. dir., XIII, Milano, Giuffrè, 1964, 244 ss.

[2] Cass. 20 maggio 1954, Giur. compl. Cass. civ., 1954, II, 224.

形成基于一个不符合现实情况的认识。此时,该错误是形成一个旨在产生法律效果的意思之动机。

【本质上的意思错误】在此需要指出,法律并没有详尽规定作为意思形成动机的各种错误,而只规定了本质上的意思错误(第1428条),也就是在法律行为的原因、标的、主体和履行方式上发生的错误认知[1]。【动机错误(errore sui motivi)】一般来说,动机错误通常不具有法律意义,正如动机本身不具有法律意义一样[2]。

有时候意思错误会被理解为动机错误。意思的确定与法律行为的各要素有关,如果照此理解,那么这些要素都可以作为意思的动机。但这并不是"动机"一词的法律含义,"动机"的正确含义(也是《民法典》所采用的含义)是指与法律行为构成要素无关的主观性理由(参见第624条第2款、第626条、第634条、第647条第3款、第648条第2款、第787条、第788条、第1345条)。因此,应当避免将动机错误不恰当地和含糊地等同于旨在产生法律效果的意思错误。

【事实上的意思错误和法律上的意思错误】与事实上的意思错误不同,一般来说,只有当法律错误是"唯一缘由或主要缘由"时,才会构成本质上的意思错误。此时,如法律所规定的那样(第1429条第4项),即使是动机错误,只要符合该规定,也可以被认为是法律上的意思错误[3]。

【障碍性错误和意思错误的区分】旨在产生法律效果的意思瑕疵的错误,是有关法律行为构成要素实现方式的错误,而不是其同一性错误。事实上,如果主体对这些构成要素的同一性认识有误,比如把某一个原因误

---

[1] CORMIO, Qualche osservazione sull'errore essenziale, Giur. it., 1958, I, 2, 305 ss.; CARNELUTTI, Errore o inadempimento?, Riv. dir. civ. 1961, I, p. 259 ss.; Cass. 17 gennaio 1953, Giur. it., 1953, I, 1, 918; 16 dicembre 1960, Mass. Foro it., 1960, 738, 3262. Non è essenziale l'errore sul valore della cosa venduta: così Cass. 29 settembre 1954, Giust. civ., 1955, 240; 18 giugno 1957, Foro it., 1958, I, 584, con nota di VISALLI; 25 maggio 1962, Mass. Foro it., 1962, 378, 1230.

[2] Cass. 17 giugno 1947, Giur. it., 1948, I, 1, 269, con nota di F. SATTA.

[3] DE CUPIS, In tema di «error iuris», Giur. compl. Cass. civ., 1946, II, 2, 601 ss.; Cass. 12 luglio 1956, Mass. Foro it, 1956, 481, 2620; 27 gennaio 1958, ivi, 1958, 38, 197. Sull'errore di diritto relativo a norme dispositive: Cass. 16 maggio 1963, Foro it., 1963, I, 1676.

认为其他原因(对法律行为的错误,errore in negotio),或把某一个客体误认为另一个客体(对客体的错误,errore in corpore),或把某一个人误认为另一个人(对主体的错误,errore in persona)等,那么主体的意思与其表示是不一致的。但如果是对构成要素品质资格产生错误,那么该错误并未改变构成要素的同一性,表意人的意思与表示相吻合,只是其意思具有瑕疵而已。

不过,如果品质资格能够作为识别法律行为的某一个要素(即品质资格能够指代该要素时),那么在品质资格方面发生的意思错误就会变成障碍性错误。换句话说,如果错误发生在法律行为构成要素的同一性上,那么该错误就不再是一个有关品质资格的错误。从有关品质资格的错误转变为同一性错误,对认定法律行为中标的物或主体品质资格来说尤其重要。举一个典型的例子,在婚姻中一方对其配偶发生人身辨认的同一性错误,或者对配偶产生品质资格层面的错误,在该错误构成"人身辨认的同一性错误"[1]时,可以对该婚姻提起无效之诉,此时后面这种情形就和前者一样,都能排除双方之间的合意(第122条)[2]。因此,《民法典》不正确地将有关同一性错误或具有同一性品质资格的错误——障碍性错误——与意思错误混为一谈,并将两者规定在同一个条款中(第1429条)。但实际上,该条款应该仅指后一种错误(参见第1433条)*。

【本质性错误的确定】只有错误发生在法律行为要素的本质性品质资

---

[1] GRASSETTI, In tema di errore sulla persona nel matrimonio, Foro it., 1948, I, 549 ss.; JEMOLO, Errore su attributi inerenti alla per. sonalità, Temi, 1949, P. 5 ss.; Errore sulle qualità essenziali, Giur. it, 1950, I, 1, 1 ss.; RESCIGNO, L'errore sulla nazionalità del coniuge, Riv. trim. dir. proc. civ., 1954, p. 937 ss.; GIACCHI, Sull'« error qualitatis redundans in errorem personae», Riv. dir. matr., 1960, p. 395 ss.; Cass. 12 agosto 1949, Giur. compl. Cass. civ., 1950, I, 50, con nota di DE LUCA, Errore sulle qualità ed errore sull'identità della persona; Cass. 12 gennaio 1959, Mass. Foro it., 1959, 1255.

[2] P. FEDELE, L'errore come causa di annullamento di matrinonio nel codice civile, Giur. it., 1950, IV, 81 ss.

* 此处应该是笔者的笔误,因为第1433条所指是障碍性错误,第1429条第3款所指的"具有决定性的身份或者基本情况"的错误,也是障碍性错误,因此此处正确的表述应该是"该条款所指的应该只是前一种错误",而不是"后一种错误"。——译者注

格方面时,特别是对标的物或主体产生品质错误时,特定当事人才会构成本质性错误,也就是严重的错误;如果是次要品质资格产生错误,则错误是偶发性的,并不具有法律上的重要性。法律确定了品质资格错误是否构成本质性错误的判断标准,即"根据一般标准或有关情况确认、对合意具有决定性的"标的物或主体的资格错误构成本质性错误(第1429条第2-3项)。如此,法律不仅明确了本质性的品质必须是对合意起决定作用的品质——如果主体没有对该品质产生误解,那么他就不会作出该法律行为——法律还明确需要从法律行为类型(即"一般标准")和具体的法律行为(即"有关情况")出发来判断本质性——因为次要的品质资格是否对合意具有决定性,在具体的法律行为中有所不同。总之,一方面,错误可以是与具体法律行为的构成要素有关,比如履行方式(比如条件)的错误;另一方面,也可以是与数量有关的简单错误[1],只要该错误对合意具有决定性作用(参见第1430条),该错误就会被认为是本质性错误。

总而言之,无论是事实上还是法律上的错误,如果发生以下情况,该错误就构成能对合意起决定性作用的本质性错误。即,原因方面的错误,比如把某种法律行为类型不能产生的法律效力归于它(法律行为的错误);法律行为主体或者标的物本质性品质错误(如实质上、质量上、数量上、前提上的错误);对具体的法律行为来说(比如附履行方式要求的法律行为)构成根本要件(虽然对一般化的法律行为而言其仅构成偶然要件)的错误;对于法律上的认知错误情形,动机错误也被认为是本质性错误。计算错误是可以纠正的偶发性错误(第1430条)[2]。

【无关错误的情形】尽管意思错误属于本质性错误,但是在某些法律行为中,意思错误不会影响法律行为的效力。这么做是为了维护已经建立的具有特殊社会意义的法律关系和法律行为所具备的特别功能。因此,意思

---

[1] MESSINEO, Errore nella quantità e impossibilità di esecuzione di mandato oneroso a vendere, Giur. it., 1948, I, 2, 289 ss.
[2] PIAZZA, L'errore di calcolo e l'art. 1430 del codice civile, trim. dir. proc. civ., 1964, p. 575 ss.; Cass. 23 luglio 1954, Mass. Foro it., 1959, 447, 2378; 10 giugno 1965, Foro it., 1965, I, 1769.

错误在婚姻关系(如已经提到的)和认可非婚生子女的情形中并不产生法律效力,因为在这两种情形中,真实情况才是具有决定性的(第265条第1款,第263条第1款*)。在接受和放弃继承(第482条第1款,第483条第1款,第526条第1款)、分割遗产(第761条第1款;参见第762条)时,如果存在因损害造成的客观瑕疵,那么可以撤销法律行为(第763条及以下条文)。同时,基于各个情形的功能,不能因为法律上的认知错误而撤销和解与承认(第1969条和第2732条)。

164　【动机错误具有法律意义的情形】相反,在某些单务法律行为中,比如遗嘱和赠与,动机错误也会构成本质性错误,并因此具有法律意义。我们不能就此认为(尽管《民法典说明报告》第303条的内容可能引发这样的误解)这类法律行为的效力只与障碍性错误和动机错误有关。实际上,这种法律行为中的错误范畴更广,包括障碍性错误、本质上的意思错误和动机错误。将动机错误作为其中的一种,是因为动机在这些无偿的法律行为中具有重要性,在这种特定的情况下,慷慨作为债因是实施该行为的具体理由。但动机错误要对法律行为的效力产生影响,必须在表示中透露法律行为的动机,并且该动机是促使行为人作出行为的唯一动机(第624条第2款、第787条;另参见第626条、第788条、第634条结尾处、第647条第3款、第648条第2款结尾处以及第1345条)[1]。

【错误的可识别性和可谅解性】仅具有上述特征的障碍性错误或意思错误并不足以影响法律行为的有效性,在一些法律行为中,错误还必须是可识别的(第1428条),也就是根据法律行为的内容、具体情况或缔约人的身份,"一般注意即可发现的"错误(第1431条;参见第1433条)[2]。

---

　　* 本条款被2013年12月28日第154号立法法令第28条替代。——译者注
　　[1] Cass. 17 ottobre 1947, Giur. compl. Cass. civ., 1947, III, 354, con nota di DE MARTINI.
　　[2] A. GIORDANO, In tema di rilevanza dell'errore bilaterale, Giust. civ., 1952, p. 453 ss.; BARCELLONA, In tema di errore riconosciuto e di errore bilaterale, Riv. dir. civ., 1961, I, p. 57 ss.; Cass. 27 gennaio 1948, Riv. dir. comm., 1948, II, 179, con nota di SAcco, Riconoscibilità e scusabilità dell'errore; Cass. 9 febbraio 1952, Foro it., 1952, I, 431, con nota di DE MARTINI, In tema di riconoscibilità dell'errore bilaterale del contratto. Contro il requisito nell'errore bilaterale, Cass. 29 aprile 1965, Foro it., 1965, I, 1778.

可见,法律采用了一种审慎客观的标准,即在法律规则与具体情形之间进行了平衡。可识别性是为了保护信赖,是受领方对表示产生的合理信赖,而不是受领方可能产生的信赖。如果表意人的错误是可识别的,信赖便不会产生,也就无需保护。对此,《民法典说明报告》(第652条)中说道,错误的可谅解性就从犯错者转移到受领方。

报告所言确认了可谅解性这一要求没有存在的必要,尽管在《民法典》之前学术界认为必须满足该要求[1]。有关支付的具体规则(第2036条第1款)并不能构成这一论断的反证,因为在我们看来,支付不是一个法律行为。某种意义上,可识别性中暗含着可谅解性,因为可原谅的错误通常是具有可识别性的[2]。不过,无论如何,如今对错误的要求是具备可识别性,该要求符合信赖保护的需要——法律行为可撤销的根本所在(参见第31节)。所以,如果受领方实际上对错误明知并且对错误不存在信赖,此时无关错误是否可识别。

换句话说,如果不存在对信赖进行保护的理由,错误具有可识别性的要求也就没有必要了。由于并未完全确定,《民法典说明报告》只将错误具有可识别性的要求限定在契约领域(第652条)。但我们倾向于认为这是法律行为的共同要求,死因(mortis causa)法律行为则是唯一的例外,原因我们将在下面说明(第51节)。

【法律行为的撤销和修正】障碍性错误或意思错误都会使法律行为无效,确切地说是使法律行为可撤销,除非法律行为获得所谓的修正,修正只能在相对方不是引发错误的一方时才能被承认(因此修正不包括胁迫和欺诈的情况,《民法典说明报告》所述与此相反,参见报告第652条开头)。同时,修正要由相对方在陷入错误的一方遭受损害之前提出,"按照(希望缔结的契约所包含的)内容和条款"履行法律行为,使错误不会产生

---

[1] DE CUPIS, La scusabilità dell'errore nei negozi giuridici, Pa dova, Cedam, 1939; G. AMORTH, In tema di annullamento del contratto per errore: considerazioni sul preteso requisito della scusabilità, Giur. it., 1962, I, 1, 111 ss; Cass. 28 giugno 1963, Riv. dir. comm., 1963, II, 468, con nota di Nicolò LIPARI, Riconoscibilità e scusabilità dell'errore (in cassazione); 9 ottobre 1963, Foro it., 1963, I, 2088.

[2] Cass. 31 gennaio 1953, Mass. Foro it., 1953, 61, 258.

(第 1432 条)。

第三十六节　精神胁迫；精神胁迫的法律效力；胁迫的要求；因胁迫而产生恐惧；来自第三人的胁迫；因敬畏而产生恐惧；危险或急需状态

【精神胁迫】一般认为,精神上的胁迫针对旨在产生法律效果的意思,如果没有该胁迫就不会形成该意思[1]。这一教义似乎也得到法律的支持,因为法律规定的也是因被胁迫而同意缔约(第1427条、第122条第1款)。但是,需要指出的是,如果仅是作出表示的意思受到精神胁迫[2],或者仅是表示本身被胁迫,不能构成意思瑕疵。因为该受害人很有可能是为了逃避胁迫而作出行为,而该行为实际上并不具备旨在产生法律效果的意思。在这种情况下,该行为甚至不能被视为是对这种意思的表示。

【精神胁迫的法律效力】但如果的确存在表示,且该表示不仅是根据意愿作出的,而且与旨在产生法律效果的意思相符,那么尽管该意思表示是基于胁迫而非自愿作出,但意思仍然存在。精神胁迫中的意思只是因非经自由决定而具有瑕疵。相反,身体胁迫中排除了意思表示,即主体没有作出意思表示,意思表示不存在(第32节),精神胁迫只是影响了旨在产生法律效果的意思。另外,精神胁迫与欺诈不同(第1439条及第1440条),无论精神胁迫是决定性的(导致受害者签订他本来不会缔结的契约之情形)还是附属性的(改变契约内容的情形),胁迫都会影响法

---

[1] G. B. FUNAJOLI, La teoria della violenza nei negozi giuridici, Roma, Athenaeum, 1927; SANTORO-PASSARELLI, Violenza e annulla mento del contratto, Saggi, I, p. 267 ss.; Aur. CANDIAN, Aspetti della violenza morale come atto che invalida il consenso, Dir. fall., 1951, I, p. 171 ss.; SCOGNAMIGLIO, Note in tema di violenza morale, Riv. dir. comm., 1953, II, p. 386 ss.; Cass. 15 febbraio 1950, Foro pad., 1950, 1, 1145, con nota di COTTINO, Violenza privata e violenza politica; FORMICA, Rassegna di giurisprudenza: violenza, Riv. dir. civ., 1958, II, p. 40 ss.; CARRESI La violenza nei contratti, Riv. trim. dir. proc. civ., 1962, p. 411 ss.

[2] MESSINEO, Dottrina generale del contratto, 3a ediz., rist., Milano, Giuffrè, 1952, p. 93, nota 59.

律行为的有效性[1]。

【胁迫的要求】法律所指的精神胁迫是指对被胁迫方或其财产实施胁迫,或者对被胁迫方的配偶、直系卑亲属或尊亲属的人身或财产进行不正义和严重的威胁[2]。另外,根据法院的审慎判断,对(除上述以外的)其他人进行威胁,也会影响法律行为的有效性。不过,在任何情况下,胁迫针对的都是一个具有判断能力的人,同时还要考虑加害人和受害人的年龄、性别和个人状况(生理、心理和社会层面)。这说明,必须根据明确的客观标准来界定胁迫,不能以受害人对胁迫作出的反应为标准,而是要以普通人处于与受害人相同的情况下会产生的反应为标准[3]。

此外,如上所述,恶意威胁必须是不正义且严重的。之所以要求胁迫是严重的,是因为这样才能解释为何受害人会缔结契约[4],同时胁迫必须是非正义的,因为如果权利人通过契约获得的利益是他本来就享有的,那么以行使该权利进行威胁并不构成不法行为[5](例如,卖方以行使赎回权相威胁,其目的是使买方提出其他价款从而使赎回条件被废除,那么这种威胁不构成非法威胁;但在满足其他要求的情况下,如果行使权利是为了获得所售物品的租赁权,则构成胁迫)(第 1435 条、第 1436 条、第 1438 条;参见第 122 条第 1 款,第 265 条第 1 款,第 482 条第 1 款,第 624 条第 1 款,第 463 条第 4 项,第 761 条第 1 款和第 2732 条)[6]。

【因胁迫而产生恐惧】造成意思瑕疵的恐惧是由他人的行为——更准确地说是包括威胁在内的不法行为——所导致的(关于胁迫和威胁之间的区别,参见《刑法典》第 610 条和第 611 条)。因此,法律准确地指出,是胁迫而非威胁(metus)造成意思的瑕疵。而且,影响法律行为有效性的胁

---

[1] MENGONI, « Metus causam dans » e « metus incidens », Riv. dir. comm., 1952, I, p. 20 ss.
[2] Cass. 6 aprile 1950, Riv. dir. lav., 1950, II, 279; 18 dicembre 1952, Foro it., 1953, I, 662.
[3] Cass. 28 gennaio 1960, Mass. Foro it., 1960, 25, 102.
[4] Cass. 18 maggio 1951, Foro it., 1951, 300, 1247.
[5] Cass. 23 marzo 1959, Mass. Foro it., 1959, 164, 894.
[6] Cass. 9 settembre 1958, Foro it., 1958, I, 1239; 1° agosto 1959, Mass. Foro it., 1959, 462, 2445; 28 marzo 1960, Mass. Foro it. 1960, 152, 664.

迫或许源自意思表示的相对人,【来自第三人的胁迫】也可以来自表意人所不知的第三人(第 1434 条)[1]。这一点与欺诈不同,欺诈的受害人必须知道合同相对方的存在(第 1439 条第 2 款)。

不过,如果恐惧并不来自他人的威胁,而产生自与他方恐吓意图无关的其他情况,那么不能认为表意人的意思有瑕疵[2]。事实上,【因敬畏而产生恐惧】法律不承认因所谓的敬畏(第 1437 条)而产生的意思瑕疵,【危险或急需状态】也不承认一个人在危险和必要(或者是急需)状态下作出的法律行为其意思具有瑕疵(参见第 2045 条;《刑法典》第 54 条)。危险或急需的状态当然会影响主体的意思(准确地说是旨在引起法律效果的意思[3]),但法律对此作出规定,并不是因为意思表示受到影响,而是因为欺诈方具有恶意并从中获利(关键的主观因素)[4]。法律行为的原因有瑕疵,法律行为因此被废除(第 1447 条、第 1448 条)(参见《民法典说明报告》第 40、56 节)。

第三十七节 欺诈;欺诈的来源;决定性欺诈;次要欺诈;恶意筹谋以获得利益;积极欺诈和消极欺诈;缄默在特别情况下的重要性;欺诈不致失效的情形

【欺诈】与强迫他人的胁迫不同,欺诈是通过欺骗的手段干扰认知,并

---

[1] Cass. 6 ottobre 1952, Giur. compl. Cass. civ., 1952, III, 230, con nota di CARRESI, 8 ottobre 1954, Giur. it., 1955, I, 1, 995.

[2] Sulla figura del metus ab intrinseco, Cass. 21 marzo 1963, Giur. it., 1963, I, 1, 858, con nota di JEMOLO, Metus ab intrinseco.

[3] A. GIORDANO, In tema di violenza morale e di sfruttamento di uno stato di pericolo, Riv. dir. comm., 1954, I, p. 56 ss.; Cass. 24 maggio 1961, Mass. Foro it., 1961, 308, 1232.

[4] A proposito degli stati soggettivi rilevanti, cui fa testuale riferimento per la rappresentanza l'art. 1391, SANTORO-PASSARELLI, La mala fede nella transazione di lite temeraria, Raccolta di scritti in onore di A. C. Jemolo, II, Milano, Giuffrè, 1963, p. 755 ss., spec. nota 16.

由此诱导当事人错误地作出法律行为[1]。对于欺诈这一不法行为中的诡计或欺骗而言,重点是只要产生的错误对意思而言是决定性的,就会影响法律行为的有效性。因此,这类错误不仅可以是本质的和可识别的错误,也可以是无法识别的错误,甚至是动机错误——尽管该错误并不是由表示所导致的[2]。

【欺诈的来源】欺诈要对法律行为的有效性产生影响——准确地说是使法律行为变得可撤销,欺诈必须由相对方作出或明知存在欺诈并涉及其利益(第1439条第2款),欺诈仅具有可识别性尚不充分。不过,欺诈以存在相对方为前提这一限制条件,并不适用于受领方为不特定人的单方法律行为。在这种单方法律行为中,即使欺诈来自缔约人并不知晓的第三人,欺诈依然能影响法律行为的有效性。

【决定性欺诈】为了使法律行为无效,欺诈必须是具有决定性的。也就是说,如果没有这种欺诈,行为人就不会缔结契约。【次要欺诈】次要欺诈则只影响法律行为的内容,却不影响其效力。不过,在这种欺诈中,恶意的一方(即进行欺诈行为的一方和明知有欺诈行为的一方)需要承担损害赔偿责任,其赔偿金额为欺诈对受害者造成的损害和没有欺诈会产生的较为有利的情况之间的差额(第1439条第1款、第1440条)[3]。除了该损害赔偿责任以外,在欺诈和胁迫中,不法行为人都要按照侵权行为的一般规则对受害者造成的其他损害承担责任。

另一个传统上的区分是所谓的恶意欺诈(dolus malus)——这是欺诈制度的唯一对象——和善意欺诈(dolus bonus),后者指通过策略、计谋和奉承的手段使他人缔结契约,但是这种策略、计谋和奉承并不构成不法行

---

[1] TRABUCCHI, Il dolo nella teoria dei vizi del volere, Padova, Cedam, 1937; Dolo (diritto civile), Noviss. Dig. it., VI, Torino, Utet, 1960, P. 149 ss.; FORMICA, Rassegna di giurisprudenza: dolo, Riv. dir. civ., 1960, II, p. 235 ss.
[2] Cass. 28 giugno 1950, Giur. compl. Cass. civ., 1950, III, 380, con nota di CARRESI.
[3] Cass. 15 giugno 1959, Rep. Foro it., 1959, Obbl. e contr., 301; 29 marzo 1963, Mass. Foro it., 1963, 221, 778.

为的惯常行为。所以,善意欺诈(dolus bonus)并不为法律所规定[1]。

【恶意筹谋以获得利益】对于遗嘱处分而言,欺诈也可以用恶意筹谋以获得利益来形容(captazione)[2]。

【积极欺诈和消极欺诈】积极欺诈和消极欺诈之间的区别非常重要。法律所规定的欺诈一般仅指由诡计或欺骗构成的积极欺诈,说谎不构成积极欺诈,因为法律保护诚信,但不保护轻信(以第1426条为依据)和缄默[3]。如前所述,违反诚信原则(主要发生在契约准备阶段和缔结阶段)的后果表现在其他方面,也即要求进行损害赔偿或者对法律行为进行解释和履行,但不会影响法律行为的效力(参见第1971条)。

【缄默在特别情况下的重要性】在要求当事人履行信息告知义务的法律行为中,缄默会例外地成为消极欺诈。基于该法律行为的功能,比如在保险契约中,如果投保人有欺诈行为或因重大过失而未正确申明或保持缄默,则保险人有权撤销契约;如果投保人没有欺诈或重大过失,但申明是不正确的或者有所隐瞒的,则契约可以被终止(第1892条、第1893条)。

【欺诈不致失效的情形】同样是欺诈,一些法律行为却不会因此失去效力。和错误不会导致一些法律行为无效的理由一样(参见第35节),尽管欺诈具有非法性,但不能以此为由主张撤销法律行为。欺诈并不会使婚姻失去效力,能使其失效的只有胁迫或障碍性错误(第122条第1款),欺诈也不会使如下两类行为失去效力(这两类行为中不具备旨在引起法律效果的意思),一类是对非婚生子女的承认,只要是自愿表达,并且情况属实(第265条第1款和第263条第1款*)(参见第38节结尾部

---

〔1〕 CRISCUOLI, Il criterio discretivo fra «dolus bonus» e «dolus malus», Annali Sem. giur. Palermo, 1957, p. 173 ss

〔2〕 Cass. 20 luglio 1962, Mass. Foro it., 1962, 585, 1950; 4 luglio 1963, ivi, 1963, 527, 1799; 22 giugno 1964, Foro it., 1964, I, 1963.

〔3〕 Variamente, Cass. 5 marzo e 17 settembre 193, Mass. Foro it. 1963; rispettivam. 151, 524 e 721, 2531; 20 ottobre 1964, ivi, 1964, 703, 2626.

* 本条款被2013年12月28日第154号立法法令第28条替代。——译者注

分);另一类是承认*(第 2732 条)(参见第 63 节)。不过,在接受和放弃继承(第 482 条第 1 款和第 526 条第 1 款)以及遗产分割的情形中(第 761 条第 1 款),不同于错误,欺诈可以导致法律行为无效。在这种法律行为中,各种类型的错误是否重要取决于它是否由欺诈所引起。

第三十八节　法律行为的原因；原因在意思自治中的重要性；有名法律行为和无名法律行为；原因的客观性和主观性；原因的必要性；债的原因和财产归属的原因；具有因果关系的法律行为和被抽离因果关系的法律行为；抽离的含义；被抽离因果关系的法律行为之要式化；实体上抽离因果关系；程序上抽离因果关系；处分和确认；确认行为

【法律行为的原因】继意思和行为后,法律行为的第三个特征性要素是原因,法律行为的功能通过原因得以表现。原因的概念已经给出(第 26 节),此处的阐述是为了理解原因的机制。

【原因在意思自治中的重要性】法律制度对意思自治的承认,取决于其所追求的目的。因此,法律首先从私主体实际的意图中推导各种可能的原因(也即各类型的法律行为),只要这些意图在社会层面看起来恰当并值得保护。

【有名法律行为和无名法律行为】在识别社会信息并将其纳入法律制度时,法律总是会考量各种意图旨在实现的利益。根据情况不同,法律允许私人意思能够产生法律效力,其依据的是私主体的意思具有决定性功能,或者是该意思所具备的整体功能(只要这些功能能够以一定方式和在一定范围内实现)。借由我国现行法阐述的不同情况的法律规定。

---

* 此处所说的承认是指"一方当事人就不利于自己而有利于对方当事人之事实的真实性所作的声明"。详见《民法典》第 2730 条。——译者注

173　　法律规定,只有符合典型的功能,单方的意思才能对行为人乃至其他主体产生法律上的影响[1],这意味着单方法律行为都是有名法律行为。可见,法律根据法律行为的原因进行识别和规定。同样,只有涉及典型功能,多方的意思才能在非财产领域产生法律效力。换言之,非财产领域的单方或多方法律行为,尤其是与家庭有关的法律行为,构成有名法律行为。对于为解决财产利益冲突、经协商一致后作出的法律行为而言,法律认为对这种普遍功能的认可足以保护私法自治,而不考虑彼此之间如何商定具体规则以解决该冲突,唯一限制是所欲实现的利益值得社会保护。所以,除了对原因进行识别和规定后形成的有名契约以外[2],还存在一系列开放的无名契约(第1322条第2款),这些契约可能来自不同类型的有名契约的混合[3]。

　　法律从社会现实中,也就是从周遭环境和当时的现实需要中推论出不同的原因,并根据这些原因建立具有各种原因特征的法律行为类型,以上述所言的有名化或者一般化方式。但是,也可能发生于私主体在选择某种法律行为时,实际上并不具备所要求的原因,或者该原因缺少法律赋予其保护效力(从而认可该法律行为)所要求的要件。

　　要根据具体的情形(specie)来理解原因,而不能从法律行为一般种类(genere)出发来理解(例如,特定形式合伙契约的原因不是一般意义上的结社)。原因是法律行为的特征性要素。即使是同一种法律行为,从某一合同类型转换到其他类型,就意味着某个法律行为被其他法律行为所替代[4]。

---

〔1〕 G. FERRI, Autonomia privata e promesse unilaterali, Banca borsa tit. cred., 1960, I, p. 481 ss.

〔2〕 SCALFI, Tipicità della causa del negozio giuridico, Temi, 1954, p. 91 ss.; MESSINEO, Contratto innominato, Enc. dir., X, Milano, Giuffrè, 1962, 95 ss.

〔3〕 DE GENNARO, I contratti misti, Padova, Cedam, 1933;有关混合契约这一类别的实用性: MOSCARINI L. V., Gli atti equiparati alla divisione, Riv. trim. dir. proc. civ. 1963, p. 533 ss.; spec. p. 540 ss.; Cass. 6 marzo 1951, Foro it., 1961, I, 1043; 5 aprile 1963, Mass. Foro it., 1963, 249, 866; 26 gennaio 1963, Giust. civ., 1964, I, 456。

〔4〕 将合作社转变为普通公司的问题具有重要意义;参见 ASCARELLI, Cooperativa e società, Contrattualismo giuridico e magia delle parole, Problemi giuridici, Milano, Giuffrè, 1959, I, p. 379 ss.; Cass. 17 aprile 1959, Foro it., 1959, 1, 741. Sul punto, SANTORO-PASSARELLI, La causa del contratto di assicurazione, Studi sulle assicurazioni, Roma, Ina, 1963, p. 207 ss。

【原因的客观性和主观性】以上是原因的基础问题。经过上述解释,就可以理解为什么原因既是一个客体要求,又是一个主体要求,前者是因为它是法律规定的私法自治的条件,后者是因为意思必须由某个原因具体地表现出来,即在符合法律规定的前提下追求目的的实现[1]。原因尽管有时候会被立法者错误地认为是"客体"(例如第1470条、第1552条),是私法自治(即法律行为)一个明显又独特的标志。实际上,只有在涉及私法自治及其结构——法律行为——时,私主体意思所欲追求的目的才会受到重视。在其他行为中,由于后果并不由行为人的意志所决定,因此原因并不在考虑范围之内。

【原因的必要性】据此,可以认为原因是每个法律行为的必要部分,而不考虑该法律行为的内容涉及家庭法律关系还是财产法律关系[2]。每个法律行为都旨在实现某个目的,法律则赋予法律行为以法律效力。因此,每个法律行为皆以某个原因为特征,并且该原因在具体个案中应实际存在。

【债的原因和财产归属的原因】法律行为的原因不是债的原因——在旧《民法典》的语言表述中,原因是债的来源的同义词(参见1865年《民法典》第1097条、第1119条)——也不是财产归属的原因,后者只是财产性法律行为原因的一个方面[3]。只有在财产性法律行为中,特别是财产归属的法律行为中,财产利益从一主体转移到另一主体的法律行为中,原因才会显得非常重要。因在这种情形中,缺少原因或者原因不合法,以及原因有瑕疵或者原因无法实现(原因的一般价值和功能价值),会导致契约废除或解除。对此存在的疑问是,在法律行为因果关系法律规则的基础上,能在多大程度上承认抽象的法律行为。现在我们来解决这个问题。

---

[1] MIRABELLI, Causa subiettiva e causa obiettiva, Riv. trim. dir. proc. civ., 1951, p. 323 ss.

[2] 对家庭法律关系而言,原因也是重要的,因此不能承认委托结婚的合法性(参见第39节)。

[3] BARCELLONA, Note critiche in tema di rapporti fra negozio e giusta causa dell'attribuzione, Riv. trim. dir. proc. civ., 1965, p. 11 ss.

【具有因果关系的法律行为和被抽离因果关系的法律行为】毫无疑问,在意大利法律中,法律行为的原因理论构成一项规则,因为原因是法律行为的要素之一。特别对契约而言,缺少原因或者原因非法都将导致契约无效(第1325条第2项,第1418条第2款)。有名法律行为具有因果关系,无名法律行为也能从法律规定中推断出因果关系(第1322条第2款)。问题是法律能否使法律行为在被抽离因果关系的情况下产生法律效力。【抽离的含义】这个表述其实足以说明,抽离并不意味着不存在,被抽离因果关系的法律行为也不意味着法律行为没有原因——这一表述自相矛盾。在被抽离因果关系的法律行为中,正如我们所说,原因被搁置一旁或被排除在外,所以缺少原因或者原因有瑕疵并不会剥夺法律行为的有效性,也不能阻碍法律行为产生法律效力。这些瑕疵会在之后发挥作用,用以平衡法律行为在原因被抽离后所产生的效力——这是原因的间接作用[1]。

【被抽离因果关系的法律行为之要式化】根据历史经验,被抽离因果关系的法律行为不变的特点是,它们会通过表示的要式化结构来弥补原因的抽离。因此,被抽离因果关系的法律行为是要式化的。但我们要清楚,要式化和抽象化不是同义词,而且具有因果关系的法律行为也是要式化的。

【实体上抽离因果关系】我国法律中是否存在被抽离因果关系的法律行为?应当说,的确存在实体上被抽离因果关系的法律行为,即抽离因果关系可以在实体法领域发挥作用,而不仅限于下面即将谈到的程序法领域。抽离因果关系首先发生在所谓的有价证券情形中(第1992条及以下条文)[2]。不过,对此也常有争议,比如,在不提及前提关系(委托人和被委托人之间的关系)和财产关系(在委托人和债权人之间)的情况下,是否

---

[1] GASPARRI, Appunti in tema di negozi astratti, Foro it., 1957, I, 1679 ss.
[2] FIORENTINO, Distinzione dei titoli di credito causali ed astratti, Riv. dir. comm., 1946, I, p. 552 ss.; ASCARELLI, Titoli causali e negozio di accertamento, Saggi giuridici, Milano, Giuffrè, 1949, p. 477 ss.; PAVONE-LA ROSA, Sul problema della «causa» nel titolo del trasporto marittimo, Riv. dir. nav., 1956, I, p. 129 ss.

构成纯粹的委托(第 1271 条)。

我们已经明确了被抽离因果关系的法律行为的概念以及它排除法律行为因果关系原则所具有的意义。法律行为因果关系原则是指,人们不是为了订立契约或处分财产才作出法律行为,而是出于某个原因(出售、租赁、贷款等)而订立契约,或出于某个原因(出售、互易、有价转让或赠与等)而进行处分。这个结论对于一些法律行为类型的考察至关重要,比如我们之后将要讨论的信托处分和间接法律行为。

【程序上抽离因果关系】所谓的程序抽离与上述的实体抽离不同,前者体现在我国法律规定的给付允诺和债务承认方面(第 1988 条)。这些都是以债关系为前提,且法律推定该关系存在,除非债务人提出反证。因此,程序抽离使得举证责任被倒置(第 2697 条第 1 款;参见第 62 节)。不过该制度在法律效果方面,与当事人在庭外对债务事实作出承认完全不同(参见第 63 节)[1]。

【处分和确认】在进一步了解以原因为区别的法律行为类别之前,应该注意到,尽管具体法律行为的原因各有不同,但法律行为本质上具有一种广义的处分功能,即当事人被法律赋予了通过法律行为调节和处分其利益的权力。因此,法律行为本身也当然可以改变既有状态。【确认行为】这一功能也包括当事人可以通过法律行为溯及既往地确认处于不确定状态的法律情形的存在。即使存在分歧,但该规则在任何情况都能适用,因为当事人不同于法官,他们拥有处分的权力,但不是严格意义上的确

---

[1] CARNELUTTI, Confessione e ricognizione, Riv. dir. proc. civ., 1942, I, p. 23 ss.; BETTI, Ricognizione di debito e promessa di pagamento secondo il nuovo codice, Temi emil., 1943, p. 3 ss.; FURNO Promessa di pagamento e ricognizione di debito (a proposito dell'art. 1988 c. c.), Riv. trim. dir proc. civ., 1950, p. 90 ss.; LASERRA, Riconoscimento del debito e promessa di pagare, Dir. e giur., 1949, p. 241 ss.; MONTESANO, Confessione e astrazione processuale, Riv. dir. proc., 1951, 1, p. 65 ss.; TAMBURRINO, Sull'inquadramento della promessa di pagamento e della ricognozione di debito tra le promesse unilaterali, Scritti in onore di A. Scialoja, III, Bologna, Zanichelli, 1953, p. 571 ss.; Cass. 20 marzo 1947, Giur. it., 1948, I, 1, 20, con nota di PUGLIESE, e Giur. compl Cass. civ., 1947, II, 423, con nota di DE MARTINI; 9 luglio 1949, Giur. it., 1950, I, 1, 746, con nota di FURNO, e Riv. dir. comm., 1951, II, 1, con nota di CORRADO; 9 gennaio e 11 luglio 1963, Mass. Foro it., 1963. rispettivam. 5, 15 e 547, 1882; 23 settembre 1964, ivi, 1964, 646, 2412.

认权力。总之,当事人可以通过处分行为来使法律状态变得确定。

只有在特殊情况下,当事人才具有严格意义上的确认权能,不过通过行使这一权能而作出的行为不是法律行为。确认行为不是新的法律状态的依据,而只是它的前提条件。因此,对非婚生子女的承认是形成亲子之间法律关系的基础,但如果不是非婚生子女,也可以通过提起诉讼来撤销(第250条第1款*和第263条**)[1]。

因此,不能认为处分的法律行为和确认的法律行为彼此之间互相对立[2]。

第三十九节 法律行为的动机;信托行为;间接法律行为

【法律行为的动机】说回区别于原因的动机[3]。如前所述(第26节),原因是法律行为具有代表性的理由,是其本身就包含的理由。但动机是各具体情形中更进一步追求的目的,动机在各个法律行为中各有不同,并且对法律行为而言无实质影响,因为动机不是法律行为的构成

---

* 本法条被1975年5月19日第151号法律第102条替代。——译者注
** 本法条被2013年12月28日第154号立法法令第28条替代。——译者注
〔1〕 本书第六版第175页所写与此处有所不同。
〔2〕 GIORGIANNI, Il negozio d'accertamento, Milano, Ciuffre, 1939, Accertamento (negozio di), Enc. dir., I, Milano, Giuffrè, 1958, 227 ss; CORRADO, Il negozio d'accertamento, Torino, Ist. giur., 1942; COSATTINI, Il riconoscimento del figlio naturale, Padova, Cedam, 1942; VALSECCHI, Transazione, Milano, Giuffrè, 1954, specialm. p. 195 ss.; CARRESI, La transazione, Torino, Utet, 1954, specialm. p. 41 ss.; FURNO, Accerta mento convenzionale e confessione stragiudiziale, Firenze, Sansoni, 1948; DEL BONO, Dichiarazione riproduttiva, Milano, Giuffrè, 1948; SANTORO-PASSARELLI, L'accertamento negoziale e la transazione, Saggi, I, p. 303 ss.; Negozio e giudizio, Saggi, I, p. 335 ss.; PUCCINI, Contributo alla teoria dell'accertamento privato, Milano, Giuffrè, 1958; FALZEA, Accerlamento (teoria generale), Enc. dir., I, Milano, Giuffrè, 1958, 205 ss.; Cass. 13 maggio 1950, Giur. compl. Cass. civ., 1950, II, 363, con nota di G. LONGO; 28 aprile 1951, Giur. compl. Cass. civ., 1951, III, 1780, con nota di MONTESANO; 4 luglio 1962, Giust. civ., 1963, I, P. 83 ss., con nota di LAZZARO; 13 e 15 febbraio 1963, Mass. Foro it, 1963, rispetivam. 78, 276 e 98, 338: 24 e 27 luglio e 25 settembre 1964, ivi, 1964, rispettivam. 527, 2027; 544, 2070; e 646, 2413.
〔3〕 DEIANA, I motivi nel diritto privato, Torino, Ist. giur., 1939; GUZZI, Motivo del negozio giuridico, Noviss. Dig. it., X, Torino, Utet, 1964, 970 ss.

要素[1]。

动机只有被纳入法律行为的结构,才能获得法律意义,才能对法律行为的有效性和效力产生影响。在原因允许的范围内(参见第 42 节),动机可以通过成为法律行为的履行方式而进入法律行为结构。

除了这种通过约定将履行方式安排进法律行为结构的情形,法律从不考虑动机,毕竟动机只是适当地促进了意思的形成。不过,唯一的例外是,如果意思是被误导的,或者更准确地说,当动机是错误的或非法的,法律会考虑动机的问题。之前我们已经看到动机错误对于赠与法律行为的影响(第 35 节);非法动机的法律意义将在后文进一步讨论(第 41 节)。

在我们看来,信托行为和间接法律行为这些名称只是用来描述现象,并不表示法律类别。动机是这些行为的基础,而动机不过是一种原因之外的意图。

【信托行为】传统意义上的信托行为[2]是指一主体(受托人)被另一主体(信托人)赋予了相对于第三人的法律地位,该法律地位的意义远超双方的约定。为了实现双方追求的目的,受托人对信托人负有义务。信托会产生物权上的法律效果和债权上的法律效果。其中,在双方当事

---

[1] Cass. 28 giugno 1958, Mass. Foro it., 1958, 432, 2148; 27 febbraio 1962, ivi, 1962, 111, 380.

[2] MESSINA, Negozi fiduciari, Scritti giuridici, I, Milano, Giuffrè, 1948; CARIOTA-FERRARA, I negozi fiduciari, Padova, Cedam, 1933; GRASSETTI, Del negozio fiduciario e della sua ammissibilità nel nostro ordinamento giuridico, Riv. dir. comm., 1936, I, p. 345 ss.; BERTINI, I negozi fiduciari di preparazione all'adempimento, Roma, s. e., 1939; DE MARTINI, Negozio fiduciario, negozio indiretto e negozio simulato, Giur. compl. Cass. civ., 1446, II, 1, 705 ss.; PUGLIATTI, Fiducia e rappresentanza indiretta, Diritto civile, Milano, Giuffrè, 1951, p. 250 ss.; BOLOGNA, Considerazioni sui negozi fiduciari, Riv. dir. civ., 1955, p. 618 ss.; GIACOBBE, Rapporti tra simulazione e negozi fiduciari. Giust. civ., 1959, I, p. 2039 ss.; MANCINI, In tema di negozi fiduciari, Foro it., 1960, I, 1838 ss.; VALENTE, Nuovi profili della simulazione e della fiducia, Milano, Giuffrè, 1961; Nicolò LIPARI, Il negozio fiduciario, Milano, Giuffrè, 1961; Cass. 5 aprile 1946, Giur. compl. Cass. civ., 1946, I, 183, con nota di TAMBURRINO; 11 agosto 1952, Giur. compl. Cass. civ., 1953, 1, 262, con nota di U. MIELE; 2 settembre 1953, Mass. Foro it., 1953, 559, 2931; 18 gennaio 1955 e 15 ottobre 1955, ivi, 1955, 24, 103 e 691, 3191.

人之间,后者是对前者的补足或修正。这种手段大于目的的情形——也许是通过多个法律行为的关联——意味着受托人被赋予了一种身份地位后,他也必须基于信赖将该身份地位转给第三人。这是由真实第三人介入的居间,它不同于虚构的居间(参见第33节),它是在信任基础上向受托人授予实际的而非虚假的委任,并使介入人获益[1]。另外,受托人对外取得的法律地位在信托行为当事人内部受到限制,比如在被作为受托人债权担保的物在信托中被出售的情况中。

我们的法律能否承认以"信托原因(causa fiduciae)"而形成的信托行为?我们认为不能承认,因为所谓的信托原因(causa fiduciae)在本质上相当于从有名法律行为的原因中任意地和不被允许地分解出部分原因。以信托方式进行出售、捐赠、遗嘱处分都不被承认,因为被所谓的信托原因(causa fiduciae)包装的功能与上述这些法律行为的原因并不对应,更遑论承认一个(之前已经强调过的)委托婚姻(第38节)[2]。因此,信任只能是一种动机,且不足以对法律行为产生影响。如前所述,只有借助被赋予法律意义的动机,内心的目的才能渗透进法律行为结构。因此,在出售中增加赎回条件(第1500条及以下条文)的目的是担保,而不是信托,信托只是间接的目的。对此,还要考虑这种情况中是否存在违反法律规定的欺诈,又或者更准确地说,是否存在违反流押协议的欺诈(第2744条)[3]。

可见,信托可被用来规避强制性规则。不过,根据已经提到过的与动

---

[1] DISTASO, Osservazioni in tema di interposizione di persona, Giur. it., 1951, I, 2, 641; Cass. 14 aprile 1951, Giur. compl. Cass. civ., 1951, II, 246, con nota di CARIOTA-FERRARA, Negozio fiduciario e negozio indiretto, 22 ottobre 1963, Mass. Foro it., 1963, 801, 2801; 20 marzo 1964, ivi, 154, 626; 28 luglio 1964, Giur. it. 1965, I, 1, 406.

[2] GRASSETTI, Il matrimonio fiduciario, Temi, 1951, p. 325 ss.; DEL BONO, Simulazione del matrimonio civile?, Riv. trim. dir. proc. civ., 1951, p. 563 ss.

[3] Giov. PUGLIESE, Ancora sul divieto del patto commissorio in relazione alla vendita con patto di riscatto, Giur. compl. Cass. civ., 1946, I, 87 ss.; DE MARTINI, Il concetto del negozio fiduciario e la vendita a scopo di garanzia, Giur. it, 1946, I, 2. 331 ss. ONDEI, Sulle vendite a scopo di garanzia, Foro pad., 1948, III, 54 ss.; U. BRASTELLO. Vendita con patto di riscatto o «de retrovendendo» in funzione di garanzia, Giur. compl. Cass. civ., 1950, I, 98 ss.; FERRARI, Vendita a scopo di garanzia e patto commissorio, Giur. it., 1951, I, 1, 799 ss.; PUGLIATTI, Precisazioni in tema di vendita a scopo di garanzia, Diritto civile, Milano, (转下页)

机相关的内容,非法的信托动机当然要受到法律的调整。

因此,要对遗嘱信托处分(第 627 条)的特殊规定进行解释。信托处分并不产生受托人的转让义务,因为它与赠与的含义相悖,除非它是偿付保留的情形(参见第 2034 条)[1];遗嘱中的信托动机并不影响处分的有效性,但如果动机非法,即使未载明于遗嘱,该处分也依然无效,因为这样会使无权获得的人因此受益(参见第 599 条第 2 款,第 779 条第 2 款,第 780 条第 4 款*)[2]。

【间接法律行为】间接法律行为和信托行为一样,也有一个无关于法律行为原因的动机。不过,两者在实现法律行为典型目的(即法律行为原因)以外的目的时,所使用的技术方法有所不同。额外目的的实现,并不直接依赖于该法律行为典型效果,而是该法律行为典型效果(或为此目的而相互关联的多个法律行为)在法律上或者仅仅是经济上的结果[3]。这

(接上页) Giuffrè, 1951, p. 335 ss.; BIANCA, Il divieto del patto commissorio, Milano, Giuffrè, 1957, spec. p. 243 ss.; Garanzia mediante alienazione simulata, Foro pad., 1958, I, 455 ss.; DALMINZZO, Divieto di patto commissorio e promessa di vendita a scopo di garanzia, Riv. dir. comm., 1958, II, p. 180 ss.; Cass. 16 aprile 1945, Giur. compl. Cass. civ., 1946, 1, 154, con nota di PUGLTESE; 21 dicembre 1950, Foro it., 1951, I, 573, con nota di PUGLIESE; 9 novembre 1959, Mass. Foro it., 1959, 623, 3314; 10 febbraio 1961, Foro it., 1961, I, 1155, con nota di MANCINI; 14 maggio 1962, Mass. Foro it, 1962, 312, 1004.

[1] C. A. FUNAJOLI, Adempimento per opera di terzo di una di sposizione fiduciaria, Temi, 1950, p. 124 ss.; Cass. 12 giugno 1950, Giur. it., 1950, I, 1, 545, con nota di G. STOLFI, e Giur. compl. Cass, civ., 1950, III, 272, con nota di TRESCA; 5 maggio 1962, Mass. Foro it. 1962, 268, 889; 22 maggio 1963, Foro it., 1963, I, 2356.

* 根据 1975 年 5 月 19 日第 151 号法律第 205 条,本法条被废除。——译者注

[2] MIRABELLI, Le disposizioni fiduciarie nell'art. 627 c. c., Riv. trim. dir. proc. civ., 1955, p. 1057 ss.

[3] ASCARELLI, Il negozio indirelto, Studi in tema di contratti, Milano, Giuffrè, 1952, p. 3 ss.; SANTORO-PASSARELLI, Interposizione di persona, negozio indiretto e successione della prole adulterina, Saggi, II, p. 751 ss.; GRAZIANI, Negozi indiretti e negozi fiduciari, Studi di dir. civile e comm., Napoli, Jovene, 1953, p. 327 ss.; RUBINO, Il negozio indiretto, Milano, Giuffrè, 1937; DE GENNARO, Sul valore giuridico del negozio indiretto, Messina, Principato, 1939; MOSSA, Nuova riv. dir. comm., 1, 1947-48, II, p. 157 ss.; DI PAOLO, Contro il negozio indiretto, Arch. ric. giur., 1951, 267 ss.; Cass. 30 agosto 1947, Giur. compl. Cass. civ., 1957, III, 409, con nota di DE MARTINI; 6 marzo 1962, Mass. Foro it, 1962, 124, 423.

183　一目的与法律行为及其原因不属于同一范畴,因此间接法律行为不单独构成法律行为的一种类别。

间接法律行为所追求的目的通常只有在构成非法动机时,才会对法律行为产生影响[1]。对此,我们已经在出于保证目的的附赎回条件的出售情形中提及。其他例子,比如法律规定对无接受遗嘱/赠与能力人的亲属作出的遗赠和捐赠无效(第 599 条第 2 款、第 779 条第 2 款、第 780 条第 4 款*)。对于这种法律行为,法律并不关心是否存在信赖或虚假行为。为了制止企图规避有关无接受遗嘱/赠与能力人的立法安排,法律预防性地规定,对前述主体的亲属作出财产处分的,其行为也当然无效。对此的解释是,这些处分之所以被限制,是因为根据一般认识(参见第 33 节),这种处分行为会通过其亲属间接地使无接受遗嘱/赠与能力的人获益,即使只是在经济层面。这就是这种行为更深一层的目的(即便只是经济目的),这种目的就是处分行为的非法动机。

第四十节　欠缺原因:部分欠缺或全部欠缺,原生性欠缺或功能性欠缺;原因不法;原因不道德和不得索回已经履行的给付;非法的法律行为

【欠缺原因:部分欠缺或全部欠缺,原生性欠缺或功能性欠缺】作为法律行为的特征要素,法律规定法律行为不可缺少原因。不过,在具体法律行为中,原因可能会以各种不同的方式缺席。原因有可能从一开始就不存在或者部分缺失,也可能是在之后的法律行为履行过程中全部或部分缺失。这两种情况分别构成原生性欠缺或功能性欠缺。如果在法律行为成立之时或者成立之后部分地缺少原因,则构成原因的数量瑕疵。

---

〔1〕　Cass. 16 novembre 1950, Giur. it., 1951, I, 1, 1492.

*　根据 1975 年 5 月 19 日第 151 号法律第 205 条,本法条被废除。——译者注

如果某具体法律行为完全没有原因,法律行为就无法发挥其原本的功能,比如转让已经属于买方的权利、为已故者设立的年金(第1876条)、没有风险的保险(第1895条),均是此类。对于只是被法律笼统规定的无名法律行为,法律并没有具体地确定要实现的利益(情况不同,利益的实现也会跟着变化)。从另一种意义上,可以说这种法律行为并没有原因,因为私人意思并不以实现社会层面值得保护的适当利益为目的(第1322条第2款)。如果原因是对意思自治的正当化说明,那么如果意思所追求的目的在具体情况下无法证明建立法律关系的合理性,则原因不存在(《民法典说明报告》第613节),比如一个无用的目的或者一个在社会层面并无意义的目的,又或者一个可以通过其他行为规则(比如道德规则和惯例等)而实现的目的,都不会构成法律行为的原因。所以,如果原因原生性缺失,法律行为将归于无效(第1418条第2款)。

有时可能只是在法律行为成立时或者成立之后的履行过程中缺少部分原因,也就是原因有瑕疵。

原生性的原因瑕疵是指当事人在契约中各自牺牲的利益不对等[1]。当一方当事人恶意利用另一方当事人处于危险[2]或有需求[3]的状态(参见第36节结尾处)时,法律会规制这种不对称的情况——当然这不包括射幸契约。因显失公平而形成的原生性原因瑕疵(处于某种状态只作为前提条件)如果符合法律规定的情况和方式,将会使契约被废除(第1447条

---

[1] MIRABELLI, Il vizio della causa del negozio giuridico, Dir e giur., 1950, p. 257 ss.; GATTI, L'adeguatezza fra le prestazioni nei con tratti con prestazioni corrispettive, Riv. dir. comm., 1963, p. 424 ss.

[2] MAJORANO, Il contratto concluso in stato di pericolo, Giust. civ. 1953, p. 995 ss.; Cass. 25 luglio 1951, Temi, 1952, 413, con nota d MAJORANO; 3 marzo 1962, Mass. Foro it., 1962, 120, 411.

[3] MESSINEO, Lo «stato di bisogno» del contraente nella lesione enorme, Foro it., 1950, IV, 193 ss.; SCALFI, Appunti sulla nozione di stato di bisogno, Temi, 1950, p. 13 ss.; SACCO, I requisiti soggetti nella fattispecie della lesione secondo l'art. 1448 cod. civ., Riv. dir. comm., 1949, II, p. 257 ss.; DE CUPIS, Usura e approfittamento delle stato di bisogno, Riv. dir. civ., 1961, I, pp. 504 ss.; Cass. 31 agosto 1948 Foro it., I, 865, con nota di JANNUZZI; 16 ottobre 1964, Giur. it, 1965, I, 1, 397.

及以下条文)[1]。

尽管原因在法律行为成立的时候确实存在,但是有可能在之后由于突然出现的情况而无法实现旨在发生法律效果的意思。这种原因的缺失在双务契约中有重要意义,如果一方未履行义务、因嗣后情况导致履行不能、在买卖他人财产时因买方所信赖的物权变动效力未能实现等情形,均可以原因的功能性缺失而解除合同(第1453条及以下条文,第1479条,第1480条)[2]。

还有其他一些情况也能引起原因的功能性瑕疵:一方当事人突然地部分履行不能,那么可以根据具体情况减少对方当事人的对待给付或解除契约(第1464条)[3];与双方在契约签订时的预期相比,给付义务突然加重的,如果符合法律规定的情形和方式,契约也可以被解除(第1467条及以下条文)[4]。

---

[1] A. GIORDANO, Sul fondamento dell'azione di rescissione dei con- tratti, Giur. compl. Cass. civ. 1946, II, 2, p. 677 ss.; SCALFI, Il fondamento dell'azione di rescissione, Temi, 1949, p. 39 ss.; MUSATIT, Appunti sulla lesione enorme, Foro it., 1950, IV, 177 ss.; MIRABELLI, La rescissione del contratto, 2a ediz., Napoli, Jovene, 1962; MAJORANO. L'azione di rescissione e l'azione di annullamento, Foro it., 1953, IV, 85 ss.; COMPORTI, Fondamento e natura giuridica della rescissione del contratto per lesione, Studi senesi, 1956-1957, p. 7 ss.; CARRESI, La fattispecie della rescissione per lesione (art. 1448 c. c.), Temi, 1963, p. 151 s.; Cass. 23 maggio 1950, Giur. compl. Cass. civ., 1950, III, 260, con nota di DISTASO.

[2] OSTI, Impossibilità sopravveniente, Noviss. Dig. it., VIII, Torino, Utet, 1962, 287 ss.; AULETTA, La risoluzione per inadempimento, Milano, Giuffrè, 1942; Importanza dell'inadempimento e diffida ad adempiere, Riv. trim. dir. proc. civ., 1955, p. 655 ss.; Inadempimento imputabile e non imputabile, Riv. trim. dir. proc. civ., 1959, p. 1058 ss.; MOSCO, La risoluzione del contratto per inadempimento, Napoli, Jovene, 1950; PERSICO, L'eccezione d'inadempimento, Milano, Giuffrè, 1955; GIORGIANNI, l'inadempimento, Milano, Giuffrè, 1959; Cass. 15 dicembre 1962, Foro it, 1963, I, 1220.

[3] SGROI, L'impossibilità parziale della prestazione nei contrati sinallagmatici, Giust. civ., 1953, p. 717 ss.

[4] BRACCIANTI, Degli effetti della eccessiva onerosità sopravvenua nei contratti, Milano. Giuffrè, 1946; OSILIA, Sul fondamento della risolubilità del contratto per sopravvenuta eccessiva onerosità della prestazione, Riv. dir. comm., 1949, I, p. 15 ss.; DE BLASI, La clausola «rebus sic stantibus » nel nuovo codice civile e nelle prime applicazioni della giurisprudenza, Giur. it., 1949, IV, 132 ss.; DE MARINI, L'eccessiva onerosità nell'esecuzione dei contratti, Milano, Giuffrè, 1950; BOSELLI, La risoluzione del contratto per eccessiva onerosità, Torino, Utet, 1952; PINO, L'eccessiva onerosità della prestazione, Padova, Cedam, (转下页)

此外,原因的不法也会使其在性质上存在瑕疵。法律要求建立法律关系需要一个正当理由,该理由需要说明法律行为所要保护的利益具有社会意义。那么,如果意思自治所追求的目的不仅没有社会意义,而且还是被社会良知所谴责的,那么,当然(a fortiori)就不能承认这种意思自治[1]。

合法性针对被实际考虑的原因,而不是对稍后讨论的另一条款中提及的动机(第 1345 条)。因此,显而易见地,合法性的条件只针对原因未被法律具体确定的法律行为,即无名法律行为,因为对于事先规定了原因的法律行为而言,其原因肯定是合法的(不过也有例外,参见第 2126 条第 1 款)[2]。

【原因不法】应当说明,原因不法与法律行为中任何其他要素的不法都不相同,也不是因为这些要素不法才导致的不同。只有在借由法律行为期望实现的功能不法时,才构成真正意义上的原因不法。例如,放弃实施非法行为从而获得补偿的法律行为,构成原因不法。在这种情况中,构成不法的不是法律行为的客体,而是对实施不法行为这一行为的放弃,而之所以是原因构成不法,是因为弃权的行为不应当成为补偿的对价。

《民法典》规定,"当与强制性规则、公序良俗相抵触时,构成不法原因"(第 1343 条),也就是说,私人意思所期待的功能可能会受到社会认知、法律评价或者公序良俗的直接指责与评价。但不论是哪一种,原因都会因此构成不法。

除原因以外,法律行为的其他要素也必须根据法律的强制性规则、公共秩序和善良风俗来判断其是否合法。《民法典》也是如此规定的(第 5 条、第 634 条、第 1354 条、第 2031 条第 2 款)。

(接上页)1952; REDENTI, Sulla nozione di eccessiva onerosità, Riv. trim. dir. proc. civ., 1959, p. 344 ss.; GAMBINO, Eccessiva onerosità della prestazione e superamento dell'alea normale del contratto, Riv. dir. comm, 1960, I, p. 416 ss.; Cass. 2 agosto 1950, Giur. it., 1952, I, 1, 66, con nota di BOSELLI; 20 ottobre 1959, Foro it., 1960, I, 87, con nota di BRANCA.

[1] 关于契约原因不法是因为双方当事人之间已经形成的关系,参见 Cass. 13 giugno 1957, Mass. Foro it., 1957, 443, 2213。

[2] SARGENTI, Causa illecita del contratto di lavoro?, Foro pad., 1956, I, 487 ss., Cass. 22 maggio 1963, Mass. Foro it., 1963, 394, 1330.

如此看来,除了强制性规定的绝对标准以外,法律还提供了另外两个用以判断法律行为的原因和其他要素是否合法的重要标准,尽管这两个标准会随时间的发展而变化。公共秩序由具有法律性质的规范所组成,其意义在于,上述要素即使没有违反具体的法律规定,但只要其违反了根据强制性规范体系而形成的一般原则,该要素仍然构成不法(参见《民法典》序编第31条第1款*)[1];善良风俗由不具有法律性质的规范组成[2],不过法律规定违反善良风俗的法律行为构成不法[3],尽管需要通过诉讼来确认其不法。举例说明:约定免除债务人因欺诈或重大过失而产生的法律责任的,该协议的原因违反强制性规定(第1229条);高利贷利息的约定,其原因也违反强制性规定(第1815条第2款);雇员免除雇主"保护其身体完整和人格尊严"的协议,其原因违反公共秩序(以第2087条为依据);前面刚刚提到的,约定给付补偿以放弃对非法行为追责的,其原因亦违反了善良风俗。此外,我们认为,法律不禁止的赌博和赌金契约也违反了善良风俗。

【原因不道德和不得索回已经履行的给付】违背善良风俗或者不道德的原因(causa turpis),是对法律行为的双方而言。与不法原因的其他种类相比,违背善良风俗的原因会产生特殊的法律后果,《民法典》规定(第2035条)尽管法律行为无效,但不得索回已经履行的给付(soluti retentio),这一规定符合"在不道德原因下,占有人更值得保护"(in pari causa turpitudinis melior est conticio possidentis)的传统规则[4]。

---

* 根据1995年5月31日第218号法律第73条,本条款被废除。——译者注

[1] DE CUPIS, Leggi proibitive, norme imperative e ordine pubblico, Ann. dir. comp., 1949, p. 245 ss.

[2] G. CODACCI-PISANELLI, L'invalidità come sanzione di norme non giuridiche, Milano, Giuffrè, 1940; TRABUCCHI, Buon costume, Enc. dir, V, Milano, Giuffrè, 1959, 700 ss.; Cass. 17 giugno 1950, Foro it., 1951, I, 185; 21 marzo 1955. Giust. civ., 1955, 1088; 15 febbraio 1960, Giur. it., 1960, I, 1, 1134.

[3] CARRESI, Il negozio illecito per contrarietà al buon costume, Riv. trim. dir. proc. civ., 1949, p. 29 ss.; BOSCHI, Considerazioni sui negozi contro il buon costume, Iustitia, 1960, p. 389 ss.; Effetti giuridici dei negozi contro il buon costume, Nuovo dir., 1961, p. 9 ss.

[4] Cass. 15 dicembre 1955, Mass. Foro it., 1955, 847, 3883,该裁判认为该规则只适用于不道德的契约;Cass. 29 aprile 1946, Dir. e giur., 1946, 280, con nota contraria di BIGIAVI,该裁判认为这一规则可以适用于所有具有不法原因的法律行为。

【非法的法律行为】原因不法的法律行为构成非法的法律行为。另外,其他构成要素的不法也会导致法律行为变成非法的法律行为[1]。也就是说,除了因果关系上的不法,也会有客观或主观上的不法,这些不法会导致某一财物、某一行为或者某一主体无法满足法律关系的构成要素(参见第 27 节)。此外,根据下文将要讨论的规定,在履行方式构成唯一的瑕疵时,法律行为也可能因为限制其内容(条件、方式)的方式不合法而变得非法[2]。最后,在动机至关重要的情形下,动机不法也会导致法律行为非法。

总而言之,主体、客体、原因、方式、动机不法,均会使法律行为无效,"除非法律另有规定"(第 1418 条)。例外规定有,承认赌博和赌金契约具有有限的法律效力(第 1933 条),以及不得索回已经履行的给付(soluti retentio)的情形,如果将后者的规则归因于合同本身,而不仅仅是已经给付的事实(第 2035 条)[3]。

有时候,法律行为的合法性和有效性受制于是否获得授权许可(如第 17 条*、第 170 条**、第 187 条)。

非法的法律行为并不是不法行为。如前所述(第 21 节),不法行为是行为本身违反了法律规定,并因此产生与行为人利益相反的结果。非法的法律行为并不是法律行为本身违反了法律规范,而是它所追求的法律效果违反了法律规定,并因此作出制裁处分——从广义上看,也就是剥夺法律行为产生法律效力的资格。然而,在某些情况下,无论法律行为的性质和效力如何,该事实都会被视为不法行为(例如,《民法典》第 2098 条第 1 款;《刑法典》第 416 条、第 509 条、第 556 条)。

---

[1] FERRARA, Teoria del negozio illecito, 2ª ediz, Milano, Soc. ed. libraria, 1914.
[2] CASTIGLIONE-HUMANI, Criteri diagnostici del negozio illecito (in particolare della condizione illecita e della clausola penale), Giur. comp. dir. civ., 1946, p. 8 ss.
[3] SANTORO - PASSARELLI, Giuoco e scommessa, mutuo per giuoco, Riv. dir. civ., 1941, p. 470 ss.; G. LONGO, Sulle obbligazioni naturali e sul debito di giuoco, Giur. compl. Cass. civ., 1949, III, p. 288 ss.

* 根据 1997 年 5 月 15 日第 127 号法律第 13 条,本法条被废除。——译者注
** 本法条被 1975 年 5 月 19 日第 151 号法律第 52 条替代。——译者注

第四十一节 动机不法；欺骗法律的法律行为；欺骗法律、债权人、税务机关

【动机不法】动机不法仅在特殊情况下影响法律效力，即当动机是各方作出法律行为共同的、决定性的唯一理由(第1345条)[1]，以及动机是作出无偿法律行为(遗嘱处分和赠与)的唯一理由(第626条、第788条)[2]。

使法律行为变得非法的具有决定性作用的不法动机，常常是个例的和偶然性的动机。因此，不能将双边法律行为中的不法原因与双方共同的不法动机相混淆。无名法律行为和有名法律行为都可能因为共同动机的不法而成为非法的法律行为。但是如前所述，有名法律行为不可能存在原因不法。房屋租赁的承租人利用租赁物从事违反法律或善良风俗的活动[3]，借款人因为赌博或赌金而借一笔钱[4]，都是具有不法动机的法律行为。当这种动机是双方作出法律行为共同的、唯一的动机时，该法律行为构成非法[5]。出于违背善良风俗的共同动机而实施给付，和出于违背善良风俗的原因而作出给付一样，都不得索回(第2035条)[6]。

---

〔1〕 Cass. 20 giugno 1960, Foro it., 1961, I, 89；有关公司股东大会决议的动机不法，参见 Cass. 4 marzo 1963, ivi, 1963, I, 684。

〔2〕 GIUSIANA, Movente e motivo illecito della disposizione testamentaria, Riv. trim. dir. proc. civ., 1954, p. 969 ss.; Cass. 30 giugno 1950, Foro it., 1951, I, 1067; 18 maggio 1963, ivi, 1963, 1, 863; 27 luglio 1964, ivi, 1964, I, 1574.

〔3〕 Cass. 8 luglio 1948, Giur. compl. Cass. civ., 1948, III, 104, con nota di DEJANA, In tema di negozi contrari al buon costume; 21 ottobre 1954, Mass. Foro it., 1954, 194, 3972.

〔4〕 SANTORO-PASSARELLI, Giuoco e scommessa, mutuo per giuoco, Riv. dir. civ.. 1941, p. 470 ss.; GRISSETTI, Debito di gioco e mutuo fra i giocatori, Temi, 1946, p. 354 ss.; Cass. 17 giugno 1950. Foro it.. 1951, I, 135.

〔5〕 Cass. 26 aprile 1951, Giur. it., 1952, I, 1, 691, con nota di P. FORCHIELLI; 28 gennaio 1953, Giust. civ., 1953, 333; 7 maggio 1955. Giur. it., 1955, I, 1, 487; 6 ottobre 1955, Mass. Foro it., 1955, 616, 2861. 有关高利贷契约的原因不法(《刑法典》第644条)，参见 Cass. 20 novembre 1957, Giur. it., 1957, 1, 1, 1338, con nota di BERRI; 30 luglio 1963, Mass. Foro it., 1963, 616, 2156。

〔6〕 Cass. 14 maggio 1955, Temi, 1955, 441, con nota di MONTEL。

【欺骗法律的法律行为】不法动机对于欺骗法律的法律行为具有特殊意义[1]。欺骗法律的法律行为是试图规避强制性规则的法律行为,因为强制性规则严禁通过法律行为实现某种结果,而该法律行为旨在追求实现与此类似的结果。因此,欺骗法律的法律行为有两个特点:一个是客观要素,是作出的法律行为能够实现的结果与被禁止的法律行为所能实现的结果相类似;另一个是主观要素,是规避强制性规则的意图。关于这两个要素,一方面,法律行为所追求的结果并不一定要与规范所禁止的法律行为的结果完全一样,对此应当进行尽可能广泛的解释,即只要求两者相似即可。否则,作出的法律行为是*违反法律*(contra legem),而不是*欺骗法律*(in fraudem legis)。另一方面,规避法律的意图是不法动机,因此法律行为构成非法的法律行为,但是构成欺骗法律的法律行为的决定性动机并不是欺骗,而是通过行为能够满足的具体利益。因此,这种情形与前述不法动机的规定无关。对此,需要从"当契约构成排除适用强制性规则的手段时,应视为不法原因"(第1344条)这一规定出发理解欺骗法律的法律行为。

法律规定禁止签订流押协议,为了规避这一规定,可能会以(前面提及的)买卖契约中约定赎回权(第39节)这种欺骗法律的法律行为实现与流押协议相类似的结果[2]。不过,如果法律已经提前作出规定以遏制欺诈的意图,那么根据前述理由,此时法律行为不是*欺骗*(in fraudem),而是*违反法律*(contra legem)。这种情况还比如,使无接受遗嘱/赠与能力人的亲属获益的处分(参见第33、39节)、虚假的承揽契约(1960年10月30日第1369号法律)以及在劳动契约中约定不受法律允许的条款(1962年4

---

[1] CARRARO, Il negozio in frode della legge. Padova, Cedam, 1943, 有关这本书的书评,参见 OPPO, Riv. dir. comm., 1944, I, p. 177 ss.; con replica di CARRARO, Essenza della frode alla legge, Dir. e giur., 1945, p. 97 ss.; Frode alla legge. Noviss. Dig. it., VII, Torino, Utet, 1961, 647 ss.; CALVOSA, La frode alla legge nei negozi giuridici, Dir. e giur., 1949, p. 32 ss.; CESSARI, La struttura della «fraus legi», Riv. trim. dir. proc. civ., 1953, p. 1071 ss.; SUPPIEJ Contrarietà indiretta alla legge e frode alla legge, Foro it., 1953, I, 600 ss。

[2] Cass. 9 gennaio 1945, Foro it., 1946, I, 590, con nota critica di G. STOLFI。

月 18 日第 230 号法律),这些都是违反法律的情形。

饱受批评的《民法典》第 1418 条第 2 款规定的实际含义是,欺骗法律的法律行为无效。

【欺骗法律、债权人、税务机关】对法律的欺骗应当与对债权人的欺骗(第 2901 条及以下条文)和对税务机关的欺骗相区别。对法律的欺骗(fraus legi)是指通过规避客观上的强制性规范以实现目的,因此欺骗法律(in fraudem legis)的法律行为属于非法的法律行为。在其他两种情况中,欺骗(fraus)要求明知会损害其他主体(即债权人和税务机关)的权利。尽管这两种情况下存在不法行为,但要构成非法的法律行为还需要对他人利益造成严重损害。法律的欺骗(fraus legi)中并没有使他人遭受损害的要求[1]。

第四十二节 法律行为的附属要素;纯粹法律行为;附履行方式的法律行为;预想的条件不能作为履行方式;条件、期限和负担;不得附履行方式的法律行为;履行方式约定的无效;附履行方式法律行为的无效;有负担的增益

【法律行为的附属要素】到目前为止所讨论的要素对一般的法律行为来说均为必要,因为每个法律行为都由具备一定形式和原因的意思表示构成,其他要素也可以为法律行为结构的形成作出贡献。相较前者那些必要的构成要素而言,这些法律行为中的要素是可以存在而非必须存在的,因此,这些要素被称为法律行为的附属要件。对一般的法律行为来说,附属要素并非必需。不过,对具体的法律行为来说,附属要素可能是构成要素,即必不可少的要素。

【纯粹法律行为(negozio puro)和附履行方式的法律行为(negozio

---

[1] 确认有关规制欺骗法律的法律行为的一般性原则,参见 CARRARO, Valore attuale della massima « fraus omnia corrumpit », Riv. trim. dir. proc. civ., 1949, p. 782 ss.;否认该原则之存在的观点,参见 Cass. 21 gennaio, Foro it., 1950, I, 1497。

modale)】在以法律行为原因作为界限的范围内,在不改变原因的情况下,根据此类法律行为的定义,意思自治允许在具体情形中约定法律行为产生法律效力的方式(第1322条第2款)。除了旨在直接产生法律行为典型效力的意思(该法律行为被称为纯粹的法律行为)外,还有约定法律行为履行方式的意思——这种法律行为从广义上来说被称为附履行方式的法律行为。

在附履行方式的法律行为中,意思并不会因为附履行方式而受到限制,法律效力亦不会受到限制。实际上正相反,在这种法律行为中,意思自治能更为广泛地行使权利,法律效力也会更加复杂。实际上应该是:根据履行方式的约定不同,法律行为的效力会受到一定限制。因此,可以说这是对法律行为内容的限制,并且只是对法律行为的典型内容而言。那些因情况而异的个人利益,如果不能通过纯粹直接的有名法律行为得以实现,可以在法律行为中加入各种履行方式的要求。如前所述,动机可以通过这些履行方式渗透进法律行为的结构,并发挥一种间接的作用。

【预想的条件不能作为履行方式】履行方式是法律行为的结构要素,只要动机渗透到法律行为的结构中并成为法律行为内容的一部分,动机就能变成一种履行方式。对此,我国法律并不承认所谓预想的条件,也就是一种未成形却能支配行为人意思的法律行为履行方式。"未成形"是指没有明示或暗示地规定法律行为的履行方式,即双方认可的表示中没有关于履行方式的约定。因此,预想的条件并没有法律意义,它只不过是个人动机[1]。

---

[1] 有关前提假设,存在不同观点。参见 MARTORANO, « Presupposizione » ed errore sui motivi nei contratti, Riv. dir. civ., 1958, I, p. 69 ss.; Motivo espresso, irrilevanza dei motivi e presupposizione, Giur. it., 1959, I, 1, 329 ss.; GIRINO, Riflessioni in tema di presupposizione, Foro it., 1960, I, 1580 ss.; Su un caso di donazione e appunti in tema di presupposizione, Riv. dir., civ., 1962, II, p. 179 ss.; Cass. 1° luglio 1947, Riv. dir. comm., 1948, II, 163, con nota di SAcco; 17 ottobre 1947, Giur. compl. Cass. civ., 1947, III, 356, con nota di DE MARTINI: 8 giugno 1948, Giur. it., 1949, I, 1, 173, con nota di BIGIAVI; 29 luglio 1948, Giur. compl. Cass. civ., 1948, III, 172, con nota di BOLOGNA; 11 luglio 1950, ivi, 1950, III, 437, con nota di BOLOGNA; 24 aprile 1952, ivi, 1952, II, 1, 876, con nota di A. GALLO; 25 giugno 1952, Giur. it. 1952, I, 1, 302; 28 maggio 1953, Foro it., 1953, I, 1612; 9 luglio 1959, Giur. it., 1960, I, 1, 146; 19 febbraio 1960, ivi, 1960, I, 1, 952; 10 novembre 1961, Foro it, 1962, I, 238, con nota di G. BRANCA; 27 febbraio 1962, Mass. Foro it., 2956., 1962, 111, 380; 11 novembre 1963, ivi, 1963, 839, 2956。

不过,在一些情况下,法律基于典型性的评估,规定法律行为必须从属于某种事实状态,当该状态不存在或消失时,法律行为就会被解除或撤销(参见第80条、第787条、第800条);但法律行为对某种状态的依附——无关是否有履行方式的约定——由法律作出规定并进行解释(参见第54、56节)。

【条件、期限和负担】排除前提假设之后,此处讨论的履行方式包括条件、期限和负担(或者称为限制)。在详细研究它们之前,我们必须指出它们的共同特征。如上所述,它们都与法律行为的效力有关,条件会使法律行为的典型效力全部或者部分变得不确定(第1353条)[1],期限会从时间上限制法律效力[2],负担则是在典型法律效力之上增加其他附属于或次于前者的法律效力。由此可以得出,在附条件和附期限的法律行为中,只有一个希望通过这些方式而不是其他方式产生法律效力的意思。不过,对附负担的法律行为(sub modo)而言却并非如此,因为该法律行为中可以区分出旨在产生典型法律效力的主要意思和约定履行方式的从属意思——下面我们会看到有关约定负担(modus)这种具有特别意思的法律规定。

【不得附履行方式的法律行为】既不得附条件又不得附期限的法律行为,被称为不得附履行方式的法律行为(actus legitimi)。就这种法律行为而言,意思自治只能使法律行为产生法律效力,但不能自由约定法律效力如何产生或者将其限定在某个时间内。

【履行方式约定的无效】家庭法律关系的建立不得约定条件和期限,因为家庭关系的稳定所代表的利益高于个人利益。此外,期间的规定不适用于继承制度,因为概括继承以遗产继承永久有效为前提。旨在建立的法律关系的性质决定了这些法律关系不适用有关履行方式的约定。此时,如果仍然附加条件或期限(尽管是被禁止约定的),那么该约定不会影响法律行为的有效性,因为约定被"视为未附加"(见第108条第2款、

---

[1] Cass. 10 luglio 1954, Mass. Foro it., 1954, 490, 2446; 28 novembre 1961, ivi, 1961, 607, 2738.

[2] Cass. 11 giugno 1959, Mass. Foro it., 1959, 335, 1781.

第 257 条、第 637 条、第 2010 条第 1 款)。

【附履行方式法律行为的无效】条件和期限也不适用于补足性法律行为(即那些通过与前一个法律行为或者先前已经确定的关系相结合而产生法律效力的法律行为)。这种法律行为与存在多个意思相结合的单个法律行为相似。即便附履行方式却无法适用的理由与前述不同,这是因为这些以同意或放弃为条件的法律行为必须与前一既有法律行为或法律关系相一致,比如对要约给出附条件或附期限的承诺,承诺无效(参见第 1326 条第 5 款)。所以,与前述不同,在这种法律行为中附履行方式的结果是法律行为的无效(参见第 475 条第 2 款、第 520 条;《票据法》第 31 条)。

【有负担的增益(attribuzioni onerabili)】负担的约定只适用于某些无偿法律行为,比如遗嘱和赠与(第 647 条第 1 款,第 793 条第 1 款),因此它几乎成为了针对慷慨行为的一种负担(modus)。

作为对约定履行方式的限制,在属于特留份继承人的遗产上不能设定条件和附加负担,即使已经约定也无效(第 549 条;参照第 536 条)。

第四十三节　意定的条件:停止条件和解除条件;溯及既往的效力;法定的条件;不可溯及既往的效力;必要条件;现在的事件和过去的事件作为条件;条件的解释;积极条件和消极条件;权利性条件、偶然性条件和混合性条件;纯权利性条件;有关不履行的解除条款;条件不能;条件不法;尚未成就的条件;成就;条件不成就

【意定的条件】附条件是法律行为中最常见的履行方式,有关附条件的法律规定也最为丰富[1]。所谓条件,不仅指法律行为生效或失效取决

---

[1] BARBERO, Contributo alla teoria della condizione, Milano, Giuffrè, 1937; Condizione (diritto civile), Noviss. Dig. it., III, Torino, Utet, 1959, 1097 ss.; FALZEA, La condizione e gli elementi dell'atto giuridico, Milano, Giuffrè, 1941; RESCIGNO, Condizione (diritto vigente), Enc. dir., VIII, Milano, Giuffrè, 1961, 763 ss.

于未来不确定事件这种履行方式,还包括这个未来不确定的事件本身。

197 【停止条件和解除条件】当条件成就,法律行为便生效的,该条件为停止条件;当条件成就,法律行为即失效的,该条件是解除条件(第1353条)。只要符合上述情况,法律行为即成立。只不过在第一种情况下,条件是产生法律行为典型效力的额外要素,也就是终局法律关系的额外要素(参见第16、20节)[1];在第二种情况下,条件是导致法律行为失效的事实,已经建立的法律关系也因此归于消灭。

【溯及既往的效力】无论是停止性的还是解除性的条件,都具有追溯力,因为意思自治将法律行为的生效或失效从属于某一事件,并不意味着意思自治将条件成就之日作为法律行为有效或无效的时间节点。意思自治原则上是立即生效的,如果没有单独规定的履行方式(无论是明确规定还是隐含规定),则不可以对法律行为效力附加时间方面的限制条件。即使有履行方式的要求,效力也可以溯及既往。

【法定的条件】不过,也可以并非私人意思,而是法律规范将法律行为生效与否从属于某一事件。这种被称为法定的条件(condicio iuris),与意定的条件(condicio facti)相对。两种条件有着本质区别。法定条件是法律行为生效的构成要素,它不是任意或偶然的条件,而是必要和确定的条件。法律规定法律行为效力的产生依赖于条件成就的,条件不成就,则法律行为永远不会生效。

198 【不可溯及既往的效力】不过,法定条件不具有追溯力,也就是说效力自条件成就时产生。而且,法定条件中的期待,不会受到像意定条件那样的保护。这是因为法律行为正是被用来规范事件成就后的法律状态的(参见第587条第1款、第785条第1款,以及第600条*、第786条**;1929年5月27日第847号法律第5条)[2]。

---

〔1〕 G. STELLA-RICHTER, Effetti dell'apposizione di una condizione sospensiva a un contratto ad efficacia reale, Giust. civ., 1960, I, p. 1484 ss.

* 根据1997年5月15日第127号法律第13条,本法条被废除。——译者注
** 根据1997年5月15日第127号法律第13条,本法条被废除。——译者注

〔2〕 Cass. 8 marzo 1951, Foro it., 1952, I, 407, con nota di CANICALLI; 3 luglio 1955, Mass. Foro it., 1955, 461, 2064; 16 novembre 1960, Giust. civ., 1961, I, 237.

对此,也有观点认为,法定条件不具有溯及既往的效力仅指未来的、不确定的事件。

【必要条件】一个未来的但确定的条件并不会使法律行为的效力变得不确定,它只能从时间方面限制法律行为的效力。

【现在的事件和过去的事件作为条件】同样地,如果以现在或过去的事件为条件,那么可以发现这只是在主观上对事件并不确定,实际上并不会使法律关系处于悬而未决的状态。法律关系自缔结契约那一刻起就已经成立或解除,即使当事人对此并不知情,并且表现得好像法律关系仍处于待定状态。因此,以现在或者过去的事件为条件,并不构成真正意义上的条件。

【条件的解释】未来的且不确定的事件能否被认定为法律行为的停止条件或解除条件,仍存有疑问。根据解释的一般规则,必须探究旨在产生法律效果的意思才能确定条件的性质,除非法律从中推断出该条件是法定条件,而不是意定条件。因此,从穆齐的谨慎(cautio Muciana)这一规则出发,规定继承人或受遗赠人在一段不确定的时间内不能做某事或不给予某物的,该条件构成解除性条件,"除非遗嘱表明遗嘱人有相反的意愿"(第638条);反之,试用买卖中的条件是停止条件,因为"其物品应当具有约定的品质或适宜用于指定用途的品质"(第1521条第1款)。

【积极条件和消极条件】作为条件的事件可以是积极意义的,也可能是消极意义的,由此可以分为积极条件和消极条件。【权利性条件、偶然性条件和混合性条件】以法律关系中出于一方意愿而作出行为作为条件的,以与双方意愿无关的事实作为条件的,又或者除当事人意愿外还依赖其他事实作为条件的,分别构成权利性条件(参见第645条)、偶然性条件和混合性条件(例如婚姻)。【纯权利性条件】如果权利的处分或者债务的承担构成条件(无论是停止条件还是解除条件),且条件是否成就只取决于权利人或者债务人的意思,那么关于这个条件的约定无效。这种条件被称为纯权利性条件(第1355条)。纯粹依赖一方的条件或具有任意性的条件,即以如果我愿意,如果我想(si volam, si voluero)为条件,又或者那些不存在任何牺牲的条件,与权利处分或者承担债务之意思相冲突[1]。

【有关不履行的解除条款】与法律行为目的实现有关、指向未来且不确定的事件——比如根据法律规定能够影响法律行为效力的行为——不能成为真正意义上的条件客体。这就解释了所谓的契约不履行时解除性条件的法律规范。如果双务契约中的一方不履行,如前所述(第40节),则构成原因的功能性欠缺。契约解除是以存在该欠缺为依据,而不是以主张隐含的解除性条件为依据——后者被前《民法典》(第1165条)承认,不过现行法典对此加以否定。更进一步地说,契约不履行也不能作为明示的解除性条件,因为它只与法律行为的履行过程有关。因此,法律规定契约不履行时明示解约条款,相关方可以作出声明以解除契约(第1456条)[2],同时排除作为条件特征的绝对溯及既往的效力(第1458条第2款)。

通常来说,解除条款对负担不履行而言是必要的,因为负担不履行时契约不会自动地或按相关方的意愿解除,而是需要通过法院裁判予以解除,而且(a fortiori)也不会产生绝对溯及既往的效力(第648条第2款、第793条第4款、第2652条第1项、第2690条第1项)。

【条件不能】当条件指向的事件无法在自然意义或法律意义上成就时,该条件就是不可能的(条件的自然不能或法律不能);【条件不法】当事件本身或事件的推演违反强制性规则、公共秩序或善良风俗时,该条件

---

[1] Cass. 16 ottobre 1954, Giust. civ., 1954, 2531; 17 marzo 1955, ivi, 1955, 1097; 29 settembre 1955, ivi, 1956, 261; 16 febbraio e 18 aprile 1957, Mass. Foro it., 1957, 109, 560 e 266, 1336; 11 febbraio e 12 marzo 1964, Giust. civ., 1964, I, rispettivam. 778, 949.

[2] RUBINO, Costituzione in mora e risoluzione per inadempimento, Riv. dir. comm., 1947, I, p. 56 ss.; Clausola risolutiva espressa e tardivo adempimento, Giur. compl. Cass. civ., 1948, II, p. 227 ss.; C. A. FUNASOLI, Effetti della clausola risolutiva espressa, Foro it., 1949, IV, 81 ss.; G. ANDREOLI, Appunti sulla clausola risolutiva espressa e sul termine essenziale, Riv. trim. dir. proc. civ., 1950, p. 72 ss.; BUSNELLI, Clausola risolutiva, Enc. dir., VII, Milano, Giuffrè, 1960, 196 ss.; MAJELLO, Clausole vessatorie, clausola risolutiva espressa, mora del conduttore, Dir. e giur., 1961, p. 299 ss.; VALSECCHI, Costituzione in mora e risoluzione per inadempimento, Riv. dir. comm., 1964, II, p. 281 ss.: Cass. 13 luglio 1960, Foro it., 1961, 1, 315; 16 maggio e 21 maggio 1962, Mass. Foro it., 1962, rispettivam. 335, 1069 e 359, 1167; 19 maggio 1962, Foro it., 1963, I, 129; 8 febbraio e 26 luglio 1963, Mass. Foro it., 1963, rispettivam. 66, 226 c 602, 2077.

为不法条件(第1354条第1款)。公共秩序和善良风俗的概念已经在不法原因的部分予以说明(第40节)。在遗嘱中附加的不得结婚或再婚等限制个人自由的条件构成不法条件,除非是法律为利益平衡所作的规定(第636条)。

根据附条件意思的统一性原则,不可能的停止条件、不合法的停止条件或解除条件使法律行为无效。不过,如果所附解除性条件是不可能的,那么仅会导致该条件无效(第1354条第1-2款;参考第1418条第3款)[1]。某个被附加不能或者不法条件的条款无效的,如果该条款不是旨在产生法律效果的意思的决定性因素,那么它的无效不会影响其他条款和整个法律行为的有效性(第1354条第3款、第1419条)。

不过,对于遗嘱处分的死因法律行为,不能或不法的条件被视为没有附加(vitiantur, sed non vitiant)(第634条)。可见,现行法典采纳了传统规则,尽管这与之前指出的原则不相符。这种情况被赋予有利于遗嘱(favor testamenti)的目的,是希望产生一个将旨在产生法律效果的意思进行减等的法律程序,也就是将旨在产生法律效果的意思从附条件的履行方式中脱离出来。不过,应该指出的是,该规则的重要性已经被削弱,因为如果不法条件是作出遗嘱唯一且具有决定性的动机,那么根据动机不法的法律规则(第41节),遗嘱归于无效(第626条)[2]。另外,附加互惠性条件的遗嘱处分与慷慨的法律行为原因相矛盾,因此,该互惠性条件是不法条件,遗嘱也归于无效(第635条)。

【尚未成就的条件】停止条件或解除条件能够成就但还未成就的,将会产生一种待定关系,这种待定的状态直到停止条件或解除条件成就后才会消失(参见第19节)。在此期间,将因条件成就而获得权利的一方享有法律上的期待(现法典允许这种期待可以被继承,但前法典不允许,参见第853条)。

---

[1] 第1354条也适用于捐赠的情形。MESSINEO, Brevi note sulla condizione illecita o impossibile nella donazione, Giur. it., 1953, IV, 33 ss.

[2] Cass. 30 maggio 1953, Giur. it., 1953, I, 1, 844, con nota di TRABUCCHI, e Giur. compl. Cass. civ., 1954, II, 181, con nota di DI SALVO; 5 luglio 1954, Foro it., 1954, I, 1399, con nota di JEMOLO.

享有期待权的一方可以处分该期待权——对这一方而言能处分的只有期待——就和对方可以处分条件尚未成就的权利一样。对期待的处分和对条件尚未成就的权利的处分并不受某种事实上或法律上条件的限制。前种处分行为甚至未将某个将来物作为标的物。实际上,这两种处分都是纯粹法律行为,均以现在物作为标的物,不确定的只是作为标的物的财产的命运。这是规定这些法律行为的意义所在(第1357条)。

对将因条件成就而获得权利的一方而言,他可以对权利"进行保护性行为"(第1356条第1-2款),同时可以施加保证以确保权利的实现(第639条、第640条、第641条)。

但对将因条件成就而丧失权利的一方而言,他有权行使该权利,他不仅可以作出处分权利的行为,还可以对作为标的物的财产进行实质性处分,但以"诚实地维护另一方的利益"为限。同样地,附停止条件的义务承担人也应当如此(第1356条第2款、第1358条)。尤其是,条件的成就原则上不会对管理和收益的行为产生溯及既往的效力(第1361条、第646条)。

【成就】停止条件成就之时,法律行为临时的和初步的法律效力即被典型的和确定性的法律效力取代,法律行为因此变得完整;解除条件成就之时,法律效果消失,状态恢复至法律行为之前的状态,法律行为也因此失效。事件不再发生的,消极条件即成就。

如果条件实际未能成就,但可归责于未成就时享有利益的一方的故意或过失行为,则条件"被视为已经成就"(所谓的虚假的条件完成)(第1359条)[1]。

因为意思具有立即生效的特点(即使该意思还是假设的),所以条件成就会产生溯及力,即"条件成就的效力溯及法律行为成立之时"(第1360条第1款,第646条开头部分)。根据溯及力,对处分具有期待的法律行为获得了约定的权利及其派生权利,而对条件尚未成就时作出处分的法律行为会因此而失效。这是一种完全的溯及力,既包括法律关系各方之间法律效

---

[1] Cass. 16 novembre 1960, Giust. civ., 1961, 1, 237; 28 aprile 1964, Mass. Foro it., 1964, 258, 1024.

力的溯及既往(内部溯及力或相对溯及力,例如第1458条的规定),又包括对第三方发生法律效力的溯及既往(外部溯及力或绝对追溯力)。

我们认为,追溯性原则本质上是附条件法律行为的固有特性,该原则并不会因为下列情形受到影响:法律允许当事人通过意思自治,将附条件法律行为效力(或部分效力)产生和终止追溯至一个不同时点(可能追溯至条件成就时),无论这种追溯是通过明示或默示方式与条件相结合(第1360条第1款);以及持续履行或定期履行的契约之解除条件成就后,对已经履行的给付不会产生溯及既往的效力(第1360条第1款)。另外,一般来说,对于已经履行的管理行为和收益行为,也不会产生溯及既往的效力(第1361条、第646条)。不过,如果双务契约中的出让方——而非受让方——的转让权在法律行为暂缓期间灭失了,那么即使之后条件成就,也不会发生溯及既往的效力(第1465条第4款;也参见第1347条)。

【条件不成就】停止性条件和解除性条件不成就所导致的结果不同。如果停止性条件不成就,则法律行为无法产生最终的法律效力,其预备性法律效力也会随之丧失,法律行为归于无效;如果是解除性条件不成就,那么法律行为的典型效力得以巩固,法律行为变得完整。如果条件再无法成就的,则构成积极条件的不成就[1]。

与条件成就的情况相反,在条件不成就时,对法律行为的期待落空,条件未决时作出的处分将被承认。

第四十四节 法律行为效力附期限;起始期限和终止期限;不可能的期限;法律行为履行附期限

期限具有两个不同的功能(期限的计算参见第23节)。

【法律行为效力附期限】旨在产生法律效力的意思可以约定一种限制法律行为效力的期限要求——与条件类似。【起始期限和终止期限】和停

---

[1] SCOGNAMIGLIO, Sulla mancanza definitiva della condizione e la conseguente inefficacia del negozio, Foro pad., 1962, I, 253 ss.; Cass. 24 aprile 1962, Foro it., 1962, I, 1719.

止性条件或解除性条件一样,根据期限约定的是法律行为效力的开始还是结束,可以将期限分为起始期限和终止期限。【不可能的期限】和停止性条件一样,一个不可能的起始期限将使法律行为无效。如果说,附条件使得法律关系的产生或解除变得不确定,那么在附期限法律关系中,其产生或解除是确定的,只是时间并不确定。根据起始期限的设定,法律关系并不是马上产生,而是要在期限届满时产生,有权获得权利的一方从这一刻起(排除溯及力)才能行使该权利;根据终止期限,法律关系在期限届满时解除,原本有权行使权利的一方从这一刻起可以重新获得该权利并对其进行处分。

在期限届满之前,无论是起始期限还是终止期限,因期限届满而获益的一方仅具有期待权,该权利通过法律为条件成就相关方提供的保全与担保措施得以保障(第640条第1-2款,第1347条,第1465条第2款,第1523条)。

【法律行为履行附期限】此外,除了在时间方面限制法律行为效力的产生和消灭,旨在产生法律效力的意思还可以约定针对法律行为之履行的期限,尤其是约定给付的时间。在这种情形下,债之法律关系不仅是确定的,而且即刻形成,期限是有关法律行为履行的一种方式安排,并不针对法律行为本身[1]。

不像附条件法律行为那样,在缺少有关法律行为效力附期限一般规定的情况下(不包括第633条及以下条文有关死因法律行为的法律规定和上文提及的规则),债的履行期限受各种不同规则的调整(第1183条及以下条文,第1457条)[2]。在确认期限具有不同功能的基础上,应该指

---

〔1〕 Cass. 3 gennaio 1950, Giur. it., 1950, I, 1, 659; 27 maggio 1964, Giust. civ., 1964, I, 1768.

〔2〕 NATOLI, Il termine essenziale, Riv. dir. comm., 1947, I, p. 230 ss.; G. ANDREOLI, Appunti sulla clausola risolutiva espressa e sul termine essenziale, Riv. trim. dir. proc. civ., 1950, p. 72 ss.; Appunti in tema di obbligazioni a termine e di impossibilità della prestazione, Temi, 1950, p. 202 ss.; CASTELLINI, Sulla fissazione del termine «necessario» ex art. 1183 cod. civ., Riv. trim. dir. proc. civ., 1961, p. 1084 ss.; Cass. 11 aprile 1963, Foro it., 1963, I, 1143; 19 ottobre 1963, Foro it., 1964, I, 565; 20 marzo 1964, Mass. Foro it., 1964, 154, 624.

出,对于附期限法律行为的履行,不能要求索还提前履行的给付,即使履行人并不知道有期限的存在(第1185条第2款),因为债权在法律行为成立时已经即刻产生;不过,在条件成就之前或债权产生所依据的期限届满之前,仍允许索还已经履行的给付。

第四十五节 负担;不履行负担而导致契约解除;不能负担和不法负担

【负担】不同于条件和期限,负担并不会改变法律行为的典型效力,而是在其上增加其他不与前者相冲突、只是在经济层面有所限制的法律效力[1]。该负担——与作为具体法律责任的负担完全不同(后者在第16节有所论述)——指向一种履行方式或者由此而产生的义务。后者指向附负担的赠与或遗嘱处分,也就是要求受益人有义务给予处分人或第三人某物、做或者不做某事。因此这里的义务是狭义的负担(广义的负担可以指在法律行为中置入任何履行方式的要求)。有些情况下,法律利用惯常解释将某些法律行为视为附负担(sub modo),即为已亡者所作的遗嘱处分(第629条)。

负担(modus)从不是赠与法律行为的对待给付,赠与法律行为的原因是慷慨大方,不会掺杂负担这一要素[2]。

但负担的确向受赠人施加了一项义务,该义务可以通过担保获得保证(第647条第2款),并且任何利害关系人都可以要求遗嘱人在赠与限度内履行该义务(第648条第1款、第793条第2-3款),而不履行该义务将导致契约的解除。【不履行负担而导致契约解除】不过,这里的契约解除,并不是同对待给付契约那样因原因功能性缺失而致解除(参见第40节),而要由赠与中的赠与方及其继承人和遗嘱处分中的利益相关人提起

---

[1] NATOLI, In tema di modo condizionale, Giur. compl. Cass. civ., 1951, III, p. 1063; GASPERONI, Apposizione di oneri al beneficio nel contratto a favore di terzo, Assicurazioni, 1955, I, p. 30 ss.; Cass. 10 agosto 1963, Foro it., 1964, I, 329.

[2] Cass. 4 dicembre 1962, Foro it., 1963, I, 1, 38 ss.

诉讼,并且仅当处分人对负担已明确规定[1]或者负担是遗嘱处分的唯一决定性动机时,上述主体才可以提起诉讼(第648条第2款、第793条第4款)。

因此,与条件和期限不同,负担(modus)应当被视为赠与意思的一个附属意思[2]。

【不能负担和不法负担】不能负担或不法负担可以为以上观点提供佐证。如果负担是赠与的唯一决定性动机,那么在动机违法的情况下,该附负担法律行为将归于无效(第626条,第788条)[3],除此以外,不能负担和不法负担被视为不曾附加(vitiatur sed non vitiat),不论该行为是生前法律行为(inter vivos)还是死因行为(mortis causa)(第647条第3款,第794条)[4]。

这并非意味着如果生前法律行为(negozi inter vivos)设定了负担(modus),就可以像死因法律行为附加不可能或非法条件时那样,例外地突破意思统一性原则。不可能实现或不法导致负担(modus)的无效性和其所附属的法律行为的有效性恰好体现了负担的从属性特点,使负担的效力独立于主契约的效力。

第四十六节 法律行为的种类;要式法律行为和非要式法律行为;法定或意定证据的限制

【法律行为的种类】基于对法律行为各要素的研究,我们有了能够探究法律行为种类的机会。针对行为或者法律行为的形式,我们已经区分了意思陈述的法律行为和意思实践的法律行为(第28节),也提到了具有郑重

---

[1] Cass. 3 agosto 1955, Foro it., 1956, I, 397.
[2] GIORGIANNI, Il «modus» testamentario, Riv. trim. dir. proc. civ., 1957, p. 889 ss.
[3] Cass. 28 luglio 1950, Foro it., 1951, I, 921.
[4] ALLARA, Sull'impossibilità sopravvenuta del «modus», Foro pad., 1952, I, 989 ss.; CONTURSI-LISI, Sopravvenuta impossibilità o illiceità di onere testamentario, Riv. dir. civ., 1955, p. 767 ss.

形式的法律行为(第30节);针对原因,我们区分了有名法律行为和无名法律行为、具有因果关系的法律行为和被抽离因果关系的法律行为,并且认识到法律行为之不同原因的共同特征是法律行为履行了处分功能,而不是对既有状态的确认(第38节);针对法律行为的原因和动机之间的关联,我们回顾了信托行为和间接法律行为(第39节)、非法的法律行为和欺诈法律的法律行为(第40、41节);最后,针对法律行为的履行方式,我们区分了不得附履行方式的法律行为、纯粹法律行为和附履行方式的法律行为(第42节)。

后续还将提及法律行为的其他种类,比如根据法律行为效力之不同区分法律行为,或者根据旨在产生法律效果的活动是否能够被替代而区分出可被替代的法律行为和不能被替代的法律行为。

在完成了对法律行为要素的考察之后,为了能够进一步分析,仍要重提要式法律行为和非要式法律行为的区分。同时,还需要确立其他一些区分,这些区分也与法律行为要素有关——之所以至今未提及,是因为此前对法律行为的分析,主要是围绕其一般性和最简单的基本结构。

【要式法律行为和非要式法律行为】我们已经说过,对于某些特别郑重的法律行为,法律或私人意志可以要求必须具备某一作为实质要素(ad substantiam)的具体形式(第30节),为此我国法律规定了要式法律行为和非要式(或者说是形式自由的)法律行为(第1325条第4项,第1350条及以下条文)。具体形式通常表现为对已经存在的法律行为之表示进行补充的书面化。但有时候,由于法律的专门规定,表示本身就已经具备郑重形式,比如婚姻(第106条及第107条;更多内容见下文第55节)。

要式法律行为的内容必须源自法律行为表示本身,须载于文书之中。因此不可能存在一个以表示外的意思确定其内容的要式法律行为,即依靠援引(per relationem)的要式法律行为[1]。

为了个别条款而非整个法律行为的有效性,有时候会要求具备某种形式,更确切地说是具备文书。例如以下条款:被确定的契约条件是有利

---

[1] DI PACE, Il negozio «per relationem», Torino, Ist. giur. 1940; G. B. FERRI, In tema di formazioni progressive del contratto e di negozio formale «per relationem», Riv. dir. comm., 1964, II, p. 192 ss.; 27 luglio 1957, Mass. Foro it., 1957, 618, 3167.

于要约方的契约条款(第1341条第2款,第1342条第2款);针对劳动契约试用期或劳动契约终止日期的条款(第2096条第1款,第2097条第1款*)。有时候,为了法律行为的某些法律效力,也会要求必须具备文书,例如,买方为了对债权人主张保留所有权(第1524条第1款);当债权超过一定数额,质押债权人为了主张优先权(2787条第3-4款);为了产生不同于一般合伙的法律效果,公司必须具备私证书或公证书,并在登记机关完成登记,否则只能产生一般合伙的法律效果(尤其参见第2297条,第2317条,第2328条,第2331条,第2464条,第2475条,第2518条,第2547条)。

【法定或意定证据的限制】有些时候,文书只是用于证明(ad probationem),法律为此会在一些条款中规定法律行为"必须通过文书予以证明"(参见第1846条,第1888条第1款,第1919条第2款,第1928条第1款,第1967条,第2556条第1款,第2596条第1款)。法律还允许私主体对法律行为的证据进行约定,对此也有一些法律规定(第1352条,第2725条第1款)。当文书仅具有证明作用时,该文书就不像前述的实质要素(ad substantiam)那样确为必要。实际上,缺少文书只会导致法律行为的证明手段受到限制——我们将在法律事实的证据中对这一部分作进一步说明(第62节)。

第四十七节　表示的结合；前契约行为；多人统一的单方法律行为；多人作出的单方法律行为和前契约行为；集体行为；复合行为；团体行为；双边法律行为和多边法律行为；具有多方主体的财产性法律行为的识别；契约和协议；多数人法律行为和多数人契约的识别

【表示的结合】法律行为可能是由单个主体的表示构成,也可能是由

---

* 根据1962年4月18日第230号法律第9条,本条款被废除。——译者注

不同主体的多个表示以不同方式组合而成。

【前契约行为】针对第二种情形,这些表示并不构成多个法律行为,其仍只是单个法律行为的要素,因此这些表示被视为前契约行为(atti prenegoziali),即意思仍在形成过程中,但旨在产生一个临时的法律效果以对法律行为作预先安排。

有关前契约行为最典型的例子是要约和承诺,它们促成契约的成立,并受到法律规范的调整(第1326-1342条),有关它们的研究构成前契约行为的理论范畴。作为前契约行为,要约和承诺中的行为人必须具备意思表示和行为能力直至契约成立。而且,除了契约成立所需的法律效力,要约和承诺不会产生其他效力。如果要约是为了给行为人创造一个确定的约束并形成法律行为,则该要约是确定的、不可撤销的要约,其效力不受要约人死亡或丧失行为能力的影响(第1328、1329条)[1]。法律规定的所谓的选择权(第1331条)也具有同样的法律效果,不过选择权不同于要约,因为选择权具有双边法律行为的性质[2]。

虽然前契约行为从本质上来说是可撤销的,但不能认为只有这种行为才具有可撤销性的特点。某些法律行为也可以被单方面撤销,比如设立财团法律行为(第15条第1款)、遗嘱处分(第587条第1款)、代理(第1396条)、委任(第1723条第1款,其中委任的撤销也被纳入撤销的部分,参见第48节结尾部分)、有利于第三方的契约——尤其是保险契约(第1411条第2款、第1412条第1款、第1920条、第1921条)。这些法律行为的撤销发生在不同的情况中且具有不同的理由,但前契约行为撤销的原因在于它的意思是当下的和主观的,它不像上述法律行为中的意思那样与表意人已经明确分离并变得客观,前契约行为中的意思受到表意

―――――――
〔1〕 MESSINEO, Irrevocabilità e revocabilità dell'offerta o dell'accettazione della donazione, Riv. trim. dir. proc. civ., 1955, p. 24 ss.; Cass 10 ottobre 1962, Giust. civ., 1963, I, 1110; 25 luglio 1964, Giur. it., 1965 I, 1, 770.

〔2〕 GORLA, Note sulla distinzione tra opzione e proposta irrevocabile, Riv. dir. civ., 1962, I, p. 213 ss.; GENOVESE, Il contratto d'opzione nuovo strumento per la formazione dei contratti, Riv. dir. comm., 1965. I, p. 163 ss.; Cass. 15 gennaio 1965, Giur. it., 1965, I, 1, 758, con nota A. GENOVESE.

人的拒绝、死亡以及丧失行为能力的影响。因此,正如我们将看到的,撤销法律行为构成一种与原本追求的法律效果相悖的法律行为,而前契约行为的撤销,将会阻止法律行为的形成。

【多人统一的单方法律行为】单方法律行为不仅包括基于单个主体的表示而形成的法律行为,还包括指向确定的受领人并由多个主体的意思相互结合而形成的法律行为,因为根据情况不同,后者可能是单方、双方或者多方的法律行为。

【多人作出的单方法律行为和前契约行为】多个主体作出表示,可以构成单方法律行为,也可以构成多人作出的前契约行为,只要多人作出的要约或承诺是为了满足某一利益或相同利益,也就是说,这些不同的主体可以被视为是同一方[1]。

在我们看来,单方法律行为和前契约行为中表示的结合存在差异。有时候表示是对不同意思的陈述,但这些意思旨在实现各主体之间的相同利益;有时候对不同意思的表示是为了其中某个行为人的利益或者第三方的利益;还有的时候表示指向的是行为人之外的另一主体,表示的结合是为了保护该主体的利益。

【集体行为】我们将上述第一种情况称为集体行为(atto collettivo),是对所有人或者绝大部分人意思的表达,符合这种情况的如共有人决议(第1105条、第1108条)或股份公司认股人创立大会(第2335条*)。

【复合行为】第二种情况为复合行为(atto complesso)[2],依据表示是均等形成的还是存在主要/基础意思和次要意思之分,可以将复合行为分为均等复合和不均等复合。前者如普通合伙中的每个合伙人都能对管理和代表权作出表示(第2258条、第2266条),后者如限制民事行为能力人及其保佐人的表示(第394条、第424条第1-2款**;也见第165条***、第166条)。

---

[1] CARRESI, Gli atti plurisoggettivi, Riv. trim. dir. proc. civ., 1957, p. 1241 ss.; Cass. 23 febbraio 1951, Giur. compl. Cass. civ., 1951, I, 575.

* 本法条被2010年1月27日第39号立法法令第37条修改。——译者注

[2] GASPARRI, Studi sugli atti giuridici complessi, Pisa, Nistri-Lischi, 1939.

** 本条第1款被2004年1月9日第6号法律第7条替代。——译者注

*** 本法条被1975年5月19日第151号法律第46条替代。——译者注

【团体行为(atto collegiale)】第三种情况是指法人的管理机构成员作出表示的行为,比如法人团体中的大会、委员会和协会,法律认可的基金会以及具有法人资格的公司所作的决议。

这些分类对权利能力和行为能力、意思瑕疵和主观状态的判断而言尤其重要(以此类推,参见第1389条、第1390条、第1391条)。

【双边法律行为和多边法律行为】不过,如果多方主体的表示分属两个或多个立场,且各方立场的利益相互对立——或许他们旨在实现的目的相同——那么构成双边法律行为或者多边法律行为[1]。

【具有多方主体的财产性法律行为的识别】需要知道的是,用以指代这些法律行为的术语并非随意选择——就好像命名单方法律行为的不同种类那样——而是会受到《民法典》的约束,至少在命名以财产关系为客体的法律关系时是这样。准确地说,根据《民法典》中的术语,所有关于财产的双边法律行为和多边法律行为都被称为契约(第1321条、第1420条),即使彼此追求的是相同的目的。用以描述公司设立行为的契约名称便是例证,因为这种契约是指"两个或两个以上的人,以分享利润为目的,为共同从事的经营活动提供财物或服务"(第2247条;另见第2602条*)[2]。在我们看来,法律解释者不能抛弃这一术语,因为就结果而言,所有法律行为应当都能直接适用有关契约的一般规则(第1323条),也即在契约规则适用范围上不存在限制(这种限制仍然见于单方法律行为,第1324条;参见第26节)。

不过,基于契约这一术语的实践性,建议将契约限定为具有财产性标的物的多方法律行为,从而和契约的法条含义相匹配(第1321条)。由于

---

[1] GIACOBBE, Sulla disciplina giuridica dei negozi complessi, Giust. civ., 1956, I, p. 2116 ss.; MESSINEO, Convenzione (diritto privato), Enc. dir., X, Milano, Giuffrè, 1962, 510 ss.; Cass. 31 maggio 1950, Giur. compl. Cass. civ., 1950, II, 342.

* 本条被1976年5月10日第377号法律第1条替代。——译者注

[2] G. FERRI, La società come contratto, Studi in memoria di F. Ferrara, Milano, Giuffrè, 1943, p. 259 ss.; 与之相反的观点:MESSINEO, La struttura della società e il cd. contratto plurilaterale, Riv. dir. civ., 1942, p. 65 ss.; 与上述两观点均不同的论述:Contratto plurilaterale e contratto associativo, Enc. dir., X, Milano, Giuffrè, 1962, 135 ss., 尤其是第161页。

法律规定了契约的法律规范不能适用于非财产法律行为,尤其不能适用于家庭法律行为——无论涉及多个主体还是单个主体(参见第 26 节)。此外,虽然可以将契约这一术语延伸适用于家庭的双方法律行为,但其实这类法律行为在《民法典》中均有专门规定。尤其是对婚姻这类重要的家庭的双方法律行为而言,不应采用契约这一术语,因为在婚姻是否构成法律行为,以及如果构成法律行为举行婚礼的官员作出的声明是否为构成要素这些方面存在争议。此外,拒绝使用"契约"这一术语也有技术法律之外的其他原因。

214 【契约和协议】鉴于立法将契约认定为两方或多方的财产性法律关系,因此应当打破契约和协议之间的区别,至少在与财产有关的私法领域中应当如此。这一点也可以从立法的定义中得出,契约指的是两方或多方达成的协议(第 1321 条)。

从主张两者存在区别的理由来看,契约被认为是解决利益冲突的法律行为,协议是共谋实现不同利益的法律行为(协议也能适用于公法法律行为,参见《民法典》序编第 5 条* 和第五编第 2063 条**)[1]。但不能就此否认在与财产有关的私法领域中——除了对互相冲突的利益进行调和而形成的法律行为外——存在其他旨在实现各方共同目的的法律行为。实际上,该情形甚至被一般性功能的法律条款(第 1420 条)明文规定,当然,法律将旨在实现各方共同目的的法律行为定义为契约,是因为法律发现互相冲突的利益在这些法律行为中进行了结合,且法律认为该结合具有决定性意义。

基于此,我们认为不应当承认财产法领域单独存在协议和契约的区分,涉及一个以上当事人的法律行为,无论是从术语方面,还是从实质方面考虑,都属于契约。

---

* 根据 1943 年 8 月 9 日第 721 号皇家法令,本法条中有关公司法的规定被废除。——译者注

** 本法条虽然并未正式被废除,但因与 1944 年 11 月 23 日第 369 号立法法令以及 1948 年 8 月 9 日第 721 号法令冲突,应视为不适用。——译者注

[1] CASERTA, Accordo e contratto, Annali dell'Università di Bari, 1943, p. 213 ss.; V. M. TRIMARCHI, Accordo (teoria generale), Enc. dir., I, Milano, Giuffrè, 1958, 297 ss.

【多数人法律行为和多数人契约的识别】涉及两方以上当事人的法律行为被称为多数人契约,《民法典》对此有一系列规定(第1420条、第1446条、第1459条、第1466条)[1]。多数人契约应当与当事人为两方的双边契约相区分,后者也被用于表示对价给付的双边契约(第1453条及以下条文)。协会、公司、财团和股份制联合会契约均属于多数人契约。毫无疑问,多数人契约也能适用有关契约的一般规则。

另外还应该指出,《民法典》中关于契约的一般规定如果只适用于那些各方"旨在实现共同目的"的法律行为,则意味着当一方当事人因无效、撤销或契约解除而退出该法律关系时,仍可以实现该共同目的。这样的话,以交换或赠与为目的的多边法律行为(例如第三方设立嫁资的情形,第177条)就无法适用上述法律规定[2]。再者说,上述法律规定并不适用于所有具有共同目的的法律行为(这样要求可能是为了使法律行为都具备协议的特征)。实际上,契约一般规定的适用条件仅为两方以上当事人的法律行为[3]。多数人协议本身并没有专门的法律规则。

第四十八节　法律行为的结合；关联法律行为；附属法律行为

【法律行为的结合】除了可以组合在同一法律行为中,多个表示还可以通过不同组合形成多个法律行为。这两者的区别在于,后者由多个法律行为组成,每个法律行为均符合法律要求且能够产生法律效力,同时各个法律行为彼此协力以实现某个根本功能。这种法律行为因此被称为

---

[1] ASCARELLI, Il contratto plurilaterale, Studi in tema di contratti, Milano, Giuffrè, 1952, p. 97 ss.; Noterelle critiche in tema di contratto plurilaterale, ivi, p. 157 ss.; Contratto plurilaterale e totalizzatore, ivi, p. 169 ss.; G. FERRI, Contratto plurilaterale, Noviss. Dig. it., IV, Torino, Utet, 1959, 678 ss.

[2] Cass. 31 maggio 1950, Mass. Foro it., 1950, 284, 1350; 29 ottobre 1954, ivi, 841, 4184.

[3] V. SALANDRA, Il contratto plurilaterale e la società di due soci, Riv. trim. dir. proc. civ., 1949, p. 386 ss.; ASCARELLI, Contratto plurilaterale, comunione d'interessi, società di due soci, Saggi di diritto commerciale, Milano, Giuffrè, 1955, p. 325 ss.

216 "关联法律行为"[1]。前文指出,构成要件可以由具有不同性质的事实或行为构成(见第 20 节)。不过,在此须补充的是,构成要件也可以由多个法律行为组成,甚至完全可以由能够产生法律效力的程序组成。显然,在这里,可以在各种法律行为的功能之上,勾画和识别出整个旨在产生法律效果的构成要件的功能。

【关联法律行为】将多个法律行为组合起来的法律意义在于,某个法律行为的命运与已经存在或将来作出的某个(些)法律行为有不同的联系[2]。这些法律行为之间的联系使得某法律行为的成立、有效性、生效或履行影响另一个法律行为的有效性、生效或履行[3],或者某法律行为构成要件的满足以另一个法律行为为基础,又或者某法律行为的内容由另一个法律行为的内容来确定,诸如此类。有时候,这种组合是由几个相同的法律行为构成(比如第 2333 条),不过更多时候是某法律行为作为另一法律行为的附属。

【附属法律行为】附属法律行为可以区分为不同情形。

有些法律行为是准备性的,比如代理(第 1387 条)和预备性契约(第 1351 条),它们构成主法律行为的法定要求(第 1392 条、第 1351 条)[4]。

---

[1] GIORGIANNI, Negozi giuridici collegati, Riv. it. sc. giur., 1937, p. 306 ss.; A. VENDITTI, Appunti in tema di negozi giuridici collegati, Giust. civ., 1954, p. 259 ss.; GASPERONI, Collegamento e connessione tra negozi, Riv. dir. comm., 1955, I, p. 357 ss.: DI SABATO, Unità e pluralità di negozi, Riv. dir. civ., 1959, I, p. 412 ss.; SCOGNAMIGLIO, Collegamento negoziale, Enc. dir., VII, Milano, Giuffrè, 1960, 375 ss.; MESSINEO, Contratto collegato, Enc. dir., X, Milano, Giuffre, 1962, 48 ss.; Cass. 6 marzo 1962, Riv. dir. comm., 1962, II, p. 342, con nota di GANDOLFI, Sui negozi collegati; 10 luglio 1964, Mass. Foro it., 1964, 472, 1817.

[2] Cass. 10 maggio 1950, Giur. compl. Cass. civ., 1950, III, 445, con nota di SCOGNAMIGLIO; 19 gennaio 1963, Foro it., 1963, I, 1302.

[3] GRASSETTI, Negozio collegato, negozio illegale e ripetibilità del pagamento, Temi, 1951, p. 154 ss.; Cass. 8 gennaio 1964, Giust. civ. 1964, 1, 594; 20 marzo 1964, Giur. it., 1965, I, 1, 108.

[4] MESSINEO, Contratto preliminare, contratto preparatorio e contratto di coordinamento, Enc. dir, X, Milano, Giuffrè, 1962, 166 ss. Il requisito viene esteso al mandato: Cass. 3 agosto 1960, Foro it., 1961, I, 77, con nota di G. STOLFI; Giust. civ., 1961, I, 64 ss., con nota di GIORGIANNI. Sulla cosiddetta esecuzione specifica dell'obbligazione di contrarre (art. 2432), Cass. 15 marzo 1960, Giust. civ., 1960, I, 912.

有些法律行为是增补性的,比如认可、指名表示、接受契约约定的被指名人(第1399条、第1402条、第1403条、第1404条。法律还规定了主法律行为应当具备的形式)和追认(第1444条,本条规定了主法律行为的实质性要求)。

有些法律行为是补足性的,比如接受和放弃遗嘱遗产(第470条、第475条第2款、第520条、第649条第1款),第三人对有利于己的契约认可或拒绝(第1411条、第1412条、第1921条),以及加入已缔结的契约(第1332条)。这些法律行为以各种方式影响主法律行为的命运,不过前者的内容总是由后者的内容决定。因此,正如我们已经提到的,这些法律行为是不附履行方式要求的法律行为(参见第42节)。

还有的法律行为是辅助性的,比如裁决(参见第631条、第632条、第778条、第1286条、第1349条、第1473条),其内容是对主法律行为内容的进一步说明,因此后者是否生效依赖于辅助法律行为。

此外,还有撤销性法律行为(如第298条第2款、第525条、第679条及以下条文,第1270条第1款、第1396条、第1411条第2款、第1412条第1款、第1723条、第1921条)[1]和解除性法律行为,比如互相不同意*(第1372条第1款;另见第2272条第3项)、买回的表示(第1503条)或者因不履行义务而解除契约(第1454条第1款、第1456条第2款)、解除或撤销(例如第1373条、第1569条、第1596条第2款、第1616条第1款、第1630条第3款、第1671条、第1723条第1款、第1727条、第1750条**、第1833条、第1899条第1款、第1985条、第2118条***、第2119条****、第2143条、第2227条、第2237条、第2285条)。两种法律行为的区别在

---

[1] Salv. ROMANO, La revoca degli atti giuridici privati, Padova, Cedam, 1935; ALLARA, La revocazione delle disposizioni testamentarie (litografia), Torino, Giappichelli, s. d. (1951).

* 此处应该是笔者的笔误,《民法典》第1372条指出,相互同意可排除契约对当事人之间的法律强制力。因此应该是"互相同意"。——译者注

** 本法条被1991年9月10日第303号立法法令第3条替代。——译者注

*** 根据1943年8月9日第721号皇家法令,本法条中有关公司法的规定被废除。——译者注

**** 本条被2019年1月12日第14号立法法令第376条修改。——译者注

于,撤销性法律行为撤销的是主法律行为,它与主法律行为所欲达成的目的相反(参见第 47 节),因此撤销性法律行为也应当符合主法律行为的要素(第 680 条、第 1921 条第 1 款、第 2206、2207 条有明确规定)[1]。但解除性法律行为是从此刻起(ex nunc)或溯及既往地(ex tunc)解除第一个法律行为的效力,至少对作出解除性法律行为的行为人而言如此。

第四十九节　构成性法律行为、变更性法律行为和消灭性法律行为；放弃；拒绝；家庭法律行为和财产法律行为；财产法律行为的种类；增益法律行为；处分法律行为；负担法律行为；生前的转让法律行为和死因的转移法律行为；一般管理行为和特别管理行为；管理行为和处分行为

【构成性法律行为、变更性法律行为和消灭性法律行为】论及法律行为对法律关系的影响(法律关系的形成发展之前已讨论,参见第 19 节),根据法律行为是使法律关系产生,还是变更法律关系主体和客体要求和内容,又或者导致法律关系消灭(第 1321 条),可以将法律行为分为构成性、变更性或消灭性法律行为。有些法律行为同时具有构成性和变更性,例如形成派生性法律关系,就会改变既存的法律关系(例如创设用益物权和地役权);有些法律行为同时具有构成性和消灭性,例如通过以新债取代旧债而实现的更新(第 1230 条第 1 款)。

属于构成性法律行为的,比如债务法律行为;属于变更性法律行为的,比如转让的法律行为(第 1376 条);属于消灭性法律行为的,如前文提及的合同解除(参见第 19 节结尾处)和放弃[2]。

【放弃】放弃,作为一种本质上的弃权式法律行为,其结果是使法律

---

　　[1] SCOGNAMIGLIO, Osservazioni sulla forma dei negozi revocatori, Temi nap., 1961, I, 433 ss.; LA TORRE, La forme dei negozi risolutori, Giust. civ., 1962, I, 154 ss.
　　[2] PIRAS, La rinunzia nel diritto privato, Napoli, Jovene, Cass. 29 settembre e 28 novembre 1964, Mass. Foro it., 1964, rispettivam. 257, 2463 e 752, 2829.

关系消灭,使主体得以从该法律关系中脱离出来[1]。放弃的具体类型包括债务免除(第1236条中规定的所谓的放弃送达)[2]和财产抛弃(第923条第2款)。

【拒绝】所谓的对能够获得遗产的不作为(omissio adquirendi)究竟构成放弃,还是构成单纯的拒绝,是存在争议的。该问题非常重要,因为在缺乏具体规定的情况下,必须明确该法律行为能够适用的法律规定。根据传统学说,放弃继承(第519条)被视为放弃获得继承的权利,但也有观点认为放弃继承是对赋予遗赠人的法律地位的拒绝,因此与接受相反。根据后面这种观点,除了对契约要约的拒绝(第1333条第2款),对遗产的放弃(第649条第1款)[依法(ex lege)能够获得的遗产在放弃后将不能获得]、债务人不愿接受债务免除的表示(第1236条)、第三方不愿意接受利他契约的表示(第1411条第3款)(参见第52节)[3],也都能被视为拒绝。拒绝构成了法律行为的类型之一,也就是前面所指的不作为。

【家庭法律行为和财产法律行为】考虑到法律行为旨在实现的利益不同,应当明确区分家庭法律行为和财产法律行为。家庭法律行为调整的法律关系具有特殊性,基于此,有些人否认将家庭法中的意思自治行为视为法律行为[4]。

【财产法律行为的种类】具有规范功能的法律行为(比如集体劳动契约、集体经济协议)也属于财产法律行为,尽管该法律行为只是间接地调

---

[1] AURICCHIO, La rinuncia verso corrispettivo nell'art. 478 c. c., Temi, 1956, p. 176 ss. Sulla rinuncia tacita Cass. 20 gennaio 1951, Giur. compl. Cass. civ., 1951, I, 488; 29 aprile 1958, Mass. Foro it., 1958, 290, 1412; 11 marzo 1959, Giust. civ., 1959, I, 820; 22 marzo 1962, Mass. Foro it., 1962, 172, 592.

[2] TILOCCA, La remissione del debito, Padova, Cedam, 1955; BENEDETTI, Struttura della remissione (spunti per una dottrina del negozio unilaterale), Riv. trim. dir. proc. civ., 1962, p. 1291 ss.; Cass. 25 giugno 1960, Giur. it., 1961, I, 1, 311; 26 giugno 1963, Giust. civ., 1964, I, 380; 9 giugno 1964, Mass. Foro it., 1964, 364, 1426.

[3] L. FERRI, Rinuncia e rifiuto nel diritto privato, Milano, Giuffrè, 1960.

[4] SANTORO-PASSARELLI, L'autonomia privata nel diritto di famiglia, Saggi, I, p. 381 ss.; CARRARO, I vizi del volere nell'adozione, Riv. dir. civ., 1943, p. 163 ss.

整财产法律关系[1]。直接涉及财产的法律行为可以根据部分重合的标准进行区分,标准包括是否涉及财产的分配、处分或负担,以及是否涉及财产的一般管理或特别管理(特别管理与财产处分不同)。

【增益法律行为】增益法律行为(negozi di attribuzione)是那些为某主体(无论该主体是否为该法律行为的当事人)带来经济利益的法律行为[2]。【处分法律行为】处分法律行为(negozi di disposizione)是导致法律行为当事人财产减损的法律行为,该处分可能伴随着某一主体财产的增加,也可能不存在他人财产的增加,比如抛弃这种弃权处分。【负担法律行为】负担法律行为(negozi di obbligazione)是指某主体获益并不对应他人财产的减损,而只是使后者承担一定的行为义务(参见第769条以对比)。

因此,所有负担法律行为都是增益法律行为,但不是所有增益法律行为都是处分法律行为;反过来说,也并非所有处分法律行为都是增益法律行为。

【生前的转让法律行为和死因的转移法律行为】具有增益性的处分法律行为包括生前(inter vivos)的转让法律行为(negozi di alienazione)——将权利转移给他人——以及严格意义上的死因(mortis causa)转移法律行为(negozi di trasmissione)。在后面这种法律行为中,处分是增益的关键(参见第19节)。

【一般管理行为和特别管理行为】区分一般管理与特别管理(无论上述管理构成法律行为还是非法律行为)的依据不是前述法律标准,而是行为中财产价值之高低的经济标准[3]。在这两种法律行为内部,其行为的法律性质各有不同,体现各个情形的多样性,因此这种分类并不具有统

[1] DOSSETTO, Contratto normativo, Noviss. Dig. it., IV, Torino, Utet. 1960, 663 ss.; MESSINEO, Comtratto normarivo e contratto tipo, Enc. dir., X, Milano, Giuffrè, 1962, 116 ss.

[2] NICOLO, Attribuzione patrimoniale, Enc. dir., IV, Milano, Giuffrè, 1959, 283 ss.

[3] MIRABELLI, I cd. atti di amministrazione, Scritti in onore di A. Scialoja, III, Bologna, Zanichelli, 1953, p. 351 ss.; NATOLI, In tema di limitazione dei poteri di amministratore di società, Banca borsa tit. cred., 1955, I, p. 357 ss.; Cass. 26 aprile 1960, Giust. civ., 1960, I, 1360; 9 agosto 1963, Foro it., 1963, I, 1627.

一性。

已经有人指出特别管理并不等同于处分,因为一些特别管理行为从技术意义上来说并不构成处分(比如取回本金),而一些一般管理行为却在技术意义上构成处分(比如孳息的转让)。考虑到上述区别及其适用的实用价值,可以认为一般管理行为大致包括对收入进行处分、对财产进行维护和收益的行为,特别管理行为则是除此以外的其他行为(此类情形包括第 320 条*,第 374 条,第 375 条**,第 394 条,第 424 条***,第 460 条第 2 款,第 486 条第 1 款,第 1572 条,第 1708 条)。

【管理行为和处分行为】不过,法律在其他一些情况下对管理行为和转让行为(或处分行为)进行区分时,管理行为的含义与上述有所不同。此时,管理行为指所有不涉及资产转让或处分的行为(包括第 52 条第 2 款,第 54 条,第 170 条第 1 款,第 173 条****,第 184 条****,第 185 条,第 187 条,第 529 条****,第 1108 条,第 1379 条)〔7〕。

上述对管理行为的不同界定对法律适用而言具有不同作用:一般管理行为指向行为能力、处分的能力或权能、转让的能力、承担债务的能力;特别管理行为确定的是增益的不同种类;管理行为规定的是禁止转让的情形(除上述条款外,还包括第 774 条,第 1425 条,第 1966 条,第 2029 条,第 2731 条,第 2737 条,第 2860 条,第 2883 条,第 2937 条第 1 款,第 2968 条;《破产法》第 31 条及以下,第 42 条)。

---

* 本法条被 1975 年 5 月 19 日第 151 号法律第 143 条替代。——译者注
** 根据 2022 年 10 月 10 日第 149 号立法法令第 1 条,本法条被废除。——译者注
*** 本法条被 2004 年 1 月 9 日第 6 号法律第 7 条替代。——译者注
**** 根据 1975 年 5 月 19 日第 151 号法律第 54 条,本法条被废除。——译者注
**** 本法条被 1975 年 5 月 19 日第 151 号法律第 63 条替代。——译者注
**** 本法条被 1998 年 2 月 19 日第 51 号立法法令第 144 条修改。——译者注

〔7〕 MENGONI e REALMONTE, Disposizione (atto di), Enc. dir., XIII, Milano, Giuffrè, 1964, 189 ss.

第五十节 生前法律行为和死因法律行为；唯一的死因法律行为：遗嘱处分；有偿行为和无偿行为；带有赠与性质的混合法律行为

关于法律行为的原因，我们必须对之前反复提及的生前法律行为和死因法律行为、有偿法律行为和无偿法律行为之间的区别进行讨论。以原因为标准对不同种类的契约进行区分，属于契约的理论范畴。

【生前法律行为和死因法律行为】第一种区分超越了财产法律行为的范畴，因为在我们看来必须承认存在一类非财产法律行为，尤其是死因的家庭法律行为。实际上，法律不仅规定了非财产处分可以采取遗嘱的形式(第587条第2款，第254条*，第285条第1款**，第338条***，第348条第1款****)，还规定这种处分自遗嘱人死亡时起即刻生效(第256条第1款，第285条****，第290条第2款****)且不会与财产性遗嘱一同撤销，这是死因法律行为的典型特点[1]。

【唯一的死因法律行为：遗嘱处分】现行法禁止约定继承，不论是对自己的继承约定继承人，还是对因继承他人或第三人而可能获得的权利进行约定和处分(第458条****)。现行法还通过法律规定赠与隐含地排除了死因赠与(donatio mortis causa)(第769条，第800条)——不过在罗

---

* 2013年12月28日第154号立法法令第25条对本条第1款做了文字上的修改，并废除了第2款。——译者注
** 根据2012年12月10日第219号法律第1条，本法条所在分节均被废除。——译者注
*** 根据1975年5月19日第151号法律第159条，本法条被废除。——译者注
**** 1981年11月24日第689号法律第146条对本条第1款做了文字上的修改。——译者注
**** 根据2012年12月10日第219号法律第1条，本法条所在分节均被废除。——译者注
**** 根据2012年12月10日第219号法律第1条，本法条所在分节均被废除。——译者注
[1] Salv. ROMANO, Appunti sulle disposizioni testamentarie attinenti al diritto di famiglia, Annali dell'Università di Perugia, 1932, p. 3 ss.; GIAMPICCOLO, Il contenuto atipico del testamento, Milano, Giuffrè, 1954, p. 10 ss.; Atto mortis causa, Enc. dir., IV, Milano, Giuffrè, 1959, 232 ss.
**** 本法条被2006年2月14日第55号法律第1条修改。——译者注

马法中,捐赠者生前可以撤销死因赠与[1]。因此,只有遗嘱处分才是死因(mortis causa)法律行为(第 587 条)[2]。在我们的法律中,唯一能够实现该功能的结构——行为人死亡后才能使财产法律关系或身份法律关系发生变动——是单方法律行为,死因法律行为始终是单方法律行为。

这一规则并无例外。所以,在我们的法律体系中,死因(mortis causa)法律行为和生前(inter vivos)法律行为相互对立,毕竟后者不具备死亡的原因。

附停止条件的赠与以"如果我死去(si moriar)"为条件,也就是捐赠人先于受赠人死亡的,该赠与不构成死因法律行为,因为是赠与产生了我们在附停止条件法律行为中看到的那种法律效果[3]。

约定取回权的赠与也不是死因法律行为(第 791 条,第 792 条),因为这种赠与受制于受赠人及其后代先于赠与人死亡这一解除性条件。

另外,以下两种情况也不构成死因法律行为,一是有利于第三方的契约,其中第三方的利益只有在缔约方死后才能实现;二是有利于第三方的人寿保险。在这两种情况中,即使有利于第三方的利益通常是可撤销的,即使第三方作出表示愿意获得该利益(也可以参考第 1922 条第 1 款),契约都立刻对第三方产生法律效力,因为"经过指定,第三方获得了针对该利益的权利",而且法律规定"如果第三方先于投保人去世,那么应当向第三方的继承人给付"(第 1412 条,第 1920 条,第 1921 条)。如果第三方因继承缔约方获得的只是要求给付的权利,就不会存在上述法律规定。这些权利归属和死因的权利归属的共同点在于可撤销性,但通常也

---

[1] SANTORO-PASSARELLI, Donazione per caso di morte e a causa di morte, Saggi, II, p. 849 ss.; TALASSANO, Variazioni sul tema della donazione «mortis causa», Giur. it., 1960, IV, 79 ss.; BIONDI, Donazione «mortis causa». Clausole di morte e liberalità atipica, Foro pad., 1964, 1, 393 ss.; Cass. 16 agosto 1963, Mass. Foro it., 1963, 665, 2327; 10 aprile 1964, Giust. civ., 1964, I, 1604.

[2] GANGI, La successione testamentaria, 2a ediz., Milano, Giuffrè, 1952(共两册)。

[3] 对于这种情形,即使法律行为附加了"若我先死(cum praemoriar)"的履行方式,也不会变成死因法律行为。Cass. 6 marzo 1950, Foro it., 1950, I, 385, con nota di SANTORO-PASSARELLI (Saggi, II, p. 853 ss.).

只在这一点上有共同点。如果承认可以以约定的方式指定继承人,那么可撤销性将不再是死因法律行为的基本特征,可撤销性也不足以作为死因法律行为的标志。

意思表示在生前法律行为和死因法律行为中所具有的价值前面已经提及(第31节),之后将作进一步讨论(第51节)。

【有偿行为和无偿行为】有偿行为和无偿行为之间的区别,只适用于财产归属的法律行为,而不包括放弃财产的法律行为[1]。

有偿行为是指一方增益(或具有增益的可能)的同时也负有义务(或具有承担义务的可能)。如果增益的同时并没有义务,则构成无偿法律行为。根据利益的获得和财产的减少是确定的抑或随机的,有偿法律行为分为等价法律行为(communitativi)和射幸法律行为(aleatori)。可以说射幸法律行为中交换的是风险[2]。当一方的给付与他方或多方的给付相互对应,也就是说每一给付都是另一给付的原因时(第1453条及以下条文),等价法律行为便构成双务法律行为[3]。等价法律行为这一类别包括互相交换的法律行为和结社性的法律行为,前者的原因是物或者服务的交换,后者的原因是为实现共同目的而进行活动,如投入财产或服务。

在无偿法律行为中,捐赠具有特殊的地位,因为它不仅在本质上是无

---

[1] MOSCO, Onerosità e gratuità degli atti giuridici, Milano, Vallardi, 1942; SARGENTI, Sul criterio di distinzione fra negozio oneroso e gratuito, Foro pad., 1946, I, 445 ss.; OPPO, Adempimento e liberalità, Giuffrè, 1947, specialmente pp. 25 ss., 291 ss.; Atti a titolo oneroso e contratti a prestazioni corrispettive, Temi, 1960, p. 86 ss.; Cass. 7 maggio 1955, Foro it., 1955, I, 804; 17 ottobre 1955, Mass. Foro it, 1955, 700, 3229.

[2] BOSELLI, Alea, Noviss. Dig. it., I, 1, Torino, Utet, 1957, 469 ss; NICOLÒ, Alea, Enc. dir., I, Milano, Giuffrè, 1958, 1024 ss.; PINO, Contratto aleatorio, contratto communtativo e alea, Riv. trim. dir. proc. civ., 1960, p. 1221 ss.; SCALFI, Considerazioni sui contratti aleatori, Riv. dir. civ., 1960, I, p. 135 ss.: Rischio e alea nel contratto di assicurazione, Assicurazioni, 1960, I, p. 236 ss.; GAMIBINO, L'assicurazione nella teoria dei contratti aleatori, Milano, Giuffrè, 1964; Cass. 7 aprile 1947, Giur. compl. Cass. civ., 1947, I, 98, con nota di CARIOTA – FERRARA; 17 giugno 1959, Mass. Foro it., 1959, 350, 1875.

[3] DE SIMONE, Il contratto con prestazioni corrispettive, Riv trim, dir, proc, civ., 1948, p. 23 ss.; SCALFI, Corrispettività ed alea nei contratti, Milano-Varese, Cisalpino, 1960; PINO, Il contratto con presta zioni corrispettive, Padova, Cedam, 1963.

偿的〔1〕,而且还向受赠人赋予某种具体的财产利益,也就是使受赠人有所增益(第769条)〔2〕。遗嘱无论是概括处分还是特殊处分均为无偿(指定继承人和受遗赠人,第587条,第588条),法定的遗产债务和负担并不会改变遗嘱制度的性质(第752条,第754条)。使用借贷(第1803条)也是无偿法律行为,不过它不是赠与,因为使用借贷并没有使借贷人增益。

无偿法律行为还包括寄托(第1767条中"推定寄托无偿"的表述是不恰当的,因为在不能推定的时候,对有偿寄托必须进行证明)和第三方担保协议(担保、不动产典质,质押或抵押,第1936条,第1960条,第2784条第1款,第2808条第2款;参见第2901条第2款)〔3〕。有偿法律行为则包括委任(第1709条在这里正确地使用了"被推定有偿"的表述)和借贷(第1815条第1款)。

【带有赠与性质的混合法律行为】如我们所见(第45节),被附加在无偿法律行为之上的负担并不会从本质上改变法律行为的原因(参见第797条),不过,在一些看上去是有偿法律行为的情形中,似乎同时存在无偿的原因和有偿的原因。这种法律行为被称为带有赠与性质的混合法律行为(negotium mixtum cum donatione),该行为分别适用有关无偿处分和有偿处分的法律规则(第809条第1款;具体适用参见第1923条第2款)〔4〕。

区分有偿法律行为和无偿法律行为至关重要,因为它们之间的法律规定存在明显区别(除了那些已经提到的法律规定,其他重要规定还有第

---

〔1〕 附带供养家庭负担的遗赠(比如家庭生活所需,嫁妆等)和报酬性赠与均是无偿法律行为(第774条)。关于此,参见 OPPO, Adempimento e liberalità, Padova, 1947, p. 162 ss。

〔2〕 RECUPERO, Remissione del debito e donazione liberatoria nel quadro della liberalità giuridica, Temi, 1955, p. 90 ss.

〔3〕 GAROPPO, Gratuità ed onerosità dei negozi di garanzia, Riv. trim. dir. proc. civ., 1961, p. 421 ss.

〔4〕 ASCARELLI, Contratto misto, negozio indiretto, «negotium mixium cum donatione», Studi in tema di contratti, Milano, Giuffrè, 1952, p. 79 ss.: DEJANA, La natura giuridica del «negotium mixtum cum donatione», Dir. e prat. comm., 1938, I, p. 133 ss.; RECUPERO, Natura giuridica del c. d. negozio misto con donazione, Temi, 1950, p. 166 ss.; SCALFI, Compravendita con intento di liberalità e rescissione, ivi, 1950, p. 370 ss.; BIONDI, Chiarimenti intorno al «n. m. c. d.» e alla donazione indiretta, Banca borsa tit. cred., 1960, I, p. 180 ss.; Negotium mixtum cum donatione, Giur. it, 1962, I, 1, 101 ss.; Cass. 22 giugno 1963, Giust. civ., 1963, I, 1812.

第四编 法律事实 181

17条*,第534条第2款,第781条,第797条,第798条,第1266条,第1371条第1款,第1445条,第1476条,第1710条第1款,第1768条第2款,第1804条,第1821条第2款,第1872条,第1875条,第1877条,第1881条,第2038条,第2901条;《破产法》第64条,第67条**,第70条***)。

第五十一节 法律行为的解释;解释性规则的本质和适用对象;在信赖和解释方面表现的法律行为多样性;生前法律行为的解释;解释的主要标准:他人的信赖;对法律行为的补足;从内部解释法律行为;从外部解释法律行为;对死因法律行为的解释;基本的解释规则:探究行为人的意思

【法律行为的解释】我们已经分析了法律行为的构成要素和类型,法律行为就像是人类思想的表达,因此还涉及法律行为的解释[1]。在该部

---

　　* 根据1997年5月15日第127号法律第13条,本法条被废除。——译者注
　　** 本法条被2005年3月14日第35号临时性法令修改,后经2005年5月14日第80号法律转化为正式法律。——译者注
　　*** 本法条被2005年3月14日第35号临时性法令第2条b项替代。——译者注
　　〔1〕 MESSINA, Interpretazione dei contratti, Scritti giuridici, V, Milano, Giuffrè, 1948, p. 153 ss.; GRASSETTI, L'interpretazione del negozio giuridico, Padova, Cedam, 1938; Interpretazione dei negozi giu ridici «inter vivos» (diritto civile), Noviss. Dig. it., VIII, Torino, Utet, 1962, 903 ss.; OPPO, Profili dell'interpretazione oggettiva del negozio giuridico, Bologna, Zanichelli, 1943; BETTI, Interpretazione della legge e degli atti giuridici, Milano, Giuffrè, 1949, p. 273 ss.; Mosco, Principi sull'interpretazione dei negozi giuridici, Napoli, Jovene, 1952; M. S. GIANNINI, L'interpretazione dell'atto amministrativo e la teoria giuridica generale dell'interpretazione, Milano, Giuffrè, 1941, spec. p. 137 ss.; GORLA, L'interpretazione del diritto, Milano, Giuffrè, 1941. p. 69 ss.; Sacco, Il concetto di interpretazione del diritto, Torino, Ist. giur., s. d. (1947), p. 148 ss.; CASELIA, 11 contratto e l'interpretazione. Contributo a una ricerca di diritto positivo, Milano, Giuffrè, 1961; SCALFI, La qualificazione dei contratti nell'interpretazione, Milano, Varese, Cisalpino, 1962; CARRESI, L'interpretazione del contratto, Riv. trim. dir. proc. civ., 1964, p. 552 ss.; SCHLESINGER, Interpretazione del contratto e principio dispositivo, Temi, 1963, p. 1135 ss.

分,要从表达中推断表意人的意思。

解释法律行为,可以理解为寻找旨在产生法律效力的行为的含义,不论该行为的内容多么简单,对法律含义的探寻总是必要的。任何类型的法律行为都需要解释,无论该法律行为是由一个或多个表示构成,还是由实践构成。

毫无疑问,法律行为中最重要的是,表示使行为人的意思为其他各方所知,只有这样,行为人的意思才能产生法律效力。因此,对意思陈述的法律行为进行解释显得尤为重要。撇开所有那些会使研究变得复杂的考量因素——就和我们在确定意思和表示之间关系时的做法一样(第31节)——我们来尝试着确定解释的基本规则(当然,意思和表示之间的关系与此处要讨论的话题紧密相关)。

【解释性规则的本质和适用对象】必须说明,根据扩张规则(第1324条)——我们已经指明了它的意义(第26节)——针对契约的解释性规则原则上也适用于其他法律行为。解释性规则是真正意义上的法律命令,旨在实现在立法者看来最恰当的目的(尤其参见第1366条、第1367条,第1370条,第1371条,第625条,第628条),而不只是单纯的逻辑或经验规则。

解释性规则直接指向法官,法官在解释法律行为时必须遵守这些规则。不过,解释性规则也对法律行为当事人产生间接的作用,即当事人可以为了自己的利益,根据解释性规则推断出本人在履行和订立契约时的行为标准。

【在信赖和解释方面表现的法律行为多样性】在确定解释性规则的标准时需要考虑不同情况,也就是之前强调的旨在产生法律效果的表示使他人形成信赖的不同情况。

不同的情况包括:表示之前是否进行协商谈判;表示是否单独构成法律行为或者必须与他方表示相结合才能形成法律行为;表示是否指向目前或将来的某个确定的对象,还是指向不确定的对象;表示是否必须以郑重的形式进行;表示对他人财产有增益还是有减损;表示是为了解决利益冲突还是主要为了保护表意人的利益。毫无疑问,进行解释时必须要对所有这些差异予以考虑,法律解释性规则中的某些概括性条款也已经考虑到这些不同情况,但是(我们即将看到)法律只对上述中的部分情况进行具体规定,也只对生前(inter vivos)法律行为和死因(mortis causa)法律行为进行解释标准的基本区分。

【生前法律行为的解释】生前法律行为,无论行为人的数量如何,表示决定了他人信赖的产生,而这一信赖又决定了对法律行为的解释。

《民法典》对此也有提及,并明确规定了一条对在世之人所作的任何表示进行解释时都能适用的规则,即无论表示的内容对法官和当事人来说是否确定,对法律行为都"应当根据诚实信用进行解释"(第1366条)[1]。这就是上文提到的那种概括性条款。该条款要求以诚实信用为考量来判断行为人和他人的行为[2],所以在解释时既要考虑到他人对此形成的信赖,又要考虑到表意人的合理期待,即表意人的意思能够按照表达被如实地理解且无曲解。

【解释的主要标准:他人的信赖】不过,根据上述规定,需要强调的是,如果表示的含义并不是受领人或与该表示相关的第三方根据其内容所理解的含义,那么就不能按照表意人的意思进行理解(参见下面的第52节)。

他人的信赖对解释生前(inter vivos)所作的表示具有决定性作用,这说明"应当客观地解释表示"这一说法并不准确。不过,法律所保护的信赖应当是无过失的信赖[3],就像讨论意思和表示之间的关系时提到的那样,该信赖形成于他人意思作出的各种能够被识别的表示,并且形成该信赖并不以对方或相关第三人对表示的理解为基础,而是以该表示的一般意义为基础。因此,对他人的信赖这一主观要素的关注始终是必要的。如果缺乏对这一要素的关注,就会违背表示强于意思的规则,尽管受领人

---

〔1〕 Cass. 2 aprile 1947, Giur. compl. Cass. civ., 1947, II, 365, con nota di RUBINO, Sui limiti dell'interpretazione dei contratti secondo buona fede.

〔2〕 SACCO, La buona fede nella teoria dei fatti giuridici di diritto privato, Torino, Ist. giur., s.d. (1949), p. 12 ss.

〔3〕 Cass. 7 luglio 1950, Giur, compi. Cass. civ., 1950, II, 308; 29 aprile e 20 giugno 1961, Mass. Foro it., 1961, rispettivam. 248, 997 e 371, 1475.

或者相关人也可以通过表示之外的其他方式去了解表意人的意思,或者他们已经知晓了表意人的意思。

【对法律行为的补足】根据诚实信用解释法律行为的规则与根据诚实信用履行法律行为的规则有所不同(第1375条),尽管后者所规定的诚实信用也是对本人和他人行为进行评价的标准。第1374条和第1376条表明,法律行为除了根据约定产生法律结果外,还可以"根据法律或没有法律时根据习惯或公平"(第1374条)产生结果。可见,这两个规定对法律行为具有补充功能,而不是解释功能。它们不是为了重构法律行为的意思,而倾向于补充旨在产生法律效果的意思,因为有时解释也不能使意思变得完整(另参见第1340条,第688条第2款)。法律通过不同的法律规定,尤其是那些涉及诚实信用原则、习惯或公平的规则,补足了意思自治[1]。

通过在法律解释之后对法律行为进行补充,法律可以继续保护意思自治。但有时候在对法律行为进行解释之前,就已经对法律行为补充私人意思。例如,通过专门的补充规则,在不违背当事人意愿的情况下,惯例条款被认为是契约的内容(第1340条)(参见第52节尾部)。

【从内部解释法律行为】想要通过解释以明确旨在产生法律效果的意思,首先需要从表示入手,不能只停留在孤立的词语、句子或条款的字面意义上,而是要从整体进行判断,从而正确理解普遍的表达和示例性的说明(第1362条第1款,第1363条,第1364条,第1365条)。不过,不能就此认为只要对表示进行解释就能确定行为人的意思。前面已经说过,对意思进行表达才是关键,表示只不过是最明显和最具特征的表达方式。而且表示的特征和含义取决于作出表示时的情况(参见第28、29节),该情况可以与表示同时产生,也可以在作出表示之前或之后产生,只要它们

---

[1] ASQUINI, Usi legali e usi negoziali, Riv. dir. comm. , 1944, I, p. 71 ss. : MORI-CHECCUCCI, Gli usi normativi come fattispecie, Genova, Pagano, 1948; FORMIGGINI, Gli usi commerciali e il codice civile, Pubbl. Univ. Modena, 1949; M. LONGO, Introduzione allo studio degli usi giuridici in campo privatistico, Temi, 1949, p. 524; A. SCIALOJA, Natura ed efficacia dei cd. usi cotonieri, Foro it. , 1950, I, 364 ss. ; GENOVESE, Gli usi nella disciplina dei contratti commerciali, Riv. trim. dir. proc. civ. 1950, p. 368 ss. : Usi negoziali e loro interpretazione, Giur. it. , 1959, I, 1, 1365 ss.

是在法律行为过程(iter)中产生,并且为表示的受领方所识别,那么它们对解释而言就具有重要意义[1]。除非该法律行为是要式法律行为,因为以规定形式作出表示是法律唯一认可的意思表达方式。对其他法律行为而言,表示所处环境的重要性能从法律条款中推论出来,尽管该条款(第1362条)错误地认为只在契约解释时可以适用。

上述用于解释私法自治行为的条款(也包括前面提到的第1362条前后的其他条款)与有关法律解释的法律规定(《民法典》序编第12条第1款)仅存在部分重合,因为后者只是从客观层面进行解释。

第1362条包含两条规则,一个是条文明确规定的,该规则适用范围较窄,只适用于契约;另一个则暗含在上一条规则中,适用于所有非要式法律行为。被明文规定的规则要求在确定缔约的表示时,不能局限于对语言字面意思的探究,还要结合双方当事人的全部行为来确定当事人的意愿,契约成立前(尤其是磋商阶段)[2]和成立后的行为均包括在内[3]。从明文规定的规则当中可以推断出另一条更为宽泛的规则,即要求在确定旨在产生法律效果的表示时,应当考虑作出表示时的情形,以确保行为人可识别的认知与其表示彼此一致。

因此,第二条规定较前者内容更广泛和更具弹性,但该规则仍是在利用法律行为的解释方法以重构旨在产生法律效果的意思范围。

【从外部解释法律行为】但如果意思表达含糊不清或不确定,则很难按照上述方法对法律行为进行解释。在遵循确定意思自治的一般方式和诚实善良原则之外,法律规定的解释规则还要力求实现立法者追求的具体目的[4]。

---

[1] CARIOTA‐FERRARA, Lettera e spirito del negozio giuridico. Giut. comp. dir. civ., 1944, p. 67 ss.; CARRESI, Apparenza e realtà del contratto, Riv. trim. dir. proc. civ., 1963, p. 479 ss.

[2] Cass. 29 luglio 1954, Mass. Foro it., 1959, 460, 2438.

[3] Cass. 30 aprile 1953, Giust. civ., 1953, 1503; 26 febbraio 1958, Mass. Foro it., 1958, 127, 648; 15 dicembre 1960, Giur. it., 1961, I, 1, 1068; 19 agosto 1961, Mass. Foro it., 1961, 510, 1982.

[4] Cass. 29 settembre 1460, Rep. Foro it., 1960, obbl. e contr., 181.

进行法律解释时应当适用法律行为保留原则(参见第31节),要在契约或个别条款可产生法律效力的范围内进行解释,而非将其解释为无任何效力(第1367条)[1]。模棱两可的条款要根据契约缔结地的一般惯例进行解释(第1368条)[2]。对于具有多重意思的表达,则应以更符合契约通常意图、原因或目的的意思进行解释(第1369条)。秉承传统原则"对条款提出者不利的解释(interpretario contra stipolatorem)",法律规定如果契约条款由某一缔约方约定,那么在对这些条款进行解释时应当作出不利于这一方主体利益的解释(第1370条)。还要采用的辅助解释规则是,如果契约是无偿的,那么应当作出使债务方负担较轻的解释(也来源于上述传统原则),但如果契约是有偿的,那么应当"作出使双方当事人的利益得到公平实现的"解释(第1371条第1款)。

如果契约条款由缔约一方约定或者由其所拟定,那么将该条款纳入契约时必然会受到法律的各种限制(参见第46节)。其中较为特殊的解释规则是,如果契约中还有与上述条款相矛盾的附加条款,根据诚实信用原则,附加条款应优先适用(第1341条,第1342条)[3]。

【对死因法律行为的解释】根据我们多次提及的扩张规则(第1324

---

[1] GRASSETTI, Conservazione (principio di), Enc. dir., IX, Milano, Giuffrè, 1961, 173 ss.; Cass. 6 febbraio 1962, Mass. Foro it., 1962, 65, 229; 21 marzo e 25 ottobre 1963, ivi, 1963, rispettivam. 193, 680 e 808, 2823.

[2] PINELLI, In tema di «consuetudine interpretativa», Foro it. 1959, I, 1970 ss.; Cass. 17 giugno, 7 agosto e 20 ottobre 1964, Mass. Foro it., 1964, rispettivam. 399, 1533; 606, 2259 e 706, 2632.

[3] A. GIORDANO, I contratti per adesione, Milano, Giuffrè, 1951; DOSSETTO, Le condizioni generali di contratto ed i contratti conclusi mediante moduli o formulari, Padova, Cedam, 1951; Condizioni generali del contratto, Noviss. Dig. it., III, Torino, Utet, 1959, 1109 ss.; Contratto per adesione, ivi, IV, 1959, 535 ss.; GENOVESE, Le condizioni generali di contratto, Padova, Cedam, 1954, e sullo stesso MAJELLO, Riv. dir. civ., 1956, p. 149 ss.; Condizioni generali di contratto, Enc. dir., VIII, Milano, Giuffrè, 1961, 802 ss.; Contratto di adesione, ivi, X, Milano, Giuffrè, 1962, 1 ss.; SCOGNAMIGLIO, I contratti per adesione e l'art. 1431 del codice civile, Banca borsa tit. cred., 1954, I, p. 776 ss.; CAPOBIANCO, Giurisprudenza consolidata sugli articoli 1341-1342 c. c., ivi 1960, I, p. 117 ss.; GORLA, Condizioni generali di contratto e contratti conclusi mediante formulari nel diritto italiano, Riv. dir. comm. 1963, I, p. 108 ss.; Cass. 28 luglio 1962, Ass., 1962, II, 245, con nota di DUSI, Un caso nuovo di applicazione dell'art. 1341 cod. civile.

条),上述解释规则也适用于死因(mortis causa)法律行为,不过只限于那些与遗嘱的性质和原因相符的解释规则。毕竟这种表示的单方性、郑重性以及它所具有的特殊功能决定了解释规则的适用范围[1]。准确地说,适用于遗嘱的法律规定是《民法典》第1362条(该条款规定对解释不应局限于字面意思)、第1363-1365条、第1367条和第1371条第1款。

根据诚实信用原则(第1366条)设计的解释规则以及法律为该原则的具体解释标准而作出的特别规定(第1368条、第1369条),不适用于遗嘱,因为遗嘱并不以使他人产生信赖为目的[2]。

死因处分是一种出于单方意思的行为,是遗嘱人对其死后利益之归属进行的处分,旨在安排与其有关的权利和义务,在其本人死亡后产生法律效力。如果遗嘱处分的是财产,如前所述(第49节),遗嘱处分发生效力的时间要早于财产分配的时间。鉴于遗嘱处分的优先性——而不是出于遗赠的无偿性——不会认为受遗赠方对遗嘱处分产生了信赖(这一点与在世之人可以对另一个在世之人作出的表示产生信赖不同)。正是基于这种差别,我们强调应当剔除遗嘱中的错误必须具有可识别性这一要求(第35节)。

【基本的解释规则:探究行为人的意思】死因法律行为与生前法律行为解释规则的另一个区别是,对前者而言,应当从遗赠方而非受遗赠方所理解的含义进行解释,当然前提是不与以郑重形式作出的遗嘱文本内容相抵触。

这一区别直接或间接地体现在《民法典》法律行为解释的相关规则中。

第588条第1-2款规定了概括处分和特殊处分,但这两种处分不适用基本的解释规则。法律通过承认可以概括处分的方式转让特定财产,而确定了两种处分类型和原因。私主体的意思对于二者的区分不起

---

〔1〕 RESCIGNO, Interpretazione del testamento, Napoli, Jovene, 1952; Il «progetto» di testamento, Foro it., I, 1954, I, 1243 ss.; GRASSETTI, Interpretazione dei negozi giuridici a mortis causa» (diritto civile). Noviss. Dig. it., VIII, Torino, Utet, 1962, 907 ss.; Cass. 20 gennaio 1964, Foro it., 1964, I, 1019.

〔2〕 与之不同的观点,参见 Cass. 8 giugno 1955, Mass. Foro it, 1955, 300, 1770。

任何作用。该条文中唯一一处与第 1362 条第一款相对应的解释性规则,规定了遗嘱人使用的表达方式或称呼对遗嘱类型的确定没有影响。

法律规定,如果受遗赠人主体无法确定,那么遗嘱处分无效(第 628 条);该规定也可以适用于标的物无法确定的情形。从该规定中可以推断出从表示探究遗嘱人意思的必要性。另外,也可以反过来推断出,在确定受遗赠人和遗赠标的物时,对遗嘱处分进行解释是以表示为基础,同时借助表示以外的其他参考因素[1]。虚假表述(falsa demonstratio)的法律规定可以证实该推断。在其他法律行为中构成有关主体资格或标的物的障碍性错误的,在遗嘱中这种虚假表述可以被消除(参见第 36 节)。因此,"根据遗嘱内容,或者遗嘱清楚地表明遗嘱人希望指定的继承人的"或者"可以确定遗嘱人希望指定的物品的"(第 625 条),该遗嘱有效。

此外,"有利于遗嘱(favor testamenti)"原则是法律行为保留原则中的重要解释规则,其表现为对遗嘱人意愿的尊重[2]。对该原则的适用,不仅不违背遗嘱表示,甚至超越了遗嘱声明的表述(另见第 688 条第 2 款)。

第五十二节 法律行为的效力;作用于双方当事人的法律效力、法律行为不对第三人产生效力;对第三方的行为作出允诺;有利于第三人的契约;法律效力作用于实质当事人;作用于第三人的反射法律效力;具有债权效果和物权效果之法律行为的反射效力;法律行为的直接效力;必要的效力;惯常的效力;非常规的效力

【法律行为的效力】法律行为的效力与法律行为的解释密切相关。原

---

[1] Cass, 5 marzo 1955, Giur. it., 1956, I, 1, 446, con nota di P. TRIMARCHI, Interpretazione del testamento mediante elementi a esso estranei; Cass. 16 maggio 1962, Mass. Foro it., 1962, 333, 1063; 27 morvembre 1963, ivi, 1963, 862, 3049; 20 gennaio 1964, Giur. it, I, 1, 1338.

[2] DE CUPIS, Il principio di conservazione nell'interpretazione dei stamenti, Dir. e giur., 1947, p. 81 ss.; Cass. 10 agosto 1963, Giust. civ 1963, I, 2316.

因在于,通过解释的主要作用和补充的次要作用,法律行为所追求的实际意图得以明确,法律行为的效力也得以确定[1]。正是在讨论法律行为的解释时,我们阐述了有关补足法律行为效力的法律规定(第 1374 条、第 1375 条)。

【作用于双方当事人的法律效力、法律行为不对第三人产生效力】法律行为作为一种意思自治的行为,对行为人有"法的效力",但它只能对法律行为的双方产生效力,而不能对第三方产生效力(第 1372 条)[2]。该规则适用于所有法律行为,在其含义范围内没有例外。

无论是单边、双边还是多边法律行为,在任何情况下都不得干涉与该法律行为无关的其他主体的法律领域,也不得通过增加权利或减少义务的方式使法律行为适用于该主体。即使是对该主体作出有利变更且不需要他作为法律行为的当事人——比如赠与(第 782 条)——法律也规定该主体必须另外作出一个单独的法律行为。通过这个单独的法律行为,比如接受继承(第 459 条),前述的有利变更才会对其产生效力,该主体也可以通过以下法律行为拒绝该有利变更对其产生效力,即放弃遗产(第 649 条第 1 款)、(在一定时间内)作出不希望通过债务免除获益的表示(第 1236 条)、作出不希望从有利于第三方的契约中获益的表示(第 1411 条第 3 款、第 1411 条第 2 款、第 1412 条)。

单方作出的放弃行为单独就能产生符合行为人意思的法律效力,因为该行为不会对他人的法律事宜产生影响或者只是间接地产生影响。

综上,只有在"法律规定的情形下",法律行为才会对第三方产生效力(第 1372 条第 2 款)[3]。

【对第三方的行为作出允诺】由于法律行为只在双方之间(inter partes)产生法律效力,尤其是不会对第三方利益造成损害,因此,对第

---

[1] CARRESI, Gli effetti del contratto, Riv. trim. dir. proc. civ., 1958, 488 ss.

[2] RESCIGNO, Il principio di eguaglianza nel diritto privato, Riv. trim. dir. proc. civ., 1959, p. 1515 ss.; MESSINEO, Contratto nei rapporti terzo, Enc. dir., X, Milano, Giuffrè, 1962, 196 ss.

[3] Cass. 22 febbraio 1963, Giust. civ., 1963, I, 1059.

三人承担债务或实施行为作出承诺的人,在第三人拒绝履行债务或者未完成其行为时,承诺人有义务承担赔偿责任(第 1381 条)[1]。

【有利于第三人的契约】在法律行为可以对第三人产生效力的限度内,只要缔约人对此具有利益,那么有利于第三人的契约可以使第三人获得对抗承诺人的权利(这是长期历史演变的结果)。当然,第三人可以拒绝获得该利益,缔约人也可以在第三人作出拒绝获益的表示之前撤销法律行为,此时该利益仍为缔约人所有(第 1411 条;参见第 1312 条、第 1920-1923 条)[2]。

【法律效力作用于实质当事人】法律行为不对其产生效力的第三人不包括以其名义或者代表其利益缔结契结的第三人。所谓第三人,是相对于旨在产生法律效果的活动而言,就法律效力而言,他们其实是法律行为的当事人,而不是第三人。参与契约缔结的当事人,被称为形式的当事人;法律效力对其产生作用的当事人,则被称为实质的当事人。

【作用于第三人的反射法律效力】不能作用于第三人的法律行为效力指的是直接效力,而不是反射效力。反射法律效力的可能性和多样性在附属法律关系(第 18 节)、法律关系对第三方的意义及其相对性(第 19 节尾部),以及虚假行为(第 33 节)部分已有所论述。因此,只要法律行为成立、变更或消灭法律关系,它就会对第三人产生一定影响,会产生法律行为的反射法律效果。由此衍生出除意思表示相对方外,相关第三方对法律行为信赖保护的重要性。

---

[1] Cass. 7 aprile 1960, Giur. it., 1961, I, 1, 187, con nota di SCALFI; 22 aprile 1964, Mass. Foro it., 1964, 242, 961.

[2] PACCHIONI, Il contratto a favore di terzi, Padova, Cedam, 1933; Dei contratti a favore di terzo, Riv. dir. priv., 1940, p. 281 ss.; SANTORO-PASSARELLI, Donazione, riserva di usufrutto e contratto a favore di terzi, Riv. dir. civ., 1940, p. 189 ss.; GORLA, Contratto a favore di terzi e nudo patto, Riv. dir. civ., 1959, I, p. 585 ss.; CARIOTA - FERARRA, Diritti potestativi, rappresentanza, contratto a favore di terzi, Riv. dir. civ., 1960, I, p. 351 ss.; MAJELLO, L'interesse dello stipulante nel contratto a favore di terzi, Napoli, Jovene, 1962; GIRINO, Studi in tema di stipulazione a favore di terzi, Milano, Giuffrè, 1965; Cass. 5 luglio 1952, Giur. it., 1953, I, 1, 438, con nota di SANTINI; 23 gennaio 1962, Mass. Foro it., 1962, 20, 102; 9 maggio 1964, Foro it., 1964, I, 916; 11 giugno 1964, Giust. civ., 1965, I, 175.

基于这种反射效力,法律规定了法律行为和其他行为的公示制度。反射效力在公示制度中有着重要的地位。公示可以采用登记的方式(尤其对财产法律行为而言)作出,比如登记和注册,也可以采用通知的方式作出,甚至以创造某事实状态的方式作出,比如占有或丧失占有。

【具有债权效果和物权效果之法律行为的反射效力】在当事人之间形成或变更债权关系的法律行为,即具有债权效果的法律行为,也可以具备反射效力,债权人对债务人权利的代位行使(第 2900 条)以及债权人要求撤销欺诈行为(第 2901 条及以下条文)就是证据。

不过,最与第三人相关的是那些具有直接处分效力的法律行为(第 28 节开头),这种法律行为变更了第三人对某物权或其他权利的所有或处分。这种法律行为范围广泛,除了债务放弃或者免除外,还有创设物权、转移物权和其他权利的契约。法律将这些统称为具有物权效果的契约。物权效力意味着权利在双方当事人之间转让,同时也对第三人发生效力(第 1376-1378 条;另参见 1379 条、第 1260 条第 2 款)。具有物权效果的法律行为尤其要遵守上述公示的规定(尤其参见第 2643 条、第 2644 条、第 2684 条、第 2808 条第 2 款、第 1264 条、第 1265 条、第 1407 条、第 1153 条、第 2786 条;以及第 2643 条第 8 项、第 1155 条、第 1380 条)[1]。

【法律行为的直接效力】法律行为在当事人之间或者仅对行为人一方产生的效力比较多样,不仅产生效力的方式多样(比如效力可以是初步的或最终的,可以是确定的或待定的,可以具有明确期限或不具有确定期限,可以是即时的、连续的或定期的,可以是即刻发生的、延迟发生的或具有溯及力的),效力的内容也可以各有不同(因契约的原因而发生变化)。

不过,可以对作用于法律行为当事人的效力进行一般性区分。

【必要的效力】有些效力是法律行为必须具备的,因此绝对会产生。通过该效力,法律行为的原因得以实现,法律行为所追求实现的意图也得以达成。改变该效力,就等于改变法律行为的性质。

【惯常的效力】有些效力只是刚好符合旨在产生法律效果的意图,只

---

[1] 有关第 1380 条,参见 Cass. 29 aprile 1960, Mass. Foro it.. 1960, 215, 955。

要没有被当事人明确排除,这些效力便会根据法律的规定产生。这种效力被称为法律行为的惯常效力。过去,该效力被认为是法律行为的惯常要素,是法律行为要素三分法中基本要素、惯常要素和偶然要素中的一类。实际上,并不能将这种极其常见的效力归因于私人意志,因为后者完全可以将其排除;该效力产生自体现普遍意思的补充规则,如同自然要素——如果确实需要界定——指的就是那些惯例条款(第1340条)(参见第51节)。

在买卖和其他有偿转让中,存在一个重要的惯常效力,也就是对追夺和隐蔽缺陷的保证(第1476条第3项、第1487条、第1490条、第1553条、第1555条;也参见第1266条)。现行法典中普遍适用的其他惯常效力,还包括委托中的报酬义务(第1709条)和抵押贷款的利息义务(第1815条第1款)。

【非常规的效力】有时,由于客体的特殊性质,一些法律行为无法产生典型的效力,而只能产生一种不同于前者的效力。我们将这种法律行为称为具有不规则效力的法律行为,或者更简单地称为不规则法律行为。在这种法律行为中,其标的物和效力的不同会对原因产生影响。比如法律行为的标的物是可替代物或可消耗物时,转让该物的所有权后产生的是返还种类(tantundem)的义务,而不是返还同一物(eadem res)的义务(第182条第1款、第995条、第1640条第3款、第1782条、第1851条)(参见第12节)[1]。

第五十三节 法律行为不生效;法律行为不成立;法律行为无效;普遍错误并不作为例外;法律行为不被承认

【法律行为不生效】如果法律行为不存在或者法律行为无效,那么法

---

[1] DE SIMONE, I negozi irregolari, Napoli, Jovene, 1952; MARTORANO, Cauzione e pegno irregolare, Riv. dir. comm., 1960, 1, p. 94 ss.; SIMONETTO, Deposito irregolare, Noviss. Dig. it., V, Torino, Utet, 1960, 528 ss.; MESSINEO, Contratto irregolare (di fatto) e ad effetto irrego lare, Enc. dir., X, Milano, Giuffrè, 1962, 111 ss.

律行为的效力不会产生;有时,即使法律行为已经成立或者有效,但某种情况(即法律行为之外的事实)却阻碍法律行为生效或者使法律行为不生效。照此看来,法律行为不存在和无效构成法律行为不生效的部分原因,其他导致法律行为不生效的原因,以法律行为存在且与效力相容为前提[1]。

首先需要明确法律行为不存在和无效的概念。相较于这两个概念,不生效只是一种结果,不像有效法律行为那样具有独立价值,能够以各种方式保护不同利益[2]。明确这两个概念并不简单。关键性的一点是要知道,认识概念不能基于纯粹的逻辑论证,而要以实在法为基础,也就是根据法律体系的逻辑进行。在确定法律行为无效及引起无效的各种情形时,该法律体系还会受到经常提及的法律行为保留原则的影响[3]。

从理论上讲,缺少法律行为之任一构成要素或法定具体要求,或是缺少主体要求或客体要求,都会导致法律行为不成立或无效。但在实际情况中,法律在这一方面采取了非常谨慎的态度,有时候是隐晦地承认法律行为不成立,有时虽然确定法律行为无效,但同时区分无效的不同程度,有时只规定法律行为不生效,有时则只会对不规范的法律行为处以罚款(第140条)。

【法律行为不成立】法律行为不成立(inesistenza)不能被归入法律行为无效(invalidità)的范畴,因为只有已经成立的法律行为才存在有效或无效的情况。不过问题在于,我国法律是否承认不成立的法律行为这一概念,以及应该怎样将其与无效的法律行为相区分。我们认为应当承认法律行为不成立的概念。法律对比未作规定不是反对这一观点的理

---

〔1〕 A. FEDELE, L'invalidità del negozio di diritto privato, Torino, Ist. giur., s. d. (1943); S. TONDO, Invalidità e inefficacia del negozio giuridico, Noviss. Dig. it., VIII, Torino, Utet, 1962, 995 ss.

〔2〕 Contro la distinzione tra nullità e inefficacia Cass. 7 maggio 1948, Foro it., 1948, I, 1129, con nota critica di SANTORO-PASSARELLI, Foro it., 1949, I, 40. Diversamente Cass. 29 luglio 1950, Foro it., 1950, 1, 993.

〔3〕 G. B. FUNAJOLI, Invalidità della volontà negoziale e conservazione del negozio giuridico, Nuova riv. dir. comm., 1, 1947-48, II, p. 215 ss. GRASSETTI, Conservazione (principio di), Enc. dir., IX, Milano, Giuffrè, 1961, 173 ss.

由,因为法律的一些条款只有通过——不成立的法律行为才能解释狭义无效的法律行为(negozio nullo)*,但有时狭义无效的法律行为也无法解释部分条款[1]。

法律之所以没有对不成立的法律行为进行规定,是因为不需要一条法律规范专门规定不成立的法律行为不生效。法律行为不成立的概念的确很难界定,因为法律最多只从欠缺法律行为构成要素或具体要求中推论出作为法律行为"最严重"的无效情形,是因欠缺要素而无效的法律行为(后文将对此进行阐述)。但我们认为,必须对以下两种情况进行区分:一种是虽然缺少某构成要素或具体要求,但仍然能够识别该法律行为,这样的欠缺导致法律行为无效;另一种是缺乏某构成要素或具体要求导致无法识别该法律行为,这样的欠缺导致法律行为不成立。当欠缺严重到无法认定某个事实是否构成特定的法律行为的程度时,识别便无可能[2]。

如果上述所说便是法律行为不成立的概念,那么撇开那些事实当然不存在且不存在利益的情况,该概念也很难适用于具体情形。因此,只能说对这一概念的适用因法律行为性质的差异而各有不同。在此,我们可以举一个有典型意义的例子。法律规定了遗嘱在缺少哪些形式要素的情况下构成无效或可撤销(第606条),同时法律也尽可能少地规定要素的

---

* 意大利民法将导致法律行为无效(invalidità)的理由分为两大类:一类是要素欠缺,法律有规定的原因、动机和附履行方式不法,附履行方式不能,欠缺一个可能、合法、确定或可确定的标的,主体缺少特定法律行为所要求的行为能力时;另一类是主体无能力和意思瑕疵。前者被称为nullità 或者negozio nullo, 后者被称为annulabilità 或者negozio annullabile。为了与法律行为无效(invalidità)相区分,译者将nullità 或者negozio nullo 翻译为"狭义无效的法律行为"。——译者注

[1] DE VALLES, Un concetto errato: gli atti «giuridicamente inesistenti», Foro it., 1953, I, 505 ss.; ASCARELLI, Sul concetto del titolo di credito, Saggi di diritto commerciale, Milano, Giuffrè, 1955, p. 572 ss. (in nota); Inesistenza e nullità, Problemi giuridici, Milano, Giuffrè, 1959, I, p. 225 ss.; CARNELUTTI, Inesistenza dell'atto giuridico?, Riv. dir. proc., 1955, I, p. 208 ss.; S. SATTA, Sull'inesistenza degli atti processuali, Riv. trim. dir. proc. civ., 1956, p. 337 ss.; FERARI, Inesistenza e nullità del negozio giuridico, Riv. trim. dir. proc. civ., 1958, p. 514 ss.; Cass. 30 marzo 1963, Giur. it., 1964, I, 1, 345.

[2] Cass. 30 gennaio 1960, Giust. civ., 1960, I, 2180.

具体要求,以便在具体情形中根据遗嘱的原生要式性使遗嘱获得承认。不过,如果遗嘱完全没有采用郑重的形式,比如遗嘱只是以口头方式作出,那么根据法律的规定,该遗嘱尚不成立。

前述提及的对无效法律行为发生反射效力的法律规定,并不能适用于不成立的法律行为。因此,区分不成立的法律行为和狭义无效的法律行为具有实践意义。狭义无效的法律行为会对第三人产生效力,可以从无效遗嘱和无效赠与的例外规定(第590条、第799条)中找到依据,因为该例外规定指向狭义无效的法律行为而非不成立的法律行为。

此外,对家事法中的某些法律行为而言(特别是婚姻),法律行为不成立具有特殊意义,因为只有该法律行为不成立才能阻止其产生效力。如果该法律行为只是无效,其效力仍然会产生,尽管之后该效力会因为法律行为无效而消灭。对于这种法律行为,似乎无法否认的是,一方面狭义无效法律行为可能会被降等为可撤销的法律行为;另一方面,如果缺少某要素导致法律行为无法被识别,例如没有仪式的婚姻,此时本该无效的法律行为会变成不成立的法律行为[1]。

如果法律行为已经成立,那么不是任何一个构成要素和具体要求的缺少或瑕疵都会导致法律行为无效。

【法律行为无效】从无效性的一般法律规范(第1418条、第1425条及以下条文)中可以看出,法律根据法律行为构成要素规定了法律行为无效的情形:缺少作为典型法律行为构成要素的意思、形式、原因;原因不法,或者是作为具体法律行为附加构成要素的动机和履行方式不法(前提是动机和履行方式具有法律上的重要性);履行方式不能;法律行为客体或主体不满足法律规定的条件;法律行为意思有

---

[1] COSATTINI, Il possesso di stato conforme all'atto di matrimonio e le nullità matrimoniali, Riv. trim. dir proc. civ., 1947, p. 46 ss.; NATOLI, Inesistenza e annullabilità del matrimonio civile con parti. colare riferimento all'ipotesi di celebrazione successiva alla scadenza del termine di validità della procura, Giur. it., 1949, 1, 2, 237 ss.; Cass. 20 ottobre 1959, Foro it., 1959, I, 1826.

瑕疵[1]。我们马上就会介绍法律如何规定这些情形下的无效。

除上述情形外,法律不承认其他可以导致法律行为无效的事由。不过,让人疑惑的是,对于能使法律行为被废除的原生性原因瑕疵(我们在第 40 节有所讨论),法律否认了该原因瑕疵能对第三人产生溯及既往的效力,而是将废除和(之前介绍的)原因功能性瑕疵导致法律行为被解除一起纳入一般化的法律行为无效范畴。

法律行为的无效(invalidatà)分为两类,一是法律行为的狭义无效(nullità),二是法律行为的撤销(annullabilità)。

【普遍错误并不作为例外】在这两种情况下,即使当事人和公众普遍对导致法律行为无效的事实存在误解,该法律行为依然无效。因此,除非有明确的例外规定(比如第 113 条),否则不适用"共同错误即成法律(error communis facit ins)"的传统原则。

【法律行为不被承认】如果法律行为是某程序的一部分(第 20 节),且该程序需要行政机关的审查(比如认可、批准、形成民事身份文件等),那么法律行为无效将导致其不会得到承认。

第五十四节　法律行为的狭义无效；部分无效；狭义无效的法律行为状态；不采纳相对无效这一说法；无效法律行为的不可修复性；不可修复的例外规则和事后重新有效的规定；事后无效；可能或暂缓的有效；暂时的有效；狭义无效法律行为的转化；法定转化；法律对意思自治的替代；所谓的形式转化

【法律行为的狭义无效】以下情况导致法律行为狭义无效:缺少行为

---

[1] P. TRIMARCHI, Appunti sull'invalidità del negozio giuridico, Temi, 1955, p. 191 ss.; CONSO, Il concetto e le specie d'invalidità (introduzione alla teoria dei vizi degli atti processuali penali), Milano, Giuffrè, 1955.

或原因、原因不法(除非法律另有规定)、法律规定情形下动机和被附加的履行方式不法、被附加的履行方式不可能、标的不符合法律规定以及主体缺乏特定法律行为所需的行为能力(第1418条、第606条第1款、第619条第1款、第1354条、第592条及以下条文,第779条及以下条文,第1471条第1项、第1471条第2项以及第1471条第2款)〔1〕。这里所涉及的概念此前都已有说明。

法律行为的狭义无效可能是完全无效,也可能是部分无效,这取决于无效影响的是整个法律行为、法律行为的一部分还是契约中的部分条款〔2〕。

【部分无效】"如果无效条款依法被强制性规范所取代",那么个别条款的无效不会导致整个契约无效(第1419条第2款。还比如第1932条第2款,参考第1339条*、第2077条第2款)。如果不是上述这种情况,而是缺少该无效部分契约就不会缔结,那么此部分的无效将会导致整个契约无效(第1419条第1款)。"无效性不可传递规则(utile per inutile non vitiatur)"符合法律行为保留原则,在法律中也能找到许多适用该规则的规定(例如第652条、第692条第3-4款、第771条第1款、第795条第2款、第1500条第2款、第1941条第3款)〔3〕。

这一规则还体现在以下法律规范中:在追求共同目的的多数人契约中(参见第47节),契约对其中一方无效并不导致契约对其他人也无效,除非这一方的参与对契约而言是必要的(第1420条)。与该规则相似的规定,比如其中一方突然不履行或履行不能导致契约被撤销或被解除

---

〔1〕 PAVONE‑LA ROSA, Rassegna di giurisprudenza: nullita e annullabilità del contratto, Riv. trim. dir. proc. civ., 1949, p. 431 ss.: TORRENTE, Rassegna di giurisprudenza sulla nullità del contratto. Giust. civ., 1953, p. 1929 ss.

〔2〕 CARNELUTTI, Tentativo contrattuale, Foro it., 1948, I, 239 ss.. CRISCUOLI, La nullità parsiale del negozio giuridico. Teoria generale, Milano, Giuffrè, 1959; Precisazioni in tema di annullabilità parziale del negozio giuridico in rapporto ai vizi della volontà, Riv. dir. cit. 1964, I, p. 364 ss.; Cass. 25 marzo 1961, Giust. civ., 1961, I, 969; 22 giugno 1962, Dir. Lav. 1963, II, 377, con nota di MUROZZO DELLA ROCCA.

* 本条款中商法有关内容被1944年11月23日第369号立法法令废除。——译者注

〔3〕 有关附属条款的无效,参见 Cass. 9 giugno 1950, Foro it., 1950, I, 1298, con nota di A. SCIALOJA。

(第 1446 条、第 1459 条、第 1466 条)。

【狭义无效的法律行为状态】狭义无效的法律行为不会改变在这之前已经形成的法律状态,因为该法律行为不产生任何法律效力。若主张狭义无效的法律行为不存在实质的主观权利,该诉权不受时效届满的制约,也即始终可以提起确认无效之诉。当然,这不影响由于事实状态变化而随之发生改变的法律状态,比如时效取得或要求返还的诉权之消灭时效灭失。只要具有充分的理由,法院可以依职权确认法律行为无效[1];任何有利害关系的人均有权主张确认法律行为无效(第 1421 条、第 1422 条)。

所有利害关系人均有权主张法律行为(狭义的)无效,这一点反映了无效的绝对属性。也正是因为该特点,早期学说将这种无效称为绝对无效,而将因法律行为撤销所导致的无效称为相对无效。

【不采纳相对无效这一说法】不过,最近有学者提出,狭义无效的法律行为并不一定都是绝对无效,而是也有相对无效的情形。相对无效和绝对无效一样,都是法律行为的根本性改变,只是前者只对利益相关人产生作用,只有这些利害关系人有权主张无效[2]。符合这种相对无效的法律行为,例如,未经许可或授权转让夫妻共同财产的,只有丈夫或妻子有权主张该行为无效(第 190 条*),或者所有人对扣押物进行处分的,法律规定该处分不对债权人产生效力(第 2913 条;《破产法》第 44 条)。尽管法律看上去似乎承认了相对无效性(第 1421 条开头部分),但是我们并不支持这一观点,因为该概念内部存在矛盾。只对一方当事人发生效力的法律行为(该当事人无法拒绝该法律行为发生效力),甚至是在双方当事人之间产生效力但不对特定第三人产生效力的法律行为,都不是狭义无效的法律行为,否则就改变了狭义无效的概念。反过来说,如果不能在当事双方之间产生法律效力,那么该法律行为构成绝对无效,即使它在一些比较复杂的情况中可能会对某些第三人产生法律效果(例如第 34 节虚假婚姻;也可以参

---

[1] Cass. 15 febbraio 1963, Giust. civ., 1963, II, 1912.

[2] CARIOTA-FERRARA, Annullabilità assoluta e nullità relativa, Studi in memoria di B. SCORZA, Roma, Sefi, 1940, p. 73 ss.

* 根据 1975 年 5 月 19 日第 151 号法律第 69 条,本条款被废除。——译者注

见第 55、56 节）。狭义无效会完全剥夺法律行为的效力，使法律行为在双方当事人之间失去效力（quod nullum est nullum producit effectum）。

对于非常规的嫁资转让，由于缔约的另一方不能主张该法律行为无效，法院也不能依职权确认其无效，因此它被视为可撤销的法律行为，且不论（我们即将讨论的）该撤销性是否必须适用关于可撤销性的一般规则（参见第 780 条第 3 款*）。不过，根据法律所采用的术语，对抵押财产进行处分并不会对第三方债权人产生效力，因为法律直接规定了这种处分只能是相对无效。

【无效法律行为的不可修复性】不可修复性是狭义无效的法律行为的另一个特征，狭义无效的法律行为无论采用什么方式，都不可能重回有效的状态（quod initio vitiosum est, non potest tractu temporis convalescere,《学说汇纂》第 50 卷第 17 章第 29 段）[1]。因此，狭义无效的法律行为不仅自始无效和绝对无效，也永久无效。

【不可修复的例外规则和事后重新有效的规定】不过，这个规则并不绝对，因为它必须符合逻辑。为了符合法律行为保留原则，相关条款引入"如果法律没有其他规定"这一内容以限制上述规则（第 1423 条）。同时，其他一些法律规范具体规定了狭义无效法律行为的修复，比如，无论是何种原因导致遗嘱或遗赠无效，如果概括继承人或特定继承人具有行为能力且明知原因无效，但该继承人或受赠人在遗嘱人或赠与人死后确认该遗嘱或遗赠，又或者自愿执行了该遗嘱或遗赠，则不能再主张遗嘱或遗赠无效（第 590 条、第 799 条）[2]。

---

* 根据 1975 年 5 月 19 日第 151 号法律第 205 条，本条款被废除。——译者注

[1] Cass. 13 maggio 1952, Mass. Foro it., 1952, 337, 1360; 20 ottobre 1955, ivi, 1955, 722, 3328.

[2] DE SIMONE, La sanatoria del negozio giuridico nullo, Napoli, Humus, 1946; PASETTI, La sanatoria per conferma del testamento e della donazione, Padova, Cedam, 1953, e 同样的主题还可以参见 MENGONI, Riv. dir. comm., 1954, I, p. 81 ss.; ARIENZO, In tema di conferma ed esccuzione di d. t. nulle, Giust. civ., 1958, I, p. 720 ss.; E. FADDA, In margine all'art. 590 c. c., Foro it., 1958, IV, 175 ss.; BETTI, Convalescenza (diritto vigente), Noviss. Dig. it., IV, Torino, Utet, 1959, 789 ss.; GABRIELLI, L'oggetto della conferma ex art. 590 c. c., Riv. trim. dir. proc. civ., 1964, p. 1366 ss.

狭义无效的法律行为修复与可撤销法律行为的追认存在相同之处,但本质上在生效方面仍有区别,因为前者不是在巩固已经产生的法律效力,而是溯及既往地确定法律行为的效力。但这种效力的修复只限于当事人之间,并且在任何情况下都不会损害第三方根据该狭义无效的法律行为已经获得的权利。

修复狭义无效法律行为涉及一个严重的理论问题,即如何解释一个事后发生且与法律行为主体之外的人作出的事实(此人只能作出更新契约的行为[1],也就是作出一个新的法律行为)能赋予原本狭义无效的法律行为以特定主体意思自治的效力,并且这种效力仅对引起修复的继承人有效,而不影响其他继承人。

于此,就需要提及(前面已经明确的)不成立的法律行为和狭义无效的法律行为之间的区分。法律规定,对于已经成立但是无效的法律行为(尽管该法律行为仅满足法律的最低要求,但已足够),考虑到法律行为的原因和行为人已经死亡而无续订契约的可能,法律允许通过继承人的特别补充行为来弥补狭义无效法律行为的不完整性,以使该法律行为实现行为人意思自治行为的价值和法律效果。不过,尽管有这样宽泛的法律规定,修复只会发生在法律行为因欠缺而导致其狭义无效的情形中,而不能发生在法律行为不合法导致无效的情形中,因为法律行为不合法会影响继承人或受遗赠人的确认,并反过来导致该确认无效[2]。

---

[1] SANTORO-PASSARELLI, L'accertamento negoziale e la transazione, Saggi, I, p. 315 s. 对狭义无效的法律行为进行更新(有时候会被错误地称为确认),可以通过一个新的法律行为予以实现,但是该法律行为只能是为了调整无效的结果,参见 Cass. 30 marzo 1963, Foro it., 1963, I, 1757。

[2] G. STOLFI, Sull'inammissibilità della convalida del testamento falso, Giur. compl. Cass. civ., 1946, I, p. 396 ss.; DE SIMONE, Se il testamento nuncupativo sia conformabile ex art. 590 c.c., Dir. e giur., 1956, p. 319 ss.: AURICCHIO, La conferma del testamento nullo e la sua forma, Foro it., 1956, I, 120 ss. 特殊的例子见 Cass. 6 ottobre 1954 Giur. it., 1955, I, 1003, con nota di SCHLESINGER; 6 ottobre 1955, Mass Foro it., 1955, 618, 2870; 20 luglio 1959, Rep. Foro it., 1959, Testamento 8; 13 ottobre 1961, Giust. civ., 1961, I, 1962. 对不法行为的修复,见 Cass. 19 ottobre 1957, Giur. it., 1958, I, 1, 318; 14 maggio 1962, Mass. Foro it.; 1962, 318, 1024。

250 总之,原来的法律行为经过事后补足被合法地"缩减",也使其在继承人和受益人之间重新产生效力。

在特定情形下或出于特定的需要,即使没有事后的修复行为,法律也倾向于保护已履行的狭义无效的法律行为(相关的法律规定,比如针对劳动契约的第 2126 条,针对公司设立的第 2332 条第 1 款;也可以参见第 2332 条第 4 款和 2377 条第 4 款)。这种做法仍然是对法律行为保留原则的极致运用。但是学理上却认为该规定是为了限制旨在产生法律效果的自治,并且以一种武断的概括推断认为能够修复是因为的确存在旨在产生法律效果的法律关系或者契约[1]。

251 【事后无效】不能说事后重新有效与事后无效相互对应,这种情形可能存在,但也值得怀疑[2]。如果要承认的确存在事后无效,那么就需要假设法律行为的某个要素可能被剥夺或之后的确被剥夺,此时法律行为因不符合旨在产生法律效果的构成要件的法律规定而无效。只有通过消除法律行为某要素以"缩减"法律行为,才能将事后无效和单纯的事后失效(semplice inefficacia successiva)区分开(参见第 56 节)。

典型的事后无效的例子是当罪犯被判处无期徒刑或死刑后,其先前订立的遗嘱无效(《刑法》第 32 条第 2 款、第 38 条)。该遗嘱无效是因为该罪犯将被剥夺订立遗嘱的权利能力,而该权利能力却是遗嘱有效的必要条件。另一个例子是在意外发现有子女存在时,遗嘱依法被撤销,即使

---

[1] OPPO, Adempimento e liberalità, Milano, Cedam, 1947, 第 372 页中的脚注 1 和第 380 页中的脚注 1; C. A. FUNAJOLI, I rapporti di fatto in materia contrattuale, Annali dell'Università di Ferrara, 1952, p. 103 ss.; G. ANDREOLI, Note in tema di contratto di lavoro nullo, Riv. dir. lav., 1952, I, p. 39 ss.; BETTI, Sui cosiddetti rapporti contrattuali di fatto, Jus, 1957, p. 353 ss.; A. FEDELE, Invalidità del contratto di lavoro e prestazione di fatto del lavoro, Dir. econ., 1958, p. 136 ss.

[2] Santi ROMANO, Osservazioni sull'invalidità successiva degli atti amministrativi, Raccolta di scritti di dir. pubbl. in onore di G. Vacchelli, Milano, Giuffrè, 1938, p. 341 ss.; GASPARRI, L'invalidità successiva degli atti amministrativi, Pisa, Nistri‑Lischi, 1939; ROMANELLI, Sulla cosiddetta invalidità successiva degli atti amministrativi, Jus, 1942, p. 123 ss.; SCOGNAMIGLIO, Sulla invalidità successiva dei negozi giuridici, Ann. dir. comp., 1951, p. 54 ss. Per la nullità del negozio, quando la norma imperativa di legge sia posteriore, Cass. 5 ottobre 1953, Giust. civ., 1953, 3032; 18 giugno 1955, ivi, 1955, 1052.

遗嘱人并没有预见到会出现这种情况(第687条)。在这种情形中,其欠缺的就是遗嘱赠与的原因。

【可能或暂缓的有效】有时候,法律行为的有效是偶然的或者暂缓的,有效性取决于法律行为或构成要件(例如第462条、第600条*、第651条第2款、第784条第1款、第1347条、第1349条第2款)的具体要求实际存在(如第27节结尾处所述,法律行为成立后其具体要求必须实际有效),或者之前灭失的法律行为构成要素因之后发生的情况而重新恢复(例如第687条第4款)。

【暂时的有效】契约的有效性也可能是暂时的,比如特别遗嘱。在妨碍遗嘱人以正常方式作出遗嘱的事实消失后经过一段时间,该遗嘱丧失效力(第609条及以下条文)。

【狭义无效法律行为的转化】对狭义无效的法律行为进行转化时,法律行为保留原则依然得以适用。必须精确地界定转化的概念。虽然意思自治为实现其目的而实施的法律行为(以及行为人选择的法律行为类型)无效,但是该契约所包含的"实质要素和形式要素"能够满足另一法律行为,尽管后者与先前的法律行为功能不同且范畴更小(第1424条),此时可以发生转化,这也符合法律行为解释和补充标准(参见第51节)。

有关是否承认狭义无效法律行为的转化以及转化限度的争论,其实早在前民法典时期就已存在,而前民法典也没有明确回应因缺乏形式要素而无效的不动产买卖是否可以转化为口头买卖的问题。这个问题曾是实践中有关契约转化的最重要情形,不过该问题如今已经解决,因为新法典规定预约性契约必须以契约的最终形式进行缔结(第1351条)。

根据现行法,只要法律行为无法实现行为人所期望的更为广泛或更强烈的法律效果,那么在法律规定的限度内,可以将其转化为实现相对不那么广泛或强烈的法律效果[1]。

---

* 根据1997年5月15日第127号法律第13条,本条款被废除。——译者注

[1] MOSCO, La conversione del negozio giuridico, Napoli, Jovene, 1947; BETTI, Conversione del negozio giuridico (diritto civile), Noviss. Dig. it., IV, Torino, Utet, 1959, 811 ss.; BIGLIAZZI-GERI, Conversione dell'atto giuridico, Enc. dir., X, Milano, Giuffrè, (转下页)

253 　【法定转化】转化,是保留法律行为的一般工具,是为了与意思自治所追求的目的和该法律行为表达出来的意义互相一致。但是这种转化与法律直接作具体规定的转化有所区别,尽管后者也是基于私人意思。意思自治受制于法律制度,所以当然可以认为法律制度在评估狭义无效法律行为旨在实现的目的基础上,将该法律行为予以转化。很多场景中都有法定转化,无效契约或无效条款因此获得"减等"的法律效力或者符合旨在产生法律效果的意思的法律效力(例如第 629 条、第 630 条、第 696 条第 4 款、第 1059 条第 2 款)。

　【法律对意思自治的替代】在契约或其条款因违反强制性规定而导致无效时,法律规定或者行业(集体)规范可以取代以上无效的内容(例如第 1339 条*,第 1932 条,第 2066 条第 2-3 款**,第 2077 条第 2 款,第 108 条第 2 款,第 257 条,第 634 条,第 637 条,第 958 条第 2 款,第 979 条第 2 款,第 1501 条第 1 款,第 1573 条,第 1865 条,第 1248 条第 3 款,第 1815 条第 2 款,第 2010 条第 1 款,第 2125 条第 2 款,第 2596 条第 2 款;1960 年 10 月 23 日第 1369 号法律第 1 条及以下条文)[1]。但在我们看来,这不是法律行为的转化,因为法律并不是在审查旨在产生法律效果的意思的基础上推导出意思自治所追求的法律效果,而是通过排除私人意志,甚至是违

(接上页) 1962, p. 528 ss. ; RAFFAELLI, Circa la conversione dei negozi giuridici, Foro pad. , 1963, I, 1166 ss. ; Cass. 8 luglio 1958, Giust. civ. , 1958, I, 2102. 如果法律行为违反强制性规定和公序良俗,那么法律行为构成不法,该法律行为不能被转化,参见 Cass. 18 aprile 1953, 其中四种裁判分别被发表在以下期刊中:Riv. dir. comm. , 1954, II, 253, con nota di AURICCHIO (1037); Mass. Foro it. , 1953, 218, 1039; Foro it. , 1953, I. 1127 (1036); Giur. compl. Cass. civ. , 1953, IV, 166 (1038); 26 settembre 1964, Mass. Foro it. , 1964, 652, 2337。

　　* 根据 1944 年 11 月 23 日第 369 号立法法令,本法条中有关公司法的规定被废除。——译者注

　　** 根据 1943 年 8 月 9 日第 721 号皇家法令,本法条第二款中有关公司法的规定被废除。——译者注

　　[1] RUBINO, Libertà contrattuale ed inserzione automatica di clausole, Moneta e credito, 1948, p. 530 ss. ; G. B. FERRI, Volontà del privato e volontà della legge nella nullità del negozio giuridico, Riv. dir. comm. , 1963, II, p. 571 ss. ; BENEDETTI, Profili civilistici dell' interposizione nel rapporto di lavoro subordinato, Riv. trim. dir. proc. civ. , 1965, p. 1492 ss. ; Cass. 13 dicembre 1948, Giur. compl. Cass. civ. , 1948, III, 791, con nota di De MARTINI.

背意志的方式确定法律效果。

【所谓的形式转化】所谓的形式转化(或者称为不真正转化)也不符合转化的概念,尽管《民法典》中有一个条款的标题采用了这个不准确的说法。契约或其他法律行为的书面文件如果不符合其契约类型所要求的书面形式,但符合另一契约类型的书面形式条件,就可以转化为后者并获得法律效力。因此,对于缺少某项要素的秘密遗嘱,在符合自书遗嘱的情况下,可以作为自书遗嘱而生效(第 607 条)[1];对于缺少公证书某些要素的文件,如果当事人已经签字,则可以作为私证书生效(第 2701 条)[2]。这种情况中并不存在转化,也没有文件的转化,因为此时法律行为已经具备与其相符的契约类型所需的全部形式要素(更不用说一个已经被文件记录的法律行为)。此时法律行为保持不变,替代的文件形式足以形成上述契约类型或作为证明。

第五十五节　可撤销法律行为;可撤销法律行为的临时效力;以可撤销为由提出抗辩不受时间限制;相对撤销;绝对撤销;特殊撤销;针对无行为能力的特殊规定;撤销法律行为的溯及力;对该溯及力的限制;修复可撤销法律行为、撤销权的消灭时效;追认;承认;自愿履行

【可撤销法律行为】如果法律行为人的意思缺失或有瑕疵,或者缺少有关行为能力的主体要求,又或者特定场景中缺少与法律行为要求的特殊权利能力以及法律规定的其他情形,那么法律行为可以被撤销(第 1425 条,第 322 条*,第 377 条,第 427 条,第 428 条,第 1427 条,第 591 条,第 624 条,第 775 条,第 776 条,第 323 条**,第

---

[1]　Cass. 26 giugno 1964, Mass. Foro it., 1964, 440, 1689.
[2]　Cass. 10 marzo 1956, Giust. civ., 1956, I, 1055, con nota di De SIMONE.
*　本法条被 1975 年 5 月 19 日第 151 号法律第 145 条替代。——译者注
**　本法条被 1975 年 5 月 19 日第 151 号法律第 146 条替代。——译者注

378条,第1394条,第1395条,第1471条第1款第3-4项,第1471条第2款;其他条文如第117条及以下条文,第190条,第606条第2款,第619条第2款,第2098条,第2113条)〔1〕。

【可撤销法律行为的临时效力】通过提起撤销之诉,已经存在的法律状态会被可撤销法律行为所改变。法律规定通过形成之诉行使撤销权的期限为五年,如果是因瑕疵或无法定能力而发生撤销,从瑕疵或无法定能力的情况消失之日起计算(如果是死因法律行为,从知道瑕疵存在之日起计算);除此以外,消灭时效一般来说从契约成立之日起计算(如果是死因法律行为,则从履行法律行为之日起计算)【以可撤销为由提出抗辩不受时间限制】但是,无论何时,被要求履行契约的被告都可以通过可撤销提出抗辩(撤销之诉有时间限制,提出抗辩不受时间限制 quae temporalia ad agendum perpetua ad excipiendum,参见第24节)〔2〕。在某些情形下,撤销之诉会被中止(如第117条第2款、第431条第2款)。

只能由具有撤销权的主体提起撤销之诉,法院不能依职权提起。【相对撤销】有权提出撤销的一方通常是"法律规定的与撤销有利益关系的主体",此时构成相对撤销,法律行为也被称为可撤销的法律行为。【绝对撤销】但是,不仅被法律规定的利益相关人能提起撤销,在一些特定的法律行为和情形中,比如死因法律行为和婚姻,利益相关人也都可以提起撤销。比如就撤销婚姻而言,"配偶、近亲、公诉人和所有具有合法和现实利益的人都可以提起"。此时,构成绝对撤销(第1441条、第1442条、第428条、第591条第3款、第606条第2款、第624条、第775条、第117条)。

【特殊撤销】无效婚姻法律制度较为特殊,值得着重阐述。如上所

---

〔1〕 DALMARTELLO, Questioni in tema di annullabilità del contratto, Riv. trim. dir. proc. civ., 1963, p. 16 ss.; LUCARELLI, Lesione di interesse e annullamento del contratto, Milano, Giuffrè, 1964.

〔2〕 认为该规则应当被限制在契约的范畴内适用,参见 Cass. 19 ottobre 1954, Dir. e giur., 1955, 442, con nota di F. PACANO;认为适用该规定的前提是合同尚未履行,参见 Cass. 17 ottobre 1961, Mass. Foro it., 1961, 537, 2074;认为死因法律行为不适用该规则,参见 per l' inapplicabilità ai negozi a causa di morte Cass. 13 maggio 1957, Mass. Foro iti, 1957, 336, 1686.

述,已经成立的婚姻绝不会无效,只要该婚姻没有被法院裁决撤销,那么它在任何情况下都具有法律效力。不过,为了与撤销内涵及其术语传统相一致,法律将这种因裁判(ope iudicis)导致的无效(invalidità)归类为狭义无效(nullità)。严格来说,这种情况下的无效(invalidità)应该属于可撤销(annullabilità)的范畴,但是必须承认,这种可撤销并不受一般可撤销规则的约束。尤其是在法律无特别规定的情况下,如果不涉及失效和不受消灭时效约束,那么这种情形适用的不是 5 年的消灭时效,而是一般消灭时效。

撤销嫁资(第 190 条第 3 款*)——法律也将此定性为狭义无效——和家庭财产(第 170 条第 1 款**)的转让行为,也适用一般消灭时效规则。

【针对无行为能力的特殊规定】无行为能力是法律行为被撤销的理由,关于此有三个特殊规定:如果未成年人采用了欺诈手段(而不只是简单地宣称自己已经成年以隐瞒年龄),那么是否构成无行为能力对契约而言就不再重要;无论是因法律的(legale)还是自然状态的(naturale)无行为能力,以此为由撤销法律行为***,无行为能力人应当"将获益的给付"(de in rem verso)返还给对方,但其不用承担恢复原状的义务;以法定的无行为能力为由撤销法律行为,甚至能对第三人产生溯及既往的效力,但是如果因其他理由予以撤销,则不能对已经获得权利的第三人产生溯及力(第 1426 条、第 1443 条、第 1445 条;参见第 1945 条)。

【撤销法律行为的溯及力】尽管可撤销法律行为在被撤销前具有法律效力,但它本质上是无效的法律行为,因此撤销原则上必须产生追溯力,也就是使在当事人之间和对第三方(第 1153 条关于占有取得的情况除外)未来可能发生以及过去已经产生的法律效力都归于无效。

【对该溯及力的限制】较前法典而言,现行民法典有所创新,因为它对撤销法律行为作了重要的例外规定,即非因法定无能力而导致的撤销,

---

* 本法条被 1975 年 5 月 19 日第 151 号法律第 69 条替代。——译者注
** 本法条被 1975 年 5 月 19 日第 151 号法律第 52 条替代。——译者注
*** 法律上的无行为能力人(incapacità legale)指未成年人或被宣告为禁治产的成年人(参见《民法典》1425 条第 1 款);自然的无行为能力人(incapacità naturale)是指那些虽然没有被宣告为禁治产人,但是其行为时不具备理解能力或意思能力,并且该行为将给自己带来严重损害的人(参见《民法典》1425 条第 2 款)。——译者注

"不得损害善意第三人有偿获得的权利",因为在提出撤销的诉讼请求登记之前,该权利就已经公示(第1445条)。这意味着撤销既可以对无偿获得权利的第三人产生效力,又可以对那些购买前明知所有权存在缺陷提出撤销的诉讼请求登记后才有偿获得权利的第三方产生效力。但为了保护第三人的信赖,撤销不能对看上去是从权利人处有偿获得权利的第三人产生效力。

法律还将上述限制规则扩大至因法定无行为能力而提起撤销和宣告无效的情形(见第54节)。如果自被申请撤销的法律行为登记之日起五年内或三年内(取决于涉及的是不动产还是动产),有关撤销登记行为或宣布登记行为无效的诉讼请求没有登记,那么为了保护获得权利的善意买受方,这两种情形也适用前述溯及力的限制性规定(第2652条第6项和2690条第3项)。

【修复可撤销法律行为、撤销权的消灭时效】可撤销法律行为会因为撤销之诉而导致效力消灭,但如果消灭时效经过后撤销权仍未行使(但如果法律行为还未开始履行,抗辩提出撤销不受时间限制)或者法律行为被追认,该法律行为的效力会从临时状态变为确定状态。因此,可撤销法律行为和狭义无效法律行为的另一个区别就是,可撤销法律行为可以被修复。

可撤销法律行为被修复后会成为自始(ex tunc)有效的法律行为(另外可参见第2824条),第三方依据可撤销法律行为获得的权利也因此变得不可侵犯。这一点与之前论述的法律行为效力修复不同,因为后者根本不存在法律效力,而可撤销法律行为具备临时效力。

【追认】追认是一种补充性的单方法律行为,享有撤销权的主体或者能够有效缔结主契约的主体(第1444条第3款),可以作出承认的表示(conferma)或者作出履行(esecuzione)的行为(参见第48节和第28节),从而对可撤销法律行为进行追认。法律行为的效力通过追认而获得修复[1]。

---

[1] BETTI, Convalida, del negozio giuridico, Noviss. Dig. it., IV, Torino, Utet, 1959, 791 ss.; GIACOBBE, Convalida (diritto privato), Enc. dir., X, Milano, Giuffrè, 1962, 479 ss.; Cass. 11 giugno 1959, Mass. Foro it., 1959, 382, 1768.

对于绝对可撤销法律行为而言,某一个具有撤销权的主体的承认或自愿履行并不会使法律行为变得绝对有效,而只能被看作是对撤销权的放弃(当然,这只能是可自由处分的权利)。而且,法律规定,放弃撤销权只能以上述方式,而非其他方式作出。

【承认】尽管法律没有规定承认的法定形式(有关承认的形式,比如第1399条第1款规定的形式),但承认必定是一种要式法律行为。因此,作出承认的意思表示并不是随意为之,而必须具备法律规定的构成要素(参见第46节)。为了使承认的意图没有歧义且准确,承认行为(似乎要求以书面形式)中必须提及契约、撤销的原因和进行追认的意图(第1444条第1款)[1]。

【自愿履行】要使履行法律行为被视为对意思实现的追认(所谓的默示承认),履行法律行为不仅应该是自愿的,而且还应该是自发和有意识的。也就是说,必须是在知道撤销原因的情况下自愿履行(第1444条第2款;另见第122条第3款)[2]。除此以外,法律并没有规定其他要求,尤其是不再规定必须已履行契约的大部分内容,而是交给法官审慎地决定部分履行是否构成对法律行为的追认[3]。

除了严格意义上的履行,在自愿和明知的情况下作出的与可撤销的法律行为不同的行为,也可以被认为是追认。比如,法律规定,共有人自发地、有意识地出售自有份额,可视为对可撤销份额的追认(第768条)[4]。

---

[1] MACCHIA, La conferma dei negozi giuridici, Roma, Sampaolesi, 1930. Sull'art. 2377⁴, PAVONE-LA ROSA, La rinnovazione delle deliberazioni assembleari invalide, Banca borsa tit. cred., 1954, I, p. 865 ss.

[2] BERTOLA, Libertà di volere e coabitazione dei coniugi nell'art. 122 c. c., Riv. dir. civ., 1957, II, p. 175 ss.

[3] Cass. 16 giugno 1964, Giust. civ., 1964, I, 2268.

[4] 与之不同的观点,参见 MOSCARINI, Gli atti equiparati alla divisione, Riv. trim. dir. proc. civ., 1963, p. 533 ss., 尤其是 p. 568 ss。

第五十六节 法律行为的不生效；对当事人的自始不生效和事后效力终止；对第三人的自始不生效和事后效力终止；不生效法律行为的反射效力；法律行为的不可对抗；有效法律行为的暂缓生效；废除和解除；削减损害特留份的处分和撤销具有欺诈性的行为；依法使不生效的法律行为生效

【法律行为的不生效】如前所述,不生效(inefficacia)这一类别具有泛化特征,因为它只是消极意义上的规定,不生效不以法律行为无效为前提。即使法律行为有效,只要符合失效的各种情况,该法律行为也会不生效。由于法律行为不生效的普遍性,其包含着各种各样不生效的事由,将这些事由全部罗列既不可能,又无意义。

因此,我们仅讨论不生效的特定方面及其适用,以强调不生效与无效的区别,毕竟两者常常被混淆。的确存在介于两者之间的较为含糊的情形,它们一方面构成了事后无效(参见第54节),另一方面构成法律行为的解除或者废除(参见第53节结尾部分)。不过,在概念上,无效和不生效之间的区分非常明确:法律行为有(不同程度的)瑕疵会导致其无效,该瑕疵可以是和法律行为一同产生,也可以是事后产生(如果承认可以事后产生瑕疵);不生效是以法律行为完整为前提,导致法律行为不生效的是与法律行为无关的事实。

法律行为无效只涉及双方当事人,如前所述,根据对所有当事人无效还是只对部分人无效,可以将法律行为无效分为绝对无效和相对无效。但是,法律行为可以对当事人和第三人生效或不生效。

【对当事人的自始不生效和事后效力终止】对当事人而言,法律行为自始不生效或者还未产生最终效力,是因为能够产生法律效果的特定事件尚未形成,比如附条件法律行为(conditio juris)中的条件未成就,比如订立遗嘱的遗嘱人尚未死亡或者约定嫁资但尚无婚姻。事后效力终止是指因契约不履行而导致契约被废除或解除。

【对第三人的自始不生效和事后效力终止】另外,对当事人有效的法律行为也许对第三人自始不生效,这类法律行为如对抵押物进行处分的法律行为(第 2913-2915 条;《破产法》第 44 条、第 64 条、第 65 条)、对第三人已经登记的财产进行权利转让或者创设权利并进行登记(第 2644 条、第 2684 条)以及放弃消灭时效(第 2939 条结尾部分)。对当事人有效的法律行为也可能对第三人事后无效,这类法律行为如削减契约的内容(第 554 条、第 555 条)或提起撤销之诉(第 2901 条;《破产法》第 66 条)[1]。

【不生效法律行为的反射效力】虽然不生效的法律行为不对当事人产生效力,但如上所述(参见第 54、55 节),该法律行为能对特定的第三人产生反射效力。比如就虚假行为以及一般意义上不成立的法律行为而言,自登记之日起五年或三年后,才对宣告登记行为无效的诉讼请求进行登记,那么就该诉讼请求作出的判决不得损害特定第三人此前已经登记并获得的权利(其他例子,参见第 1276 条)。

【法律行为的不可对抗】法律为保护第三人而规定法律行为或事实不生效,被称为法律行为的不可对抗(inopponibilità)(例如第 34 条第 2 款*,第 1396 条,第 1415 条第 1 款,第 1416 条第 1 款,第 2193 条,第 2207 条第 2 款,第 2298 条第 1 款;以及第 818 条第 3 款,第 819 条),但不可对抗并不能包含,也不能穷尽上述所有生效或不生效的情形[2]。

【有效法律行为的暂缓生效】对当事人而言,法律行为自始不生效只是暂时的,需要等待将来发生的事件使其生效或确定不生效,因为不可能存在从一开始(ab origine)就注定不生效的有效法律行为。因此,法律行为不生效实际上是暂缓生效(这种暂缓生效和暂缓有效有时不好区分)。

法律行为成立或构成要件形成后,仍需要等待其满足有效性要求的,属于暂缓有效。但是,如果在法律行为成立的同时已经具备有效性的

---

[1] SCHLESINGER, Invalidità o inefficacia delle cessioni del credito e posizione del debitore ceduto, Dir. econ., 1958, p. 233 ss.

* 根据 2000 年 2 月 10 日第 361 号总统法令第 11 条 a)款,本条款被废除。——译者注

[2] FERRARA-SANTAMARIA, Inefficacia e inopponibilità, Napoli, Jovene, 1939.

要求,只是某个障碍阻止了法律行为生效,则构成暂缓生效,而非暂缓有效。可见此时并不是从广义上理解无效性*,尽管有时候立法是这么理解的(第1472条第2款、第1398条)(参见第27节)。

因此,如果种类物、将来物、他人物等诸如此类的物构成法律行为的标的物,则该法律行为有效,只是在等待财产被区分(第1378条)和形成(第1472条第1款)或者处分人获得该物所有权的期间内(第1478条第2款),该法律行为暂缓生效(第1376条;另见第2822条、第2823条)[1]。

同理,无代理权但以他人名义缔结契约属于暂缓生效的契约,而不是无效契约或可撤销契约。根据法律规定,这种契约当然不构成无效,也不可能被撤销,只是在追认之前协商解除契约。因此,这种情形所需的不是修复,而是相关人的追认(ratifica)。这与可撤销契约中的承认(conferma)具有完全不同的制度价值。在不损害第三人权利的前提下,按照主契约的形式要求对暂缓生效的契约进行追认(而不是承认),使该契约溯及既往地生效(第1398条、第1399条第1-3款)。

有利于第三人的契约在被缔约人撤销或者被第三人拒绝之前,契约也是处于暂缓生效的状态(第1411条第3款)。

又比如,对被指名人和保留提名权的缔约人而言,在作出指名之前契约暂缓生效(第1404条、第1405条)。

某一缔约方或第三人对法律行为提起诉讼的,可能会使该法律行为事后效力终止。在这种情况下,契约可能会被废除或解除,也可能是削减具有损害性质的条款或将具有欺诈性的协议作废。

【废除和解除】在法律行为原因部分已经论述法律行为的废除和解

---

* 就意大利法律行为效力而言,最为广义的无效也包括不生效的情形。但是在暂缓的情形中,对无效和不生效进行了区分。因此笔者说此时不是从最广义的角度理解无效。——译者注

〔1〕需要注意的是,法律承认种类物、将来物或他人物作为法律行为标的物,这是本书阐述的出发点。基于此,上述法律行为不仅仅是完全有效的,而且具备旨在产生法律效果的效力,尽管该效力还不是最终由区分、形成或处分人取得该物所有权之后会产生的效力。不能认为法律行为在此期间是未完成的,未完成的法律行为是指不存在受领人或标的物的法律行为,参见OPPO, Note sull'istituzione di non concepiti, Riv. trim. dir. proc. civ., 1948, p. 86 ss。

除,我们已经知晓原因的原生性瑕疵或功能性瑕疵会分别导致法律行为的废除和解除(第40节)。但是,法律并没有将原因的原生性瑕疵规定为法律行为不生效的情形[1]。

可废除的法律行为与可撤销的法律行为非常相似,前者与后者的本质区别在于,可废除的法律行为是一个有效的法律行为。实际上,可废除的法律行为不能像可撤销的法律行为那样被追认,只能以"使其回归公平"(reductio ad aequitatem)的方式予以修改;请求废除的消灭时效为一年,且不存在不受时效限制的例外情况[2],废除也不得损害第三人已经获得的权利(第1449-1452条)。

原因的功能性瑕疵导致契约解除的,无论是否起诉提出解除契约,都不能对第三人产生溯及力,即使契约中有关于不履行义务而解除契约的条款(第1456条、第1458条)[3]。如果突然发生负担过重的情况,则可以对该契约进行功能平衡的重建(就像契约废除所采用的做法),通过减少给付来恢复公平,从而避免契约被解除(第1467条第3款、第1468条)[4]。

以忘恩负义或意外出现子女为由取消捐赠(第800条及以下条文)和以不结婚为由要求归还赠与物(第80条)这两种废除情形与契约解除相似,均是原因的功能性瑕疵所致。

废除和解除所具有的相对溯及力(参见第1458条第1款),构成了废除和解除使法律行为不产生法律效力的原因。

【削减损害特留份的处分和撤销具有欺诈性的行为】削减对特留份具有损害的处分份额和撤销债务人对债权人的欺诈,并不能直接影响契约对当事人产生法律效果的效力,而只能使提起削减或撤销的第三人不生效(参见第19节结尾处),也就是说这些行为只剥夺了契约的反射效力。

---

[1] AULETTA, Rassegna di giurisprudenza: risoluzione e rescissione dei contratti, Riv. trim. dir. proc. civ., 1949, p. 170 ss.

[2] Cass. 26 luglio 1962, Riv. dir. comm, 1963, II, 421, con nota di DI MAJO GIAQUINTO.

[3] MENGONI, Risoluzione per inadempimento e terzi subacquirenti, Riv. dir. comm., 1948, I, p. 300 ss.

[4] REDENTI, L'offerta di riduzione ad equità, Riv. trim. dir. proc. civ., 1947, p. 576 ss.

264　　　继承开启后,可以削减损害特留份的遗嘱处分和捐赠,以使这些处分不对提起削减的继承人产生效力,进而使处分恢复至继承人应得的份额(第554条及以下条文)〔1〕。

撤销债务人欺诈性的处分行为,使该处分不对提起撤销之诉的债权人产生效力,进而保护债权人的债权(第2901条及以下条文;《破产法》第66条及以下条文;《刑法典》第193条。另外也可以参见《民法典》第524条)〔2〕。

削减和撤销不对第三方买受人产生效力(第563条、第2901条第4款)。

【依法使不生效的法律行为生效】最后应该指出,就像法律规定的无效法律行为的转化那样,通过其他契约或者条款代替无效契约或无效条款,有效却不生效的法律行为也可以产生与当事人所追求的意图和表示相反的法律效力(例如,第1405条、第1762条、第1890条第2-3款、第2208条、第2339条第2款;《民事诉讼法》第583条第2款;《票据法》第11条、第102条第2款;《支票法》第14条)。

265　　　不过,后者做法并不构成转化,因为转化是狭义无效的法律行为特有的补救措施。该做法赋予法律行为以独立的法律效力,是对意思自治的限制而非扩张,从而满足各种需求。其中最主要的需求是依诚信原则行使义务给予特殊承认。

---

〔1〕 MESSINEO, Azione di riduzione e azione di restituzione per lesa legittima, Riv. dir. civ., 1943, p. 129 ss.; PINO, La tutela del legittimario, Padova, Cedam, 1954; ARIENZO, Natura dell'azione di riduzione e di restituzione per lesa legittima, Giust. civ., 1959, I, p. 2074 ss.; Gius. AZAARITI, In tema di azione di riduzione e ad integrandam legitimam, Riv. dir. civ., 1963, I, p. 336 ss.; Cass. 7 luglio 1949, Giur. it., 1950, I, 1, 605, con nota di CIFFO BONACCORSO.

〔2〕 COSATTINI, La revoca degli atti fraudolenti, 2ª ediz. aggiornata da CARRARO, con prefazione di SANTORO-PASSARELLI, Padova, Cedam, 1950; CASTIGLIONE-HUMANI, Natura giuridica del negozio in frode ai creditori e limiti dell'azione revocatoria, Ann. dir. comp., 1947, p. 117 ss.; NUTI, L'azione pauliana ed il diritto alla proprietà, ivi, p. 175 ss.; NICOLÒ, Dell'azione revocatoria, Commentario del codice civile, Bologna, Zanichelli, 1953; NATOLI, Azione revocatoria (ordinaria), Enc. dir., IV, Milano, Giuffrè, 1959, 888 ss.

第三章　法律活动的代替

第五十七节　法律利益和法律活动；授予代理权；对他人代为进行法律活动的授权和接受；代替的内部关系和外部关系；代理

【法律利益和法律活动】至此本书讨论的都是法律活动的各种情况，着重阐述了由当事人本人实行的旨在产生法律效果的活动。但其实，他人可以代替当事人进行与其相关的法律活动。因此，在结束对人的行为和作为前者最重要类别的法律行为的研究之前，还需要明确代替当事人进行法律活动的原因、方式和限制。

原则上，不论是在意思自治领域（即法律行为领域），还是在各种私人法律活动领域，行为的主动权都属于私主体，必须按照利益归属分配主动权，尽管法律行为的效果是由法律确定而不由私人意愿决定。行为的主动权及行为的资格归属于利益相关者，即其利益和法律范围受到行为调整的人。因此，他人如果要为当事人行事，就必须获得代理权（参见第3、27节），从而使其活动能够对当事人的法律范畴产生影响。

【授予代理权】代理权（也包括以自己的名义行使代理权）可以由当事人授权，这种授权可以通过各种旨在产生法律效果的法律行为类型作出。这些法律行为类型有授予代理权这一共同点，但在利益调整和授予

267 代理权方面的规定有所不同[1]。代理权也可以基于法律规定而获得——无论是权力机构直接授予还是间接授予——但前提是发生特定情况,然后法律评估是否有必要或应当授予代理权以维护他人利益或者更高利益。因此该特定情况构成(授予代理权的)具有因果关系的事实。

根据情况的不同,代理权指向当事人或第三人,以本人名义或以他人名义行使权力。这种权力是为他人利益或更高利益服务,它不属于主观权利的范畴,而属于支配权(potestà)的范畴(参见第 16 节)。

如果缺乏专门授权,就像法律行为部分所述(第 52 节),所进行的法律活动不能以缩小或扩张的方式实际干涉他人的法律领域。如果要实际变动当事人的法律领域,还需要当事人事后接受(accettamento)该法律活动,这种事后接受是对事先授权的弥补,是与后者不同的法律行为类型,因此也采用了"接受"这种不同的表述。而且,在不同情况下,当事人的接受承担了将他人活动所产生的法律效果作用于其本人法律领域的不同功能。

【对他人代为进行法律活动的授权和接受】广义上来说,授权(autorizzazione)和接受(accettazione)可以在不同法律行为中找到(即以一种更加全面的角度理解这两个概念)。授权发生在以下情形中:付款指示(第 1188 条第 1 款,第 1269 条第 2 款)、交与第三人确定标的(第 1349 条)、代 268 理授权书(第 1387 条)和代销契约(第 1558 条)[2]。在这些契约中,代理人被授予了不同的代理权和处分权。对他人法律活动的接受,比如对有

---

〔1〕 关于我国法律体系对授权处分的认可,尤其参见 CARRARO, Il mandato ad alienare, Padova, Cedam, 1947, p. 25 ss. Sull'autorizzazione, MENGONI, L'acquisto «a non domino», Milano, Vita e pensiero, 1948, p. 43 ss.; BUCCISANO, Contributo allo studio del contratto estimatorio, Riv. dir. comm., 1956, I, p. 95 ss.; AURICCHIO, Autorizzazione (diritto privato), Enc. dir., IV, Milano, Giuffrè, 1959, 502 ss。

〔2〕 A. GIORDANO, Tradizione e potere di disposizione nel contratto estimatorio, Riv. dir. comm., 1949, I, p. 179 ss.; BUCCISANO, Alcun rilievi in tema di contratto estimatorio, Dir. e giur., 1952, p. 27 ss.; Contributo allo studio del contratto estimatorio, Riv. dir. comm, 1956, I, p. 81 ss.; BALBI, Il contratto estimatorio, Torino, Utet, 1954; Salv. ROMANO, Vendita. Contratto estimatorio, Milano, Vallardi, 1960, P. 299 SS.; VISALLI, Il contratto estimatorio, Milano, Giuffrè, 1964.

利于第三方的契约表示愿意取得契约利益(第 1411 条第 2 款)、债务承担(第 1273 条第 1 款)[1]和对无权代理的追认(第 1398 条,第 1399 条,第 1402 条第 2 款,第 2032 条),接受在这些情形中会产生不同的法律效果。

【代替的内部关系和外部关系】在这一部分,我们首先需要探究适用于法律活动(特别是旨在产生法律效果的活动)的代替的一般规定。在此意义上,我们必须排除对某些法律活动中的特殊代替的考查,授予代理权有关的法律行为及其法律关系也被排除在外。此外,关于代理权及他人法律行为对本人产生效力的规定,属于代替的内部关系的法律规定,应留待具体法律关系和契约研究中探讨具体法律关系和法律行为的研究。总而言之,本节要阐明作用于外部关系的一般规定,这一外部关系通过向第三人授予代理权而产生;如果缺少授权,则可通过事后(a posteriori)同意他人的无权代理的方式而成立。

【代理】代理被用来统称以他人名义从事法律活动的各种代替类型,既包括《民法典》简单规定的(第 1387 条)由法律或当事人授予对第三人实施代理行为的权力,又包括对代理行为的事后接受(第 1399 条,第 1402 条第 2 款)[2]。

首先应当通过区分相近概念并确定其适用范围来界定代理的概念。随后,分析包括法定代理和意定代理在内的两类代理的结构和功能,揭示这两种类型的实质差异。尽管它们因"以他人名义行事"这一被认为是共同性的要素(但实际含义相当模糊,后文将予以说明)而被归入同一类别,但这种归类或许并不恰当。

---

[1] BIGIAVI, Accollo e contratto a favore di terco, Foro it. 1942, I, 917 ss.; RESCIGNO, Studi sull'accollo, Milano, Giuffrè, 1958, p. 196 ss.; GUGLIELMUCCI, L'accollo nella recente dottrina e nella giurisprudenza, Riv. trim. dir. proc. civ., 1964, p. 1123 ss.

[2] NEPPI, La rappresentanza (saggio di una ricostruzione critica), Milano, Giuffrè, 1961; SAGGESE, La rappresentanza, Napoli, Jovene, 1933; MAJORCA, Osservazioni sulla nozione generale di rappresentanza, Studi senesi, 55, 1941, p. 127 ss.; RESCIGNO, Un libro sulla rappresentanza, Riv. dir. civ., 1959, I, p. 86 ss.; MOSCO, La rappresentanza volontaria nel diritto privato, Napoli, Jovene, 1961; Cass. 2 marzo 1950, Mass. Foro it., 1950, 113, 513.

第五十八节　为他人利益的管理；管理契约；无因管理；为当事人的利益，以当事人的名义，效果直接归于当事人；间接代理；管理中约定权利义务转移的契约；代理与管理和委任的区分；不作委任的管理；管理型劳动者；法人机关制度与代理的区分；代理范围；代为作出旨在产生法律效果的表示；使者；排除代理；亲身法律行为

【为他人利益的管理】与代理最相近的制度是为他人利益的管理(gestione),【管理契约】或者是基于法律或协议约定管理〔1〕,【无因管理】或者是出于管理人自主作出的行为——法律将其专门命名为无因管理(第2028条及以下条文)〔2〕。

为他人利益的管理经常混入代理中,因为有一些活动代理直接导致与第三人建立法律关系,此时代理人为了当事人的利益,既有可能采用无因管理的方式,也有可能采用代理的方式。但在一些代理人不需要与第三人接触的活动中,虽然这些活动对特定利益的维护而言是必要的,其中

---

〔1〕 PUGLIATTI, Il negozio di gestione sottostante alla rappresentanza, Messina, Annali Univ., 1929.

〔2〕 PACCHIONI, Della gestione degli affari altrui, 3ᵃ ediz., Padova, Cedam, 1935; CHERCHI, In tema di gestione di affari altrui «prohibente domino», Temi, 1946, p. 71 ss.; DEJANA, Gestione di affari altrui ed atti dispositivi, Riv. dir. comm., 1948, I, p. 225 ss.; SIMONCELLI-SCIALOJA, Sui limiti dei poteri del gestore d'affari, Foro it., 1948, IV, 103 ss.; «Absentia domini», ivi, 1957, IV, 129 ss.; DE SEMO, La gestione di affari altrui nella teoria e nella pratica, Padova, Cedam, 1958; Gestione di affari altrui, Noviss. Dig. it., VII, Torino, Utet, 1961, p. 812 ss.; SALIS, Mandato e gestione rappresentativa, Giust. civ., 1961, IV, p. 3 ss.; FORCHIELLI CASONI, La gestione di affari altrui (rassegna di giurisprudenza 1950-1960), Dir. econ., 1961, p. 144 ss.; FERRARI, Gestione di affuri altrui e rappresentanza, Milano, Giuffrè, 1962; Cass. 31 maggio 1947, Foro it., 1948, I, 20, con nota di G. STOLFI, e Giur. it., 1948, I, 1, 28, con nota di CARRARO; Cass. 16 ottobre 1951, Foro it., 1952, I, 325 (estensione della gestione agli atti dispositivi); 17 giugno 1959, Giust. civ., 1959, I, 1461.

也伴随着与第三人的交往活动,此时则是无因管理。

【为当事人的利益,以当事人的名义,效果直接归于当事人】实际上,代理是一种对资格有要求的管理,其内容是为他人处理与第三人的事务。代理是为了被代理人的利益,而且代理的法律效果直接归于被代理人(第1388条)。

通常,代理活动以被代理人的名义进行。而且,根据当前的区分,管理是指为他人利益进行的活动,代理具有以他人的名义和为他人利益进行活动的双重属性。

且不论即将谈论的以他人名义进行活动的各种含义,上述区分似乎并不准确,因为可能存在以他人的名义进行活动但不构成代理的行为,也就是没有代理权的代理活动(所谓的无权代理,第1398条)。

【间接代理】考虑到不以他人的名义进行的代理活动,出于实际需求,法律规定了在特定情形和条件下的间接代理,并将某些直接积极的法律效果附加到管理行为上,这些效果因以被管理人名义为其利益进行活动而产生(第1705条第2款,第1706条第1款,第1707条)。但并不确定这些效果是直接的效果,还是如前所述,更多的是自动地从管理人处转移至被管理人处的效果[1]。

此外,还有不同的观点认为,某些法律规定指出了一种可能性,即为某个隐藏的企业主利益但不以其名义实施代理活动,并且对该企业主产生直接的被动法律效力(第2208条,第2339条第2款,第2267条;《破产法》第147条)。不过,无法在法律条款中找到这种法律效果转移的根据,相关条款只规定了被管理人的连带责任和附随责任。这些法律条款与企业主的

---

[1] CARRARO, Il mandato ad alienare, Padova, Cedam, 1947, specialmente p. 160 ss.; 相关的观点,参见 PUGLIATTI, Fiducia e rappresentanza indiretta, Diritto civile, Milano, Giuffrè, 1951, p. 298 ss.; T. RAVA, Circolazione giuridica e rappresentanza indiretta, Banca borsa tit. cred., 1953, I, p. 4 ss. Sulla cd. rappresentanza indiretta, SCADUTO, La rappresentanza mediata nell'acquisto dei diritti, Riv. dir. comm., 1925, I, p. 525 ss.; SANTORO-PASSARELLI, Mandato, rappresentanza indiretta: limiti, Riv. dir. civ., 1940, p. 477 ss.; PUGLIATTI, Sulla rappresentanza indiretta, Diritto civile, Milano, Giuffrè, 1951, p. 187 ss.; Rilevanza del rapporto interno nella r. i., Riv. trim. dir. proc. civ., 1958, p. 801 ss。

身份并不相符,因为普遍认为企业主只承担有限、补充的责任[1]。

因此,这里必须强调,代理活动是对当事人直接产生效力,而管理人作出的不直接导致受益人与第三人建立法律关系的行为,以对代理人产生效力为特征,代理人从第三人处获得权利和承担义务,即使第三人明知存在管理活动[2]。【管理中约定权利义务转移的契约】因此,为了将权利和义务从管理人处转移至被管理人处,需要另外一份契约,由该契约形成的法律关系能够约束管理人和被管理人(第1705条第1款,第1706条第2款,第1707条,第2031条第1款)。

【代理与管理和委任的区分】管理和代理的彼此干扰,解释了代理作为一种基于特定行为代理权的代理活动,是如何艰难地从管理中分离出来,以及为何由当事人授予代表权的行为,直到很晚才被视为一种独立于管理的法律行为(尤其是区别于委任)。委任是一类古老的管理契约,而且至今仍然是典型的契约类型(第1703条),委任制度吸收并保留了管理制度——管理可能构成委任以外其他法律行为和法律关系的目的——以及代理的部分法律规定。

有关委任对代理的吸收和保留,可以在现行民法典中找到。比如委任中有关间接代理的规定、委任中区分有代理权的委任和无代理权的委任(第1704条,第1705条),甚至有关撤销授予的代理权不导致契约解除的规定(第1723条第2款),也均适用于委托。

【不作委任的管理】虽然管理是委任的典型功能,但其并不是委任的专属功能。《民法典》对委任的定义(第1703条)使我们更加确信这一论述。事实上,除了已经提到的无因管理和其他次要情况(比如管理他人利益的信托管理,参见第39节)[3],当多个主体为获益或进行共同活动而

---

[1] BIGIAVI, L'imprenditore occulto, Padova, Cedam, 1954, pp. 18 ss., 50 ss., 150 ss.; 最新的研究如 Difesa dell' 'imprenditore occulto', Padova, Cedam, 1962, spec. pp. 48 ss., 153 ss. 对此进行批评的文献非常多,其中 ASCARELLI 的作品最为突出,其作品之后被出版在 Problemi giuridici, II, Milano, Giuffrè, 1959, p. 427 ss. 以及 LACALANITA, Osservazioni in margine alla teoria dell'imprenditore occulto, Riv. trim. dir. proc. civ., 1960, p. 692 ss.; G. FERRI, L'imprendit ore occulto e il diritto comune, Riv. dir. comm., 1964, Il, p. 233 ss。

[2] Cass. 23 luglio 1953, Mass. Foro it., 1953, 475, 2486.

[3] PUGLIATTI, Fiducia e rappresentanza indiretta, Diritto civile, Milano, Giuffrè, 1951, p. 201 ss.

集合起来,并因此建立组织机构(比如协会和非法人公司),管理和代理就显得非常必要(第 1105 条,第 1106 条,第 1108 条,第 1129 条*,第 2257 条**,第 2258 条,第 2266 条,第 2298 条***,第 2318-2320 条)[1]。

【管理型劳动者】劳动契约是社会生活中最重要的契约之一,管理和代理也可以成为该契约的缔约目的。与人们所认为的不同,劳动契约与委任的区别并不在于劳动者提供的是物质层面而非法律层面的活动,而在于劳动契约具有从属关系,劳动者在该从属关系下履行物质层面或法律层面的活动。曾经我们建议将提供完全从属或主要从属法律活动的劳动提供者称为"管理型劳动者(lavoro gestorio)",以指代企业主的监事、经营管理人、代理人业务代表,农场企业的领导和经理,因为这些主体是根据劳动契约而非委托契约被授予代理权(第 1400 条、第 2203 条及以下条文、第 2138 条)[2]。

【法人机关制度与代理的区分】就像代理制度之于管理制度那样,法人机关(更确切地说是法人的外部机关)制度也很难从代理制度中独立出来,而且现行民法典仍将其与代理权相互混淆(例如第 19 条、第 2384 条)。不论是审议或执行的内部机关,还是与第三人进行法律活动的外部机关,其所实施的行为均直接归属于法人。因此,法人机关的法律关系以代理权为特色,该法律关系不是主体间的法律关系,不会导致代理人进行的法律活动与归于当事人的法律效果相互分离。法人利用机关替其行使行为能力,并在其法律范围内将产生的法律效果归于法人自身,就像自然人那样(参见第 6 节)。

---

* 本法条被 2012 年 12 月 11 日第 220 号法律第 9 条修改。——译者注
** 本条第 1 款被 2020 年 10 月 26 日第 147 号立法法令第 40 条替代。——译者注
*** 根据 2000 年 11 月 24 日第 340 号法律第 33 条,本条第 2 款被废除。——译者注

[1] RESCIGNO, Rappresentanza degli interessi organizzati, Riv. soc., 1959, p. 242 ss.
[2] SANTORO-PASSARELLI, Responsabilità del fatto altrui, mandato contratto di lavoro gestorio, Saggi, II, p. 1093 ss.; CASANOVA, La figura giuridica dell'institore, Nuova riv. dir. comm., 3, 1950, I, p. 219 ss. FANELLI, Per una rivalutazione della preposizione institoria, Riv. dir. comm., 1955, I, p. 6 ss.; DE SEMO, Institore (diritto civile), Noviss. Dig. it., VII, Torino, Utet, 1962, 757 ss.; MINERVINI, Rappresentanza sociale e rappresentanza institoria, Mass. giur. lav., 1962, 255 ss.

唯一一个为实施代理活动而形成的主体间法律关系，是法律规定的因委任董事而形成的管理法律关系（参见第 18 条、第 2392 条），即在法人和被赋予该职能的自然人之间形成的法律关系。

【代理范围】我们已经注意到，相对于管理而言，可以被授予代理权的范围比较有限，因为前者指向各种当事人无须亲自履行也能实现目的的法律活动，而后者仅仅指向与第三人进行交易或与第三人相关的活动，且要求代理人具备能对当事人法律领域产生影响的特殊行事权力，即代理权。

此处的问题在于，代理是涵盖与第三人有关的所有活动，还是仅限于旨在产生法律效果的活动。或者，换句话说，代理在本质上是否为意思自治的工具。我们认为，没有理由将代理限制在旨在产生法律效果的代替中；无论情况如何，只要法律制度要求的是通过私主体有意识的意思来产生一定法律效果——无论该有意识的意思仅仅对法律事实具有决定性还是也对法律效果具有决定性——就可以由另一个主体代替当事人作出意思表示。如此便构成代理现象，由此在实践方面带来的非常重要的结果就是直接适用有关代理的法律规范。因此，我们认为，无论是旨在产生法律效果的契约，还是狭义上合法的人的行为，都可以通过代理进行（参见第 21 节）；无论是发出或采纳某种利益安排，还是接受或遵守这些安排，都可以通过代理进行——这种情况下可以进一步区分主动代理和被动代理（如第 1188 条第 1 款、第 2212 条、第 2213 条、第 2735 条第 1 款）。

【代为作出旨在产生法律效果的表示】这种广义的代理概念，当然包含了代为作出旨在产生法律效果的表示。只要代替者被授予了某种主动权，即使只是将表示向外发布，也构成代理权的行使。

【使者】若某人不具有主动权，而是只能将当事人的意思转达给第三人，那么此人不是代理人，而只是使者或者传话人，他甚至不需要对自己所做的行为带有任何有意识的意思。

【排除代理】不过有时候旨在产生法律效果的活动会排除代理。因为有一些法律行为只能由当事人亲自完成，因此可以说是亲身法律行为。鉴于这些法律行为的独特功能，法律要求当事人的意思必须直接指向法律行为，而不允许有外部意思的介入。如果当事人无法亲自实行法律行为,那么当事人也就无法处于法律行为本应产生的法律状况,如此就构成了我们之前论述的(第 1 节),即无权利能力导致无法产生法律效果。这在一些法律行为中尤其明显,比如法律根据主体的自然能力(attitudine)规定缔结契约的能力(比如结婚年龄)。

【亲身法律行为】家庭法律行为极具私人化的特点(参见第 296 条第 2 款＊),即使法律有时候允许在这种法律行为中授予所谓的代理[第 111 条＊＊、第 114 条第 2 款＊＊＊、第 233 条第 2 项＊＊＊＊、第 287 条＊＊＊＊、第 311 条第 3 款;《民事身份条例(ordinanza sullo stato civile OSC)》第 47 条],这些行为实际上也只是委任了一名信使以宣布意思。

财产法律行为中也有亲身法律行为,除了婚姻协议外(第 165 条＊＊＊＊、第 166 条)——这是一种具有财产性标的物的家庭法律行为——还有遗嘱(第 587 条、第 631 条)、赠与(第 778 条第 1 款)(不包括法律为家庭成员利益所作的例外规定,第 777 条第 2 款)以及其他情形(参见第 2388 条第 3 款)。

第五十九节　法定代理或必要代理；以他人名义实施代理的不同含义；法定代理中对更高利益的保护；对无行为能力人的法定代理；对行为能力人的法定代理：集体利益的法定代理、为第三人利益的法定代理、为代理人利益的法定代理、为被代理人利益的法定代理

如上所述,代理分为法定代理和意定代理两种。

＊　根据 1983 年 5 月 4 日第 184 号法律第 67 条,本条第 2 款被废除。——译者注
＊＊　本法条被 1975 年 5 月 19 日第 151 号法律第 11 条替代。——译者注
＊＊＊　意大利废除君主制后,本法条随之无效。——译者注
＊＊＊＊　根据 2013 年 12 月 28 日第 154 号立法法令第 106 条,本法条被废除。——译者注
＊＊＊＊　根据 2012 年 12 月 10 日第 219 号法律第 1 条 X 款,本法条所在分节均被废除。——译者注
＊＊＊＊　本条款被 1975 年 5 月 19 日第 151 号法律第 46 条替代。——译者注

【法定代理或必要代理】在我们看来,法定代理是一种非典型的代理,之所以某主体代替他人进行法律活动并将法律效果归于被代理人,并不是因为被代理人授予他代理权,而是法律规定代理人自身所拥有的权力,使代理人可以完全独立于被代理人的意思行事。

【以他人名义实施代理的不同含义】原因在于,用以概括法定代理和意定代理共同特征的"以他人名义实施代理"这一表述,根据其所指的代理不同,其含义也有区别。一般来说,在自身法律领域内,行为人进行的法律活动可以产生法律效果。同时,被此人授权的其他主体进行的法律活动也能对代理人产生法律效果,但是该主体必须以当事人的名义进行活动,也就是说,只有"动用"当事人的名义才能对其法律领域产生影响。相反,当法律出于不同需求而赋予某人代理他人行事的权力时,被授权的代理人以被代理人的名义行事不一定要"动用"当事人的名义——这就好像是取代了被代理人的地位以实施代理行为(这是以他人名义实施代理这一表述所暗示的含义)——而只需要指明法律效果的作用对象,从而将代理行为所产生的法律效果作用于被代理人的法律领域。可见,所谓的法定代理和意定代理之间的区别非常明显。

【法定代理中对更高利益的保护】面对特定情况,法律规定了一种被称为法定代理或必要代理的制度以满足不同需求(该制度依代理权的来源和代理的不可推卸性而定)。但是,无论何种情况,法律都是为了保护更高利益,才允许由另一主体代替当事人在其必须产生法律效果的活动中行事,也只有这种利益才能论证侵犯私人法律领域的合理性。

【对无行为能力人的法定代理】首先,法秩序认识到有必要保护那些因缺乏行为能力而无法自行主张权利的主体。就像行为能力部分所阐述的那样(第4节),法律规定了一套复杂的权力机关和行为体系,这些规范围绕一个因为与当事人存在亲属关系或根据权力机关决定而被赋权的主体而设立。该主体被赋予的权力是处理家庭方面法律事务的支配权,尤其是在权力机关的监督下代替当事人与第三人进行法律活动的权力。

如果当事人是限制民事行为能力人,进行法律活动的代理权就是对当事人的协作和帮助,以在重要行为中同意或补充当事人的意思[1]。

【对行为能力人的法定代理】不过,有时候法律赋予某人代理他人行事或与他人行事的权力,是为了使能够产生法律效力的个人利益服从于更高利益。法律认为,将权力授予某个具有特定身份的主体,将更有助于实现这种更高利益。

【集体利益的法定代理】对高于某一方配偶个人利益的家庭利益的保护包括以下这些情形:丈夫代替并共同处置属于妻子的嫁资;在丈夫无法行使该权力时,妻子可以被授权以代替丈夫进行与嫁资相关的活动(第184条*、第185条、第187条);丈夫(如果丈夫无法行使,则是妻子)对夫妻共同财产所具有的权力(第220条、第222条**);配偶一方或其他人对不属于家庭共同财产的财产所具有的权力(第173条及以下条文***);在妻子具有的家庭事务支配权范围内,妻子应当承担丈夫为家庭所需而产生的债务(以第224条第1款为依据****)[2]。

在上述这些情况中,尽管当事人具有行为能力,但是其进行特定法律活动的专属资格被剥夺,其他人则获得了相应的代理权,授权就是为了实现双方共同组建的家庭的更高利益。

工会代表缔结具有普遍效力的集体劳动协议(《宪法》第39条)[3],从而实现某一行业的更高利益,也属于法定代理的范畴。

---

[1] 在这种情况和随后提到的其他情况下,与当事人合作的权力并不是代理权,但二者具有相同的性质。
* 第184条被替换为1975年5月19日第151号法律第63条。——译者注
** 1975年5月19日第151号法律第88条将这两条废除。——译者注
*** 1975年5月19日第151号法律第54条将这条废除。——译者注
**** 1975年5月19日第151号法律第88条将这条废除。——译者注
[2] SANTORO-PASSARELLI, Poteri patrimoniali dei coniugi e ripartizione degli oneri matrimoniali, Saggi, I, p. 523 ss.; Il potere domestico della moglie, Saggi, I, p. 561 ss.; G. STELLA-RICHTER, Debiti contratti dalla moglie per i bisogni della famiglia e responsabilità del marito, Giust. civ., 1958, I, p. 331 ss.
[3] SANTORO-PASSARELLI, Esperienze e prospettive giuridiche dei rapporti fra i sindacati e lo Stato, Saggi, I, p. 139 ss.; L'autonomia dei privati nel diritto dell'economia, Saggi, I, p. 227 ss.; Autonomia collettiva, Saggi, I, p. 255 ss.

【为第三人利益的法定代理】为了保护被代替人以外其他主体在法律活动中的利益,也可以采取法定代理,因为第三人利益在该活动中可能会遭受损害。在这种情况下,对更高公共利益的保护通过对这些第三人利益的保护得以实现。特别是在破产的情况下,为了保护债权人,破产人对其资产的管理权被剥夺,并由清算人代为行使,同时受到权力机关的指挥和控制(《破产法》第 31 条及以下条文、第 42 条及以下条文)。

【为代理人利益的法定代理】另外,代替他人进行法律活动并将法律效果归属于前者的权力,也可以被授予在该法律活动中具有自身利益的人。在这种情况下,考虑到直接被保护的利益所具有的关联性,代理权变成了一种真正的、主观权利,可以像诉讼代理那样将其称为"严格意义上的代替"。和其他法定代理的情况一样,代理人可以被授予代理权以进行活动——尤其是以被代理人的名义行使他人主观权利的活动(参见《民事诉讼法》第 81 条)——该法律效果仍然归属于应受该效果影响的人。

法律之所以赋予某主体这种为他人行事却保护自身利益的代理权,是因为其自身利益的实现依赖于他人利益的满足。因此,在本人利益所覆盖的范围内,可以为他人利益行事。这种情况的典型例子是允许债权人代位行使债务人的权利,"以确保其主张能够实现或成为可能"(第 2900 条);另外可以参见第 524 条第 1 款、第 1515 条第 1 款、第 2939 条)[1]。

在即将讨论的意定代理中,也会有代理人自身利益的实现依赖于被代理人利益达成的情况。只不过,代理人利益在法定代理和意定代理中

---

[1] NICOLÒ, Dell'azione surrogatoria, Commentario del codice civile, Bologna, Zanichelli, 1953; SACCO, Il potere di procedere in via surrogatoria, Torino, Ist. giur., s. d. (1955); GIOIA, L'azione surrogatoria nel diritto vigente, Napoli, Jovene, 1955; C. DEL GIUDICE, Rassegna di giurisprudenza: azione surrogatoria e azione revocatoria, Riv. trim. dir. proc. civ., 1957, p. 824 ss.; G. STOLFI, Appunti sull'art. 2900 c. c., Foro pad. 1963, I, 1369 ss.: Cass. 10 febbraio 1959, Giur. it., 1960. I, 1, 70, con nota di SACCO; 23 novembre 1959, Giust. civ., 1960, I, 260.

的本质区别是,意定代理中的代理人获得授权后是以被代理人的名义进行活动。

根据所保护的特定利益,上述情形表明代理行为逐渐摆脱对被代理人具体利益的考虑。因此可以发现,代理人与被代理人之间的利益冲突或对立所具有的意义,在不同情形下有所区别。

为保护无行为能力人而制定的规范群系统地规定了(或者说是准备了)消除利益冲突的办法(第320条第5款*,第323条**,第360条第1-2款,第378条,第394条第4款,第1471条第3项)。但是,如果已经完成的法律行为存在利益冲突,那么根据一般规定,这些法律行为可以被撤销(以第323条第2款、第378条第3款、第1471条第2款为依据)。

【为被代理人利益的法定代理】法定代理向意定代理过渡的例子存在于以下场景中:法律授予代理人以直接对被代理人产生法律效果的代理权,以保护被代理人利益。但是,(通常是)为了保护更高利益,代理人的意思还必须服从被代理人的意思(就像意定代理那样)。这种情况发生在所谓的代表型管理(gestione rappresentativa)中,比如管理人代表被管理人有效地开始进行管理活动(第2031条),也见于其他一些情形(如第1129条***、第1131条****)。

---

* 本法条被1975年5月19日第151号法律第143条替代。——译者注
** 本法条被1975年5月19日第151号法律第146条替代。——译者注
*** 2012年12月11日第220号法律第9条对本法条做出了修改。——译者注
**** 2012年12月11日第220号法律第12条对本法条做出了文字上的修改。——译者注

第六十节 意定代理；意定代理权；授权；共同代理；撤销意定代理；终止代理；对代理权消灭得以对抗第三人的限制；代理行为；以被代理人的名义行事；代理行为专属于代理人；代理人理解能力和意思能力的重要性；法律行为中意思瑕疵的影响；代理人主观状态的影响；效果专属于被代理人：行为能力、权利能力和恶意的影响；互不兼容的代理行为；不常规的代理活动；滥用代理；一般情形下的利益冲突；代理人与其本人签订契约；越权代理或无权代理；对第三人的保护；无权代理时的暂缓生效；追认；指名契约下的代理；指名契约的生效；指名表示与委托书（或接受指名）；指名契约对原缔约人生效

【意定代理】源于当事人意思的意定代理是真正意义上的代理,在早期的法律体系中,受当时的经济和社会结构所限,意定代理几乎不为人知。但如今,法律体系为那些在法律活动中需要他人协作的人提供了意定代理这一工具,意定代理形式丰富,能够适应现代经济日益精细和复杂的结构。如前所述,我们只讨论意定代理的一般规定,代理的典型情形则交由特别法理论,尤其是可在公司法中予以讨论。

与之前已经提及的其他词语相类似,意定代理和意定代理人有两层含义,即它们分别表示代理权和获得这种权能的人,也分别表示以他人名义行事的事实和使这种事实产生的人。代理和代理人这两个词语的不确定性不仅表现在术语层面,还表现在概念层面。

【意定代理权】以他人名义进行活动——其在意定代理中的准确含义之前已经指出——并立即对该当事人产生法律效果的前提是被授予了代理权(第1387条有明确规定)。如前所述,该代理权(potere di rappresentanza)是一种具体的代理权(potere d'agire)[1],属于支配权的范畴。凭借该权力,代理人可以在授权范围内(第1388条)以被代理人的名义进行活动并对后者产生法律效果。在此意义上讲,代理权是法律行为所具备的主体要求(参见第27节)。

意定代理权(其字面意思是通过代理人,使当事人仿佛在场参与该法律活动,并将法律效果归于当事人)只能向第三人行使,第三人不应该也不会关心代理人与当事人之间的管理关系如何,以及代理人为什么被赋予该代表权。

【授权】授权(procura)是当事人赋予某人在第三人面前代表自己的法律行为。因此,一定要将授权与管理契约区分开,尽管二者在意思的表达或文书形式方面有所重合。授权委托书是预备性契约,如前所述(第48节),由于该契约是当事人单方订立的单边契约,法律规定委托书应采用与代理人将要缔结的契约相同的形式(第1392条)。授权委托书的生效不以告知能向其主张权利的第三人为前提(参见第29节),但是反过来说(a contrario),法律允许第三人要求代理人出具权力证明,比如一份由代理人签署的原始授权书复印件(第1393条)。

授权的独特功能是使代理人代替被代理人与第三人往来,因此它是广义上的授权(参见第57节),但它仍是被抽离因果关系的法律行为,因为如前所述,对第三人而言,内部的管理关系并不重要。

授权可作一般意定代理或特别意定代理,前者代理的是被代表人的所有行为还是某法律关系范畴内的全部行为,后者指特定的某些行为。不过,特别意定代理中,除了已经明示的行为,还包括对于前者的履行而言不可缺少的行为;反之,一般意定代理中不包括代理范围以外的行为,除非代理书中有明确的约定(以第1708条为依据;参见第2204条,《票据法》第12条,《保险法》第15条)。

---

[1] potere di rappresentanza 和 potere d'agire 都指代理权,只是前者指向意定代理中的代理权,后者指向法定代理中的代理权。作者认为意定代理是真正意义上的代理(rappresentanza),所以在此处使用前者。——译者注

意定代表权的授予应当由本人亲自（intuitu personae）作出,因此必须排除代替当事人授予的情形,除非是特殊授权（以第 1717 条为依据;也参见第 1856 条第 2 款）。

【共同代理】当多个人为一个共同事务而被共同授予意定代理权,该授权就构成主动的共同意定代理（以第 1726 条为依据）;如果某个当事人就同一事务授予多个人意定代理权,则构成被动的共同意定代理。在被动的共同意定代理情形下,除非有规定要求代理人必须联合实施代理行为,否则代理权被认为是平均地分配给每一个代理人（第 1716 条第 2 款;参见第 2203 条第 3 款、第 1730 条）[1]。被分离的代理权加剧了代理权中固有的危险,即代理人实施的行为和法律行为不相容。

【撤销意定代理】意定代理权作为一种为了他人利益而行使的权力和实现该利益的工具,总是受制于被代理人的意思。只要所授予的权力尚未行使,被代理人就可以随时修改或撤销该权力,不过被代理人基于管理关系对代理人应当承担的法律责任不受影响。因此,就其性质而言,意定代理是一种可撤销的法律行为。

如前所述,如果代理权以可被识别方式授予,授予是为了代理人的利益（procurator in rem suam）或第三人的利益,且不存在不同规定或撤销的正当理由,那么撤销意定代理不会对第三人发生效力（以第 1723 条第 2 款为依据）[2]。例如,为了担保代理人将来的贷款,在被代理人的财产上设定抵押而出具的授权书无法被撤销。

不过,在将财产转让给债权人的情形中（第 1977 条及以下条文）,涉及的不是不可撤销的意定代理,而是法定代理（参见第 59 节）。债权人依法获得管理该财产的权利（第 1979 条）,债务人则丧失该权利,尤其不能

---

［1］ CAPUTO, La procura collettiva, Roma, Sefi, 1934.
［2］ GRAZIANI, In tema di procura irrevocabile e Mandato e procura irrevocabile, Studi di diritto civile e commerciale, Napoli, 1953, pp. 73 ss., 83 ss.; MINERVINI, Contributo alla dottrina della procura irrevocabile, Ann. dir. comp., 1949, p. 27 ss.; BURDESE, Irrevocabilità del mandato con rappresentanza, Dir. e giur. 1950, p. 435 ss.; COTTINO, Note sull'irrevocabilità del mandato, Riv, dir. comm., 1952, II, p. 18 ss.

处分相应财产(第 1980 条第 1 款)[1]。

在主动的共同意定代理中,除非有正当的撤销理由,否则未经参与代理授予的所有代理人同意,撤销无效(以第 1726 条为依据)[2]。

撤销以明示或默示的方式作出(以第 1724 条为依据)(参见第 29 节)[3]。

【终止代理】由于代理权来自被代理人持续和实际的意思,所以可撤销的意定代理不仅会因撤销行为而终止,还会因被代理人死亡或意外丧失行为能力而终止。不过,排除有关企业的特殊规定(以第 1722 条第 4 项和第 1723 条第 2 款为依据)和企业破产的规定(以《破产法》第 78 条*为依据)[4]。

另外,意定代理还会因代理权期限届满、代理事务完成或者代理人死亡(但不包括突然丧失行为能力,参见第 1389 条第 1 款)而终止(以第 1722 条第 1 项和第 1722 条第 4 项为依据)。

如前所述,代理权与管理关系不同,所以导致后者关系终止的原因与前者并不相同。

---

[1] Sul punto DE MARTINI, La cessione dei beni ai creditori, Riv. dir. comm., 1942, I, p. 312 ss.; Aur. CANDIAN, Cessione dei beni ai creditori, Dir. fallim., 1947, I, p. 16 ss.; Nuove osservazioni, Riv. dir. proc., 1959, p. 189 ss.; SALVI, La cessione dei beni ai creditori, Milano, Giuffrè, 1947, p. 152 ss.; CARRESI, Natura giuridica della cessione dei beni ai creditori, Riv. dir. comm., 1947, I, p. 133 ss.; SOTGIA, La cessione dei beni ai creditori, ristampa, Torino, Utet, 1954, p. 43 ss.; CARRARO, Il mandato ad alienare, Padova, Cedam, 1950, p. 104 ss.; GHIDINI, La cessione dei beni ai creditori, Milano, Giuffrè, 1956; Questioni, Temi, 1959, p. 311 ss.; CASTANA, La c. nelle diverse fattispecie, Milano, Giuffre, 1957; SPINELLI, Le cessioni liquidative, Napoli, Jovene, I, 1958, II, 1562; C. A. FUNAIOLI, Deposito. Sequestro convenzionale. Cessione dei beni ai creditori, Milano, Vallardi, 1961.

[2] CORMIO, In lema di revoca del mandato collettivo, Giur. it. 1959, I, 2, 873 ss.; Cass. 18 agosto 1948, Giur. compl. Cass. civ., 1948, III, 286, con nota di MINERVINI.

[3] Cass. 29 gennaio 1953, Giust. civ., 1953, 338.

* 本条款被 2006 年 1 月 9 日第 5 号法律第 64 条对本条款做出了文字上的修改。——译者注

[4] 如果代理授权书是不可撤销的,那么这个代理关系将不受被代表人破产的影响,参见 Cass. 16 maggio 1962, Riv. dir. comm., 1963, II, 95, con nota di Nicolò LIPARI; 25 luglio 1964, Dir. fall., 1964, II, 490。

【对代理权消灭得以对抗第三人的限制】前述原因导致代理权消灭的,代理人应当交回授予其权力的证书(第 1397 条)。如果代理权的变更或撤销并没有以"适当的方式"告知第三人,或者无法证明第三人知道或应该知道该情况,则消灭事由不得对抗第三人(第 1396 条;参见第 2207 条)。

也就是说,为了平衡私主体在意定代理中获取的扩大其主动性和自主权的制度功能,与意思自治相关联的信赖风险原则(第 31 节)为意定代理中产生无过错信任的人提供了保护。

【代理行为】根据前面已经阐明的含义(从该含义可知),意定代理中代理人必须"以被代理人的名义行事(contemplatio domini)",也就是以被代理人的名义完成代理行为,从而使法律效果归属于被代理人(第 1388 条)〔1〕。不过,以被代理人的名义不意味着必须使用特别的措辞或表述。
【以被代理人的名义行事】如果代理人没有"以被代理人的名义行事(contemplatio domini)",也就是说代理人是以自己的名义行事,那么法律效果仅归属于代理人,即使代理人具有代理权并希望为当事人行事。该规定排除了企业主对经营管理人的企业经营行为承担相应责任的情形(第 2208 条;参见第 58 节)。

【代理行为专属于代理人】代理行为完全由代理人实施,这既包括主观心理要素,又包括客观行为要素。

特别是契约领域,旨在产生法律效果的意思完全由代理人作出。这一规则没有例外。如果被代理人对契约内容已预先作部分安排,那么此时代理就"退位"成对他人意思的单纯表达,代理人也就变成传递该意思的使者。

代理人在行为形成过程中的状态,对应法典规定的代理人实行行为时应当具备的内心要素要求。

【代理人理解能力和意思能力的重要性】行为的意思和旨在产生法律

---

〔1〕 Cass. 24 settembre 1953, Giur. compl. Cass. civ., 1954, II, 131, con nota di U. MIELE; 13 maggio 1958, Mass. Foro it., 1959, 319, 1566; 17 dicembre 1959, Rep. Foro it., 1959, Mandato, 8; 9 giugno 1960, Mass. Foro it., 1960, 334, 1516. Sull'«intestazione» di beni ad altri cfr. VALENTE, L'intestazione di beni sotto nome altrui, Milano, Giuffrè, 1959.

效果的意思来自代理人,所以代理人必须能理解自己所希望的内容。根据行为可能对当事人产生的效力,法律规定当事人必须具有行为能力,该要求旨在保护那些被法律认为无法为自己行事和无法判断行为后果的主体。因此,没有理由要求代理人必须具备这种法定行为能力。根据代理的职责,代理人只需要在行为时对"契约性质和内容具有理解能力和意思能力"即可(第 1389 条第 1 款)[1]。

【法律行为中意思瑕疵的影响】在对代理人缔结的契约是否存在意思瑕疵进行确定和评估时,必须考虑代理人的意思,这样才能判断该契约是否有效或可撤销(第 1390 条)。但如果该意思瑕疵与被代理人的预先安排有关,则需要考虑被代理人的意思,但是在这种情况下,已经不属于代理。

【代理人主观状态的影响】代理人作为代理行为的主体,尤其是作为法律行为的主体(除非是被代理人已作预先安排的情形),必须评估代理人"善意或恶意,对特定情况知道或不知道"的主观状态。很多例子都可以说明代理人主观状态对代理行为的有效性及其效力的影响(第 1391 条第 1 款)[2]。

【效果专属于被代理人:行为能力、权利能力和恶意的影响】另外,由于代理行为的法律效果归属于被代理人,因此被代理人必须具备能产生法律效果的行为能力(第 1389 条第 1 款)和特定的权利能力。其中,特定的权利能力是指产生行为效力的能力(参见第 1 节、第 27 节)。对此,法律的规定是"为了使代理人缔结的契约产生效力,必须确保被代理人没有被禁止作出缔约行为"(第 1389 条第 2 款)[3]。

基于和上述相同的原因,如果被代理人存在恶意,即使代理人善意或对特定情况不知情,代理行为的有效性或效力仍然会受到影响(第 1391

---

[1] Cass. 9 ottobre 1964, Foro it., 1964, I, 2094.
[2] CARRESI, I fatti spirituali nella vita del diritto, Riv. trim. dir. proc. civ., 1956, p. 419 ss.; Cass. 13 agosto 1957, Foro it., 1957, I, 1935; 29 ottobre 1963, Giur. it., 1964, I, 1, 770.
[3] Cass. 29 settembre 1954, Giust. civ., 1954, 240.

条第 2 款)。

288 　　虽然《民法典》将效力专属于被代理人的规定适用于普遍意义上的代理,但实际上只有法定代理中的部分情形——是两种代理类型并无实质差异的情形——适用该规定。更准确地说,上述规定只适用于代理人存在意思瑕疵和主观状态瑕疵(第 1390 条,第 1391 条第 1 款)[1]的情形,以及对被代理人有特定权利能力要求的情形(第 1389 条第 2 款)。

　　【互不兼容的代理行为】被代理人通过意定代理将代理权授予他人,但并没有剥夺代理人实施与代理行为相关的法律活动的能力。此外,如我们看到的,代理人还可以就同一事务将代理权分别授予多人。此时,可能会出现不兼容的行为和法律行为[2]。

　　如何解决该冲突呢? 对于不同代理人实行的具有相同法律效力的行为,应当采用在判断同一主体实行的行为和法律行为时通常使用的标准(尤其时间顺序)来确定彼此之间的优先排序(参见第 1724 条暗含的内容)。只有在极少数情况下,即同时实行互相冲突的行为,但无法为某行为的优先性找到理由,那么这些行为会因为彼此之间的矛盾而一律被视为无效。

　　【不常规的代理活动】至此,可以开始讨论因各种原因而未能形成常
289 规代理的情形。包括三种:滥用代理(abuso)、越权代理(eccesso)和无权代理(mancanza di potere)[3]。法律上规定了滥用代理的两种不同情形,越权代理和无权代理虽然概念上有所区别,但针对二者的法律调整方式是相同的。

---

　　[1] MESSINEO, Applicabilità degli articoli 1390-91 c. c. al rappresentante legale dell'incapace, Riv. trim. dir. proc. civ., 1957, p. 1606 ss. 将第 1390 条和第 1391 条适用于法定代理的情形,参见 Cass. 20 febbraio 1956, Mon. trib., 1956, 535;将第 13911 条适用于法定代理的情形,参见 Cass. 25 giugno 1953, Foro it., 1953, I, 1603。

　　[2] G. TEDESCHI, Negozi giuridici incompatibili, Arch. giur., 101, 1929, p. 210 ss.

　　[3] MINERVINI, Eccesso di potere del rappresentante e responsabilità del «dominus », Foro it., 1947, I, 380 ss.; CARRESI, In tema di difetto e di abuso di rappresentanza, Riv. dir. comm., 1951, I, p. 209 ss. Rispetto al rapporto interno: AURICCHIO, Considera ioni dell'eccesso di mandato, Dir. e giur., 1956, p. 1 ss.; Cass. 14 luglio 1954, Riv. dir. comm., 1954, II, 94, con nota di SCHLESINGER.

【滥用代理】代理人以他人名义在形式上实施代理行为,但是代理权的行使不是为了实现被代理人的利益,而是为了实现其本人或他人的利益,且该利益与被代理人利益相冲突的,则构成滥用代理[1]。滥用代理与之前提到过的为保护自身或他人利益而实施代理行为、且该利益实现以被代理人利益实现为前提的代理不同。在滥用代理中,彼此利益相互冲突,代理人为实现其他利益而牺牲了被代理人的利益,代理权也因此被用于与授权目的不同的其他用途。

法律规定了滥用代理的一般情形和特别情形。

【一般情形下的利益冲突】滥用代理的一般情形是指代理人与第三人缔结的契约或者涉及第三人的契约与被代理人的利益相冲突,如果第三人知道或者应该知道利益冲突(第1394条),那么被代理人可以滥用代理为由要求撤销该契约[2]。

【代理人与其本人签订契约】滥用代理的特殊情形是指代理人与自己签订契约[3]。此时利益冲突非常明显,因为代理人与自己缔结契约或者缔结与自己有关的契约,这种情况下代理人既代表当事人,又代表其本人或其他被代理人。对此,被代理人可以提出撤销已经缔结的契约(第1395条,第1471条第1款第4项,第1471条第2款)[4]。

以下两种情况否认存在利益冲突:一是被代理人已作特别授权,二是代理人未以代理人的身份缔结契约(毕竟因为被代理人已经对法律行为

290

---

[1] PUGLIATTI, Il conflitto di interessi tra principale e rappresentante, Messina, Annali Univ., 1928; MINERVINI, Il conflitto d'interessi fra rappresentante e rappresentato nella recente codificazione, Arch. giur., 133, 1946, p. 120 ss.; MOSCO, Brevi considerazioni in materia di conflitto di interessi tra rappresentante e rappresentato, Dir. e giur. 1964, p. 318 ss.

[2] Cass. 23 gennaio 1958, Giust. civ., 1958, I, 1339(充分且实际知情)。

[3] BALBI, La stipulazione del contratto ad opera di una sola per. sona, Padova, Cedam, 1936; Contratto con se stesso, Noviss. Dig. it., IV, Torino; Utet, 1959, 690 ss.; GALLUCCIO, Contributo alla dottrina del contratto con se stesso, Napoli, Jovene, 1946; MESSINEO, Contratto con se stesso, Enc. dir., X, Milano, Giuffrè, 1962, p. 209 ss.; VISALLI, Natura giuridica del contratto con se medesimo, Riv. dir. civ., 1963, II, p. 377 ss.

[4] Cass. 14 marzo 1949, Giur. compl. Cass. civ., 1949, I, 437, con nota di De MARTINI; 19 giugno 1952, ivi, 1952, III, 103, con nota di U. MIELE; 5 marzo 1954, Foro it., 1955, I, 868; 20 luglio 1962, Foro pad.. 1963, I, 298.

的内容作了预先安排)。在这两种情形下,代理人与自己签订的契约有效(第 1395 条第 1 款后半句;另参见第 1735 条),因为该代理人的意思有助于被代理人的利益实现。

【越权代理或无权代理】如果以他人名义进行活动与代理权不相符,而不相符的原因是代理权的行使范围较之更为有限或者根本不存在代理权,则构成越权代理或无权代理。由于缺乏代理权,以被代理人名义实行的行为的法律效果不会归属于被代理人;而且,由于代理人没有以自己的名义进行活动,该行为也无法对代理人产生法律效果。【对第三人的保护】对此,法律通过不同方式保护那些与越权代理甚至是伪造代理(falsus procurator)的代理人缔结契约的第三人[1]。

一般而言,既然以被代理人的名义作出的代理行为不对被代理人产生效力,那么实际缔约的无权代理人必须赔偿第三人损害(所谓的消极契约利益),即第三人出于"善意相信能对被代理人产生法律效果"而遭受的损害(第 1398 条;另参见第 1338 条)。不过,在特定情况下,法律也允许第三人实现积极契约利益,比如(第 56 节),法律规定契约效力可以部分或完全地归属于无权代理人(第 1890 条第 2-3 款;《票据法》第 11 条,第 102 条第 2 款;《保险法》第 14 条)。

【无权代理时的暂缓生效】不过,因无权代理而缔结的契约既非无效契约,又不是可撤销契约,其原因前面已作论述。这里需要补充的是,在无权代理这一规则之外,法律也提供了一个观点,即无权代理并不当然减

---

[1] DE MARTINI, Apparenza di procura institoria e terzi di buona fede, Giar. compl. Cass. civ., 1949, I, p. 439 ss.; SANTINI, L'opponibilità delle eccezioni nella cambiale firmata da «falsas procurator» Riv. dir. comm., 1953, I, p. 60 ss.; BUTTARO, Il «falsus procurator» e art. 11 della legge cumbioria, Banca, borsa tit. cred., 1955, I, p. 310 ss.; MESSINEO, La sorte del contratto stipulato dal rappre entante appa rente («falsas procurator»). Riv. trim. dir. proc. civ.. 1956, p. 394 ss. TORRENTE, la tema di procura apparente, Foro it., 1958, I, 391 ss.; G. STOLFI, Ancora sul pagamento al rappresentante senza potere, Banca borsa tit. cred., 1960, II, p. 235 ss.; Cass. 7 gennaio 1950, Giur. compl. Cass. civ., 1950, I, 230, con nota di DISTASO; 25 febbraio 1953, Giur. it., 1953, I, 1, 902; 29 luglio 1958, Mass. Foro it., 1958, 558, 2744; 9 ottobre 1958, Foro it., 1959, I, 399; 27 maggio 1960, Foro it., 1960, I, 1508.

损法律行为的有效性。该观点可以从转让他人之物的有关法律规定中找到依据:虽然转让人缺少处分权,但契约只在一定条件下才能被解除(第1479条第1款)。无代理权而以他人名义缔约的契约是未生效的契约,更确切地说,是暂缓生效的契约,因为当事人在任何情况下[1]都有权追认该契约(参见第56节)[2]。

【追认】追认是一种增补性的法律行为,法律规定其必须以主契约的形式作出(第48节)[3]。通过追认,当事人使以其名义完成的行为对自己产生效力,又或者说,当事人承担了行为产生的效果(参见第1188条第2款,第2822条第2款)[4]。

追认溯及既往的效力[5]受到第三人在此时间内获得的权利的限制[6],由此可以推论出追认与授权代理存在功能上的区别,追认不能被认为是对代理权的事后授予(无法从中得出追认这一概念是否可靠的结论)。

追认权可以转让给继承人,但发生下列情况的,追认权消灭。缔约的行为人在追认之前解除契约或撤销契约,或者第三人指定当事人进行追认的期限已过,而当事人未作表示[7]。根据前面已经指出的(第29节),对于后面这种情形,法典将当事人的沉默视为"拒绝追认"并不合

---

[1] 也包括单方法律行为。CARRESI 对此提出反对意见,但似乎没有合理的论据支持。参见 CARRESI, In tema di diletto e di abuso di rappresentanza, Riv. dir. comm., 1951, I, p. 211 ss。

[2] Cass. 8 gennaio 1964, Foro it., 1964, I, 797 ss.

[3] Cass. 28 aprile 1947, Giur. it., 1947, I, 1, 413, con nota di CARRARO; 23 ottobre 1964, Mass. Foro it., 1964, 710, 2648.

[4] Cass. 26 luglio 1952, Giur. compl. Cass. civ., 1952, II, 1, 914, con nota di BOLOGNA; 28 novembre 1958, Giust. civ., 1958, I, 2009. 有关 2032 条的追认,参见 Cass. 10 agosto 1949, Giur. it., 1950, I, 1, 668。

[5] BIONDI, Gestione rappresentativa e ratifica, Foro it., 1954, I, 98 ss.; Cass. 6 aprile 1949, Giur. compl. Cass. civ., 1949, I, 547, con nota di DE MARTINI; 6 febbraio 1961, Sett. cass., 1961, 283.

[6] Cass. 7 agosto 1950, Giur. it., 1951, I, 1, 270.

[7] 在任何情况下,第三方都不能撤销该期限,参见 SIMONETTO, Riv. dir. comm., 1954, II, p. 381 ss.; AURICCHIO, ivi, 1955, II, p. 37 ss. G. STOLFI, Foro it, 1955, I, 979 ss.。但是,如果第三方不知情的话,参见 Cass. 21 glugno 1955, Riv. dir. comm., 1955, II, 266, con nota critica di De MARTINI, e Nuova riv. dir. comm. 1955, II, 91, con nota adesiva di MOSSA。

适,因为此时并不存在意思自治行为(第1399条)。

【指名契约下的代理】另外,指名契约中存在一种针对不特定人(in incertam personam)的独特代理,《民法典》对此作了一般性规定(第1401条及以下条文),而该规定在具体适用中有部分修改(《民事诉讼法典》第583条;《航行法》第660条;另外可参见《民法典》第1762条)[1]。指名契约中,"一方保留契约成立后指定应当享有该契约权利和承担义务的人的权利"(第1401条),这是该制度的独特功能。保留指名权的当事人并不以自己的名义缔约契约,也不以他人的名义缔结契约。

【指名契约的生效】契约一方当事人应当在法律规定的(契约成立后三天内)期限内,或者双方约定的期限内作出指名表示;即便事先没有委托书,该规定也适用于被指名人[2]。

指名表示和接受指名是相互补充且相互依赖的法律行为,因为某法律行为的生效取决于另一法律行为的存在(第1402条)(参见第48节)。

【指名表示与委托书(或接受指名)】通过指名表示,为被指名人进行的缔约行为变为以他人的名义进行的活动,契约效果自契约成立时起(第1404条)[3]归属于被指名人[4]。当然,其前提是之前已经存在委托书,或者被指名人接受了指名(具有和追认相同的功能)。

由于指名人缔结的契约没有明确被指名人,法律规定为填补被指名人身份而作出的指名表示也要使用与该契约相同的方式,即使指名契约中对此并无约定。而且,法律将该规定扩张至签署授权书或被提名人接

---

[1] SCLSCA, Il contratto per persona da dichiarare, Milano, Giuffrè, 1939; BRIETTI, Il contratto per persona da nominare, Torino, Ist. giur., s. d. (1950), specialm. p. 110 ss.; Alcune osservazioni in tema di contratto per persona da nominare, Riv. dir. comm., 1953, II, p. 416 ss.; CARRENI, Funzione e struttura del contratto per persona da nominare, Riv. dir. civ., 1958, I, p. 591 ss. Contratto per persona da nominare, Ene, dir, X, Milano, Giuffrè, 1962, 129 ss.; Cass. 13 giugno 1959, Foro it. 1960, I, 1388; 14 novembre 1959, Giust. civi, 1960, I, 22.

[2] Cass. 27 febbraio 1963, Giur. it., 1963, I, 1, 1474.

[3] 为了契约的有效性,契约不应禁止被指名人进行缔约(第13892条);与此不同的观点,参见 Cass. 30 gennaio 1951, Foro it., 1951, I, 561。

[4] Cass. 2 luglio 1953, Giust. civ., 1953, 2209.

受提名的情形。如果要求以公示的形式确定指名契约的效力，那么也应当对指名人的授权和被指名人接受指名进行公示（第1403条）。

【指名契约对原缔约人生效】由于契约没有将法律效果归于特定主体——这是指名契约和代理活动的本质区别——为了与当事人的一般目的保持一致，法律规定如果未按照规定方式作出指名，则指名契约的法律效力发生在原缔约人之间——这是无权代理的例外规定，即契约"在原缔约人之间产生效力"（第1405条；另参见《刑法典》第583条第2款，《航行法》第660条）〔1〕。法律甚至通过特别规定将该规则扩展到居间契约，尽管根据定义，居间人并不是缔约方（第1762条）〔2〕。

即使存在事先约定的授权书，指名契约也能对原缔约人生效，这也确认了代理中以被代理人的名义行事（contemplatio domini）的重要性。

---

〔1〕 Cass. 27 ottobre 1948, Giur. compl. Cass. civ., 1948, III, 758, con nota di De MARTINI, Sulla natura giuridica del cintratto per persona da nominare; 14 febbraio 1964, Mass. Foro it., 1964, 81, 338.

〔2〕 ENRIETTI, Il contratto per persona da nominare, Torino, Ist. giur., s. d. (1950), p. 214 ss.; CARRARO, La mediazione, 2a ediz., Padova, Cedam, 1960, p. 159 ss.; Mediazione e mediatore, Noviss. Dig. it., X, Torino, Utet, 1964, 476 ss.; VARELLI, La mediazione, Napoli, Jovene, 1953, pp. 37, 96 ss.; MARTORANO, Imparzialità e rappresentanza nella mediazione, Dir. e giur., 1956, p. 328 ss.; Cass. 24 luglio 1959, Giur. it., 1959, I, 1, 1156; VISALLI, La natura giuridica della mediazione, Foro it., 1961, I, 1212 ss.; Cass. 26 luglio 1960, Giur. it., 1961, I, 1, 1094.

第四章　法律事实的证据

第六十一节　证据的规则和功能；证据的概念；虚假证据；证据的法定规则；证据规则对实体法的重要性；自由心证；法定证据；排他性证据；身份状态的证明；法定证据对第三人而言的效力；特殊的法定证据

296 【证据的规则和功能】有关法律事实(即民法上的那些法律事实)的证据(prova)规则被规定在《民法典》和《民事诉讼法典》中,由于证据在实体法中——在诉讼程序之前——发挥作用(下面即将进行阐述),也当然与诉讼相关。证据的这种关联性可以从两个方面来理解,一方面法官要求提供证明事实的证据,另一方面某些证据只在诉讼过程中才会形成。

在这里,我们主要介绍证据法中实在法层面的事实和法律关系理论,不谈及诉讼理论。我们之所以提到事实和法律关系,是因为证据通常是基于个人利益而意在证明某法律关系存在与否及其存在方式如何。然而,法律关系的存在与否以及存在方式如何,只能通过有关构成、阻却、变更、消灭法律关系的事实来证明(参见第2697条)。

【证据的概念】证据是对积极或消极事实的陈述或论证。如果具备事实陈述,比如文件或证人证词,则这种证据被称为历史证据;如果是对某事实的论证(论证需要通过一个或多个事实推断得出),比如推定(第2727条;《民事诉讼法典》第116条第2款称为"证据论证"),则这种证据被称为评判性证据。

【虚假证据】当事人或第三人故意提供的与事实不符的证据,为伪造证据。

【证据的法定规则】证据的法定规则,包括承担证明责任、证据要求、采纳证明的限制条件和单个证据的法律效果。这些内容都被规定在《民法典》中,构成实体法中的证据法部分。【证据规则对实体法的重要性】正是因为这些规则,证据再也不是像形式那样仅作为法律行为的要素(参见第30节),而是构成要素中事实的补充。

【自由心证】在上述证据规则和证据可获得性原则(是对民事诉讼法中可获得性原则的适用)之下,是法官自由心证的诉讼法原则(《刑事诉讼法》第115条、第116条第1款*)。

【法定证据】法定证据是指法律认为针对特定情况能够证明相关事实的证据。【排他性证据】法定证据在实体法中非常重要,因为要依赖于提供此种证据而使主张的事实生效或在某方面生效,或是因为无法提供此种证据而使主张的相反事实不生效。比如,在无法获得非婚生子女身份时,非婚生亲子关系法定证据的重要性就显现出来,因为该证据能够影响抚养和继承的效力(第279条**、第580条***、第592条第2款****、第593条****、第594条****)。

【身份状态的证明】身份状态证明的实质作用表现得更加明显。在我们看来,结婚登记证书、婚生子女出生证明不仅在原则上是所陈述事实的排他性证据,还分别是配偶和婚生子女身份状态的凭证。也就是说,上述身份状态依赖于这些文件的存在。反过来说,只要这些文件存在,就不可能给出与上述文件陈述事实相反的证据,这些文件也会导致与其相反的

---

* 本法条被2014年8月9日第114号法律第2条第1款c项修改。——译者注
** 本法条被2013年12月28日第154号立法法令第36条修改。——译者注
*** 本法条被2013年12月28日第154号立法法令第79条修改。——译者注
**** 宪法法院1970年12月28日第205号判决宣告本法条违宪。——译者注
**** 根据1975年5月19日第151号法律第194条,本法条被废除。——译者注
**** 本法条被2013年12月28日第154号立法法令第83条修改。——译者注

事实不生效(第 130 条及以下条文,第 236 条及以下条文)[1]。

【法定证据对第三人而言的效力】不过,有时法定证据的效力取决于事实对第三人的效力。对此,法律严格规定了私证书中行为人的行为日期这一证据,以便该日期对第三人而言是确定且可以向其主张的(参见第 2704 条、第 1202 条第 1 项、第 1380 条第 2 款、第 1524 条第 1 款、第 2901 条第 1 项;《破产法》第 64 条** 及以下条文)。

【特殊的法定证据】法律为法律事实规定的证据规则也涉及这些事实本身。该种安排符合特殊的法定证据与待证事实之间的关联性,也符合这些事实及其相关证据相互依赖的情况。但是在《民法典》中,关于应当登记的企业账簿的法律规定却被列在证据的标题之下(第 2709 条及以下条文)。

第六十二节 举证责任:法律规定和意思约定;法律推定;相对推定;绝对推定;有关事实的法定或意定的证据和形式;重制文件的证明功能

【举证责任:法律规定和意思约定】举证责任由有意主张并确认待证事实效力的主体承担(参见第 16 节)[2]。对当事人而言,若主张法律关系存在,则负有证明构成性事实存在的责任;若主张法律关系之类型和法律关系不存在,则负有证明阻却性、变更性或消灭性事实的责任(第 2697 条)[3]。

不过,双方可以根据意愿分配、调换甚至加重举证责任,只要该举证责任只涉及个人权益或者可处分的权利,并且举证并不会使权利行使变

---

[1] SANTORO-PASSARELLI, Status familiae, Saggi, I, P. 421 ss.; ATTARDI, Efficacia giuridica degli atti di stato civile, Città di Castello, Leonardo da Vinci, 1949; BARBERO, Titolo di stato e stato di figlio legittimo, Riv. trim. dir. proc. civ., 1952, p. 888 ss.

** 2015 年 6 月 27 日第 83 号立法法令第 6 条为本条增加了第 2 款。——译者注

[2] MICHELI, L'onere della prova, Padova, Cedam, 1952.

[3] Cass. 29 ottobre 1963, Mass. Foro it., 1963, 819, 2867.

得困难(第2698条)(参见第25节失权的类似规定)[1]。因此,对于未来缔结的契约,即使法律不要求必须提供书面性证据,双方当事人也可以约定必须以书面形式加以证明(第2725条第1款,参见第40节)。

从允许私人意志约定举证责任中,我们可以进一步确认证据的重要性,因为如果举证只是一项诉讼性权利,那么它本身就是不可处分的权利。

【法律推定】考虑到某些特殊状态,法律豁免了针对某些法律事实的举证责任(第2727条、第2728条第1款)[2]。

【相对推定】法律明确表示当事人可以提供相反证据以证明事实不存在,这种情形被称为相对推定(拉丁语被表述为 iuris tantum)(第462条第2款中开启继承期间对怀孕的推定就是相对推定。这种推定也被称为诉讼抽象,参见第38节)。

【绝对推定】如果法律不允许以相反证据证明事实不存在,则构成绝对推定(拉丁语被表述为 iuris et de iure)(例如第232条中对婚姻期间怀孕的推定)(第2728条第2款)。不过,此时该证明规则不再属于证据法范畴,而是基于经验法则确定与应当产生效果的事实不同的其他事实也能产生相同的效果(比如,法定期间内孩子出生与婚姻存续期间怀孕的法律效果相同)(另参见第29节结尾处)。

【有关事实的法定或意定的证据和形式】我们已经看到有一些事实,尤其是一些契约,必须具有书面形式才能成立。对此,如果没有对事实进行书面化(无论是基于法律规定还是意思自治),该契约就不能成立。实际上,在有争议的情况下,法律甚至认为双方约定的这种对事实的书面化构成契约的构成要素(ad substantiam)(第1352条)(参见第30节)。

但有时候,法律规定或双方约定的书面化(无论该事实是否旨在产生

---

[1] Cass. 23 novembre 1948, Foro it., 1949, I, 652, con nota di CUPIS; 31 marzo 1949, Giur. compl. Cass. civ., 1949, III, 34, con nota di MONTESANO, e Giur. it., 1950, I, 1, 261, con nota di BETTI; 13 luglio 1959, Giur. it., 1960, I, 1, 422; 26 ottobre 1961, Mass. Foro it., 1961, 638, 2418.

[2] Cass. 25 giugno 1954, Giur. it., 1955, I, 1, 666.

法律效果)只构成对事实的证明(ad probationem)(以第 2725 条第 1 款为依据)。对此,法律条文的表述是"必须以书面形式加以证明"(第 46 节)。根据该条文表述,此时书面化不是契约的构成要素,没有书面化契约仍然成立。而且,即使缺少书面证据,也可以通过承认和誓言对契约进行证明,在某些情形下还能通过证人证言来证明契约。

可见,就书面化而言(无论是基于法律规定或双方约定),作为形式要素的书面化和作为证据的书面化存在本质上的区别。

除上述外,有关事实作为形式要素的书面化和作为证据的书面化虽然存在区别,但差异不大。这种情形出现在特定的书面化构成事实的排他性证据。对此,我们可以回顾之前提到的身份状态证明制度。如果结婚证书和出生证明构成婚姻和婚生子女的排他性证据,那究竟是何原因导致它们不是书面记录事实的形式要素?原因在于,制作证明是该事实生效的必要条件,而不是该事实成立的必要条件。

用以证明事实存在的证据(即使是排他性证据)——身份状态证书——如果从一开始就缺少或者在之后缺少,那么法官可以按照法律规定的方式制作或重新制作该身份状态证书,从而使事实能够产生法律效力。

但是,如果缺少作为形式要素的书面化,则契约不成立,因此也无法通过司法手段使其书面化。此时只能按照之前所说的那样(第 30 节),对于缺失的文件重新履行书面化的要求或重新实施法律行为。

【重制文件的证明功能】如此一来,就产生了作为形式要素的书面化和作为证据(即使是排他性证据)的书面化的另一个区别。如前所述,形式要素(forma)指的是书面化(documentazione),而不是具体的文件(documento),所以文件丢失并不会影响事实的存在,尤其不会影响契约的成立。证据(prova)指向的是文件,文件丢失,则证据消失,除非重新制作文件。在要式法律行为中,书面化既是法律行为的形式要素,同时又具有证据的功能。所以法律不仅要求法律行为符合形式要素——通过具备书面化而使法律行为成立——还规定文件作为法律行为必不可少的书面证据,丢失后可以予以重新制作(此时又像是只具有事实证明功能的书面化)。

对事实的书面化,无论是作为构成要素还是作为证据,法律只允许在非因缔约人的过失导致文件丢失的情况下(参见第2725条和第2724条第3项)采纳证人证言,以重制该证明文件。

第六十三节 证据类型;书证;公证书和私证书;私证书;特殊的私证书;对第三人而言的私证书日期;所谓的将公证书转换为私证书;复印件;承认或重发的文件;机械设备复制件;承认:诉讼承认;非诉讼承认;承认作为法定证据的局限;宣誓;决定性宣誓,补充性宣誓和评定性宣誓;证人证言;采纳证人证言的限制;例外;被推定的证据及其限制

【证据类型】《民法典》规定的证据类型包括书证、证人证据、承认和宣誓,这些证据由当事人和第三人提供以陈述某事实。法典还规定了印记证据(仅指第2713条规定的情况)和所谓的推定证据,这些证据是通过对其他事实进行逻辑分析而得出的证据,证据有时是之前已经形成的,有时(在推定证据的情形中)是自然常见的,因此需要由法官进行谨慎判断。

【书证】对事实的陈述可以通过书面化提前作出。文件可以是纸质的,也可以是通过机械设备复制的。

【公证书和私证书】法律将由权力机关出具的书面文件称为公证书,"由公证人或其他有权在写成的文件之上赋予公信力的公共事务官员"作出(第2699条)。【私证书】私证书则是载有当事人的表示且有本人签名的文件(第2702条)[1]。

在提起不实之诉之前(《刑事诉讼法》第221条及以下条文),下列公

---

[1] LASERRA, La scrittura privata, Napoli, Jovene, 1959.

证书均具有证明力,包括由公共事务官员制作的公证书,公共事务官员出具的证实在其面前所发生事实的公证书(该事实是当事人所作表示或者是由公共事务官员完成的事实,参见第 2700 条)。因此,公证书也被称为官方文件(atto autentico)。在提起不实之诉之前,下列私证书均具有证明力:在同一诉讼中被确认出自签署人的文书,或者经由公共事务官员认证的私证书(第 2702 条、第 2703 条;参见《民事诉讼法典》第 214 条及以下条文);否则,私证书需要提请司法鉴定以确定其效力(《民事诉讼法典》第 216 条)。

【特殊的私证书】法典为一些私证书,比如电报、家信和家庭登记簿以及一些文件的注释制定了特殊规则,这些规则的共同特征是即使这些私证书没有署名,也可以对书写者产生证明力。

当寄件人交付了电报或将其委托给发件机构时,电报便有了私证书的证明力。由债权人书写的家信、家庭登记簿和注释能够确认解除债务人债务的,该证据即使由债权人保存,也具有证明力;如果上述证据由债务人书写并由其保存,但债权人为弥补权利证书的缺失而在家信和家庭登记簿中对解除债务进行注释,那么这些证据也具有证明力(第 2705-2708 条)。

【对第三人而言的私证书日期】如果没有出现一个"以一定方式证实该文件的制作早于第三人持有文件的事实之日"的事实,那么私证书的日期对第三人而言并不是确定且可主张的[1]。除非该证书是对针对不特定人的单方声明,可以通过各种证明方式证实日期,又或者该证书是偿还债务的收据,则法官可以根据情况以任何证据方式查明日期(第 2704 条)。

【所谓的将公证书转换为私证书】在由公共事务官员制作的文件因缺少某要求而不能成为公证书时,如果该证书符合私证书的要求,那么它就

---

[1] CARRESI, Osservazioni in tema di prova della data delle scritture private rispetto ai terzi, Riv. not., 1959, p. 675 ss.; Cass. 5 luglio 1958, Giur. it., 1959, I, 1, 43; 22 ottobre 1959, Mass. Foro it., 1959, 569, 3024;关于贴在文件上的邮票的证明力,参见 Cass. 12 agosto 1963, Foro pad., 1964, I, 280。

可以作为私证书而被使用(第2701条)。可见,第2701条错误地将标题命名为公证书的转换(参见第54节)。

关于公证书副本和私证书副本的规定可以总结为以下内容。

【复印件】被授权的公共机关保管人按照规定出具的公证书复印件具有与公证书或私证书原件相同的效力。即使缺少原件,该复印件也具有证明力,但是该复印件不能有外部残缺,否则只能由法官来判断其证明力。对复印件照相而产生的照片复印件,与原复印件具有相同的证明力,只要该复印件经过确认或没有被否认。如果公共事务官员出具的仅是书证部分内容的复印件,该复印件只在禁止证人证言之例外的情况中才会产生证明力(第2714-2719条)。

【承认或重发的文件】私主体因作出承认(ricognizione)或更新(rinnovazione)〔1〕而形成的文件仅具有证明功能,而不具有旨在产生法律效果的功能。该文件只是对原始文件内容的证明,除非发现该文件与原件不一致(第2720条)。

【机械设备复制件】机械设备复制件(如照片、电影、录音记录等)可以证明其所陈述的事实,除非所陈述事实的真实性被否认(第2712条*)。

【承认】一方就事实作出陈述(不包括文件中已经写明的事实)可以被称为承认,法律将承认定义为"一方当事人就不利于自己而有利于对方当事人的事实真实性所作的声明"(第2730条第1款)〔2〕。

---

〔1〕 承认(ricognizione)是指载有一方承认契约内容确实存在等信息的文件;更新(rinnovazione)是指包含契约原内容并增加新内容的文件。

* 2005年3月7日第82号立法法令第23条对本条款做出了文字上的修改。——译者注

〔2〕 G. MESSINA, Contributi alla dottrina della confessione, Scritti giuridici, III, Milano, Giuffrè, 1948. 最近的学说,参见 MONTESANO, Note sulla natura giuridica della confessione, Giur. compl. Cass. civ., 1948, III, p. 128 ss.; Sull'«animus confitendi» e sulla teoria oggettiva della confessione, Riv. dir. proc., 1950, II, p. 12 ss.; Contratto preliminare e sentenza costitutiva, Napoli, Jovene, 1953, p. 80 ss; ANDRIOLI, Confessione (d. p. civile), Noviss. Dig. it., IV, Torino, Utet, 1959, 10; PANUCCIO, La confessione stragiudiziale, Milano, Giuffrè, 1960; FURNO, Confessione (d. p. civile), Enc. dir., VIII, Milano, Giuffrè, 1961, 870 ss.; SANTORO-PASSARELLI, Sulla confessione, Studi in onore di E. Betti, V, Milano, Giuffrè, 1962, p. 565 ss.; CAPPELLETTI, La testimonianza della parte nel sistema dell'oralità, Milano, Giuffrè, 1962; Cass. 26 febbraio 1954, Mass. Foro it., 1954, 120, 575.

承认可以由当事人本人或其代理人作出(第2731条),承认包括诉讼承认和非诉讼承认(第2730条第2款)。

【诉讼承认】诉讼承认是当事人在诉讼过程中向法官自愿作出或在正式询问后(《刑事诉讼法》第228条及以下条文)作出的承认(第2733条第1款),该承认对承认者具有完全的证明力(第2733条第2款)。

诉讼承认构成对所承认事实的法定证据(参见第61节)。承认者作出该承认的目的并不重要,承认的目的(animus confitendi)仅被理解为愿意承认的意思。因此,诉讼承认并不是契约,而只是狭义上的诉讼行为[1]。

【非诉讼承认】非诉讼承认是在诉讼程序之外向对方当事人或其代理人[2]或第三人[3]作出的,又或者通过遗嘱(第2735条第1款)作出的。

向对方当事人或其代理人作出的非诉讼承认,对承认者同样具有完全的证明力(第2735条第1款)。这种承认在功能方面属于法定证据,在结构方面属于实在法上指向特定接收方的狭义行为。

尽管承认构成了事实的充足证据,但与承认非婚生子不同,它不能被认为是一种确认行为(参见第38节结尾处)。因为即使承认并不真实,承认涉及的事实和法律后果仍然有效。另外,承认之所以会引起法律状态的变化,是因为承认被赋予了法定证据的特点,而不是承认者的意图所致[4]。

对于承认,《民法典》规定主体对承认所涉权利须具有处分权、所涉标的物须能被处分。此外,《民法典》允许所谓的撤销,也就是说,如果承认是因事实错误或胁迫而作,则该承认可以被撤销(第2731条、第2733条第2款、第2732条),这可以解释为承认可能引起法律状态的变化[5]。

---

[1] Cass. 24 gennaio 1955, Mass. Foro it., 1955, 39, 204.

[2] Cass. 5 maggio 1964, Giust. civ., 1964, 1, 2, 1575, con nota di FINOCCHIARO, Limiti soggettivi e oggettivi della confessione stragiudiziale.

[3] Cass. 22 aprile 1950, Giur. Compl. Cass. civ., 1950, I, 614.

[4] 在那不勒斯 Jovene 出版社 1959 年出版的本书第 6 版中,第 297 页以下内容与此处内容有所不同。

[5] BUSNELLI, La disciplina dei vizi, del volere nella confessione e nel riconoscimento dei figli naturali, Riv. trim. dir. proc. civ., 1959, p. 1235 ss.; L'incapacità di intendere e di volere nel riconoscimento dei figli naturali, Foro pad., 1962, I, 345 ss.; Cass. 31 luglio 1950, Mass. Foro it., 1950, 458, 2262.

【承认作为法定证据的局限】向第三方作出的承认和通过遗嘱作出的承认只能由法官自由裁量[1]。

受此限制的承认还包括：对方当事人否认附加表示的真实性，而另一方对表示予以承认[2]；在必要共同诉讼中，共同被告中的某一主体作出的承认[3]；在交叉询问中不予回答，初步判定为默示承认（第2733条第3款、第2734条、第2735条第1款；参见《民事诉讼法典》第102条、第232条第1款）。

连带债务人中一人对债务作出的承认，不对其他债务人产生效力；债务人向连带债权人作出的承认，对其他债权人亦有效（参见第1309条）。

【宣誓】就和诉讼承认一样，宣誓是一种具有法定证据效力的狭义上的诉讼行为。不过，与承认不同，它是一种郑重的表示，对事实所作的陈述有利于要求宣誓人进行宣誓的主体[4]。

【决定性宣誓，补充性宣誓和评定性宣誓】决定性宣誓是指由一方当事人提请对方作出或经法院批准后提请对方进行宣誓，以确定或排除某事实（《民事诉讼法典》第234条）。

如果已经提交的证据并没有完全的证明力，法官会要求当事人中的一方进行宣誓，该宣誓构成补充性宣誓[5]。又或者，为了明确争议物的价值，法官可以要求当事人对该物的价值进行宣誓，如此也构成补充性宣誓。

---

〔1〕 Cass. 22 aprile 1950, Giur. compl. Cass. civ., 1950, I, 614; 28 gennaio 1960, Mass. Foro it., 1960, 25, 101.

〔2〕 Cass. 2 luglio 1953, Mass. Foro it., 1953, 394, 2052; 29 marzo, 26 maggio, 16 giugno, 20 luglio 1962, Mass. Foro it., 1962, rispett. 195, 659; 381, 1242; 453, 1509; 591, 1968.

〔3〕 Cass. 15 febbraio 1961, Mass. Foro it., 1961, 70, 325.

〔4〕 ALLORIO, Il giuramento della parte, Milano, Giuffrè, 1937; CARNELUTTI, Natura del giuramento, Riv. dir. proc., 1947, I, p. 183 ss.; Giuramento decisorio e diritto indisponibile, Riv. dir. proc., 1958, p. 447 ss.; FURNO, Natura giuridica del giuramento e libertà di valutazione giudiziale, Riv. trim. dir. proc. civ., 1947, p. 362 ss.; MINOLI, Considerazioni sul giuramento della parte, Riv. dir. proc., 1952, I, p. 69 ss.; GENTILE, Effetti e contenuto del giuramento, Dir. e giur., 1958, p. 790 ss.; ANDRIOLI, Giuramento, Noviss. Dig. it.; VII, Torino, Utet, 1961, p. 943 ss.

〔5〕 ALLORIO, Efficacia del giuramento suppletorio, Riv. dir. proc. 1946, II, p. 129 ss.; Cass. 19 novembre 1953, Mass. Foro it., 1953, 684, 3554; 5 marzo 1955, Giur. it., 1955, I, 1, 324.

宣誓的内容只能是与本人相关的事实,也可以就自己了解的他人事实进行宣誓,或者是就双方共同的事实进行宣誓。但不能对非法事实进行宣誓[1],宣誓的内容也不能与公证书所载事实或者要式法律行为相矛盾。

就已经作出的宣誓而言,即使宣誓的事实被宣布为虚假事实,该证据依然有效[2]。只有在虚假宣誓被确认构成犯罪时,他方当事人才有权主张损害赔偿。

有关宣誓的客体和必要共同诉讼中作出的宣誓,适用与承认相同的规则(第2736-2739条)。

如果没有作出宣誓,宣誓所涉事实被视为已经形成或排除,且该事实对本应作出宣誓的人不利(《民事诉讼法典》第239条)。

无论是否作出宣誓,均只会对共同债权人或共同债务人产生有利影响,而不能损害其利益(第1305条)。

【证人证言】不过,事实的陈述也可以通过第三人在诉讼中进行,这些第三人被称为证人。

【采纳证人证言的限制】鉴于证人证言的风险,缔约时的契约标的超过5000里拉的,不得采用证人证言;除非法官考虑到一些情况,尤其是考虑到当事人资格和契约性质,认为可以接受超过该限额的证据(第2721条)[3]。对证人证言确定的上述规定也适用于给付和债务免除的证明(第2726条),我们已经提过这两类情形都不构成契约,其中给付缺少旨在产生法律效果的特点(参见第21节),而债务免除不要求债务人的接受(参见第49节);非诉讼承认也适用有关证人证言限制的规则(第2735条第2款)[4]。

---

[1] DEL GROSSO, Del giuramento sopra un fatto illecito, Riv. trim. dir. proc. civ., 1963, p. 1195 ss.

[2] 有关撤销宣誓的问题存在争议,参见 ALLORIO, Giur. it., 1948, I. 2, 1 ss., e 1948, IV, 193 ss.; SATTA, Foro it., 1948, IV, 90 ss., e 1949, IV, 12 ss. 以及 FURNO, Irretrattabilità del giuramento, Riv. dir. proc., I, p. 173 ss。

[3] Cass. 11 ottobre 1960, Mass. Foro it., 1960, 583, 2147。一般情况也有意义,比如货币贬值。

[4] 该规则还被扩大适用至债务承认,参见 Cass. 16 aprile 1959, Foro it., 1959, I, 448。

无论契约的标的物价值如何,如果证人证言表示与具有书面证明作用的契约相悖的协议或者补充协议先于契约订立或与契约同时订立,那么该证人证言不被认可。但如果该证人证言表示上述协议后于契约订立,法院考虑到前面提到的各种情况,认为协议对契约的补充和修改是口头作出的,那么可以认可证人证言的证明力(第2722条、第2723条)。

【例外】证人证言在下列情况中可以被认可:存在一份不同于证据且具有基本证明力的书证,该书证不能证明事实真相,只能显示所涉事实的可能性;当事人的身体或精神条件使其无法制作书面证明;予以证明的文件非因当事人的过失而丢失(第2724条)。

但如果涉及要式法律行为,法律规定或双方意愿要求以书面形式证明的,上述例外规则的适用会有所不同,即只有在文件丢失时才允许采纳证人证言(第2725条),其目的是重制文件。

【被推定的证据及其限制】证人证言的限制规则也适用于被推定的证据,法官对此应当进行慎重的判断,采纳重要的、准确的和一致的推定(第2729条)[1]。

---

[1] S. GIORDANO, Le presunzioni semplici e la loro ammissibilità, Foro pad., 1951, III, 25 ss.; SAcco, Presunzione, natura costitutiva ed impeditiva del fatto, onere della prova, Riv. dir. civ., 1957, I, p. 399 ss.; Cass. 5 marzo 1955, Giur. it., 1955, I, 1, 324; 18 luglio 1959, Mass. Furo it., 1959, 445, 2384; 15 ottobre 1960, Giust. civ., 1961, I, 42. 单个的、重要的和精确推定的充分性,参见 Cass. 12 giugno 1962, Mass. Foro it., 1962, 437, 1451。

主要的参考文献
(BIBLIOGRAFIA GENERALE)

CARNELUTTI, Teoria generale del diritto, 3ª ediz., Roma, Sefi, 1951.

A. LEVI, Teoria generale del diritto, 2ª ediz., Padova, Cedam, 1953.

DE RUCGIERO-MAROI, Istituzioni di diritto civile, 9ª ediz., riveduta da MAIORCA, Milano-Messina, Principato, s. d. (1961) (due volumi).

DUSI, Istiuzioni di diritto civile, 5ª ediz., Torino, Giappichelli, s. d. (1951) (due volumi; 6ª ediz. del primo aggiornata da Silvio ROMANO, 1958).

BARASSI, Istituzioni di diritto civile, 4ª ediz. aggiornata, Milano, Giuffrè, 1955.

PACCHIONI, Elementi di diritto civile, 4ª ediz., Milano, Giuffrè, 1944.

SCUTO, Istituzioni di diritto privato, 7ª ediz., I, II, Napoli, Lupi, 1955.

MESSINEO, Manuale di diritto civile e commerciale, 9ª ediz., Milano, Giuffrè, dal 1957 (sei volumi).

ROTONDI, Istituzioni di diritto privato, 8ª ediz., Milano, s. c., 1965.

PUGLIATTI, Gli istituti del diritto civile, Milano, Giuffrè, 1943.

DE SEMO, Istituzioni di diritto privato, 7ª ediz., Firenze, Cya, 1955.

TRABUCCHI, Istituzioni di diritto civile, 15ª ediz., Padova, Cedam, 1966.

ALLARA, Le nozioni fondamentali del diritto civile, 5ª ediz., Torino, Giappichelli, 1958.

BARBERO, Sistema istifuzionale del diritto privato, 6ᵃ ediz. , Torino, Utet, 1962 (due volumi).

AULETTA, Istituzioni di diritto privato, parte generale, Napoli, Humus, 1946.

AUR. CANDIAN, Nozioni istituzionali di diritto privato, 4ᵃ ediz. , Milano-Varese, Ist. edit. cisalpino, 1960.

TORRENTE, Manuale di diritto privato, 6ᵃ ediz. aggiornata, Milano, Giuffrè, 1965.

BRANCA, Istituzioni di diritto privato, 4ᵃ ediz. , Bologna, Zanichell, 1958.

词汇索引
(INDICE ANALITICO)

A

Abbandono, 59, 218. 抛弃

Abuso del diritto soggettivo, 76 s. ,100. 主观权利的滥用

—— di potere, 289. 权力的滥用

Accertamento, v. Atto di accertamento, Negozio di accertamento. 确认; 确认行为; 确认法律行为

Accessioni, 66, 107. 添附

Accessorietà dei beni, 66. 添附物

—— rapporti, 83. 从法律关系

Accettazione del contraente nominato, 217, 294. 被指名人的接受

—— della proposta, 210. 接受要约

—— dell'attività giuridica altrui, 267 s. 接受他人以自己名义作出的法律活动

Accordo, 213 ss. 协议

—— simulatorio, 152. 虚假协议

Acquisto *a non domino*, 102. 从无权利人处取得所有权

—— derivativo costitutivo, 91, 93 s. 新设继受取得

—— —— traslativo, 93 s. 传来继受取得

—— originario, 89 s. 原始取得

Adempimento, 109. 履行

Adesione, v. Negozio di adesione. 同意；以同意为条件的法律行为

Affidamento, 76, 155, 165, 228 s., 238, 285. 信赖

—（teoria dell'），147 ss. 信赖理论

Affrancazione del fondo enfiteutico, 72. 永佃土地的解放权

Alienazione, 90. V. Negozio di alienazione. 转让；转让法律行为

Ambasceria, 275. 使者

Amministratori della persona giuridica, 45. 法人的管理人

Amministrazione ordinaria, v. Atto di ord. amm. 一般管理；一般管理行为

— straordinaria, v. Atto di straord. amm. 特别管理；特别管理行为

Annotazione di atti in pubblici registri, 145, 238. 在公共登记簿上进行注明

— nei registri dello stato civile, 33. 在民事身份登记簿上进行注明

— per scrittura privata, 302. 在私证书上进行注明

Annullabilità del negozio, 254 ss. 可撤销法律行为

——— assoluta, 38, 255. 绝对撤销

——— relativa, 38, 255. 相对撤销

——— speciali, 255 s. 特殊撤销

Apparenza del diritto, 102. 权利外观

Apprezzamento delle prove, 297. 证据裁定

Argomento di prova, 296. 证据论证

Aspettativa, 75 s., 201 s., 204. 期待权

—（imprescrittibilità dell'），117. 期待权不适用消灭时效

Assemblea dell'associazione, 40, 45. 社员大会

Assenza, 30 s. 失踪

Assistenza della persona limitatamente capace, 35, 277. 协助限制行为能力人

Associato, 45. 社员

Associazioni, 40. 社团法人

— non riconosciute, 49. 非法人社团
Astrazione materiale dalla causa, 176. 实体上抽离因果关系
Astrazione processuale dalla causa, 176 s. ,299. 程序上抽离因果关系
Atti dello stato civile, 32 s. 民事身份文件
— giuridici in senso stretto, 106, 107 ss. , 275, 305. 狭义的人的行为
— leciti e illeciti, 108 ss. , 190. 合法行为和不法行为
Attività gestoria, v. Gestione. 管理活动;管理
— rappresentativa, v. Rappresentanza. 代理活动;代理
Atto autentico, 302. 官方文件
— costitutivo della persona giuridica, 42 s. 法人设立文件
———— (forma dell'), 42. 法人设立文件的形式
— di accertamento, 178, 305. 确认行为
—— alienazione, 220 s. 转让行为
—— amministrazione, 221. 管理行为
—— disposizione, 221. 处分行为
—— matrimonio, 297, 300. 结婚登记证书
—— nascita, 297, 300. 出生证明
—— ordinaria amministrazione, 220 s. 一般管理行为
—— straordinaria amministrazione, 220 s. 特别管理行为
— emulativo, 76 s. 损害他人利益的行为
— e volontà nel negozio, 125 s. , 134 s. 行为和法律行为中的意思
— giuridicocollegiale, 212. 团体行为
—— collettivo, 211. 集体行为
—— complesso, 212. 复合行为
— illecito della persona giuridica, 45. 法人的不法行为
— personalissimo, 25. 亲身行为
— prenegoziale, 209 ss. 前契约行为
— pubblico, 144, 301 ss. 公证书
Attribuzione, v. Negozio di attribuzione. 增益;增益法律行为

— (causa dell'), v. Causa dell'attribuzione. 增益的原因

— onerabile, 196. 有负担的增益

Attuazione, v. Negozio di attuazione. 实现;意思实践的法律行为

Autenticazione della sottoscrizione, 302. 经由公共事务官员认证

Autonomia privata, 106, 124, 126, 135. 意思自治

Autore della successione, 90. 被继承人

Autorizzazione al negozio, 189. 对法律行为的授权

— dell'attività giuridica per altri, 266 ss., 282. 授权他人代为进行法律活动

Avente causa, 90. 继承人

Avveramento della condizione, v. Condizione. 条件成就;条件

Azienda, 67, 86 ss. 企业

Azione, v. Prescrizione dell'azione. 诉讼;消灭时效之诉

— revocatoria, 264. 撤销之诉

B

Beni, v. Cose. 财产;物

— immateriali, 57 s. 无形财产

Bisogno, v. Stato di bisogno. 需求;急需状态

Buona fede, 76, 148 s., 228 s., 232, 265. 诚实善良

Buon costume, 188 ss., 200. 善良风俗

C

Cadavere (disposizione del), 52. （处理）尸体

— (rinvenimento del), 29. 发现尸体

Canoni, 65. 租金

Capacità d'agire, 33 s. 行为能力

—— della persona giuridica, 44 s. 法人的行为能力

—— nella rappresentanza, 286 s. 代理权中的行为能力

词汇索引 **257**

—— nell'atto giuridico, 110. 人的行为中的行为能力

—— nel negozio giuridico, 130 s. 法律行为中的行为能力

—— processuale, 34. 诉讼中的行为能力

—— sostanziale, 34. 实质的行为能力

— d'amministrare, 34. 照管能力

— di diritti, v. Capacità giuridica. 享有权利的能力; 权利能力

—— disporre, 34. 处分能力

—— intendere e di volere, 34, 37, 110, 286 s. 理解和意愿能力

———————nella rappresentanza, 286 s. 代理中的理解和意愿能力

Capacità di obbligarsi, 34. 承担责任的能力

— giuridica, 24 ss., 130, 133. 权利能力

—— della persona giuridica, 43 s. 法人的权利能力

—— dello straniero, 24. 外国人的权利能力

—— (limiti della), 24 ss. 权利能力(的限制)

—— nella rappresentanza, 287 s. 代理中的权利能力

Captazione, 170. V. Condizione captatoria. 恶意筹谋; 限制继承人/受赠人自由选择的条件

Carte domestiche, 302. 家信

Causa dell'attribuzione, 174 s. 增益的原因

— dell'obbligazione, 174 s. 债的原因

— del negozio, 127 s., 172 ss. 法律行为的原因

——— illecita, 186 ss. 法律行为的不法原因

——— immorale, 188 s. 法律行为不道德的原因

——— (mancanza della), 183 ss. 法律行为缺少原因

Causalità del negozio, 175 ss. 法律行为的因果关系

Cautio muciana, 198. 穆齐的谨慎(附解释条件的赠予/遗赠)

Cessione dei beni ai creditori, 284. 将财产转让给债权人

Clausola, v. Modalità del negozio. 条款; 法律行为的履行要求

— risolutiva per l'inadempimento, 199 s. 有关不履行的解除条款

———— nel negozio modale, 206 s. 附负担法律行为中不履行负担的解除条款

Clausole d'uso, 230, 240. 惯例条款

— predisposte, 208 s., 233. 预先拟定的条款

Cognome, 27 s. 姓氏

Colpa nell'affidamento, 146 ss. 信赖过失

Comando nel negozio 134 s., 177 s. 法律行为中的支配

Comitati, 49. 协会

Commesso dell'imprenditore, 273. 代理人业务代表

Commistione, 107. 混合

Commorienza, 30. 同时死亡

Comodato, 225. 使用借贷

Compensazione (eccezione di), 100. 抵销

Comportamento quale oggetto di diritti, 56. 行为作为客体的权利

Comunicazione della dichiarazione, 139. 表示的通知

Comunione di beni, 39, 272 s. 共有财产

———— tra coniugi, 272. 配偶共有财产

Concepito, v. Nascituro concepito. 怀孕;已经受孕但未出生的胎儿

Concessione della personalità giuridica, 42. 法人的承认

Condizione, 75 s., 193, 195 ss. 条件

Condizione arbitraria, v. Condizione meramente potestativa. 任意性条件;纯权利性条件

— (avveramento della), 202 s. 条件成就

— captatoria, 201. V. Captazione. 互惠性条件;互惠

— casuale, 199. 偶然性条件

— (deficienza della), 203 s. 条件不成就

— di diritto, v. Condizione legale. 法律上的情况;法定条件

— di fatto, v. Condizione volontaria. 事实上的情况;意定条件

— (finzione di adempimento della), 200. 条件的虚假实现

— illecita, 200 s. 条件不法
— impossibile, 200s. 条件不能
— (interpretazione della), 198. 条件的解释
— legale, 197 s. 法定条件
—— (irretroattività della), 197 s. 法定条件不具有追溯力
— meramente potestativa, 199. 纯权利性条件
— mista, 199. 混合性条件
— necessaria, 198. 必要条件
— negativa, 198 s. 消极条件
— passata, 198. 被动条件
— (pendenza della), 201 s. 条件的未决状态
— positiva, 198. 积极条件
— potestativa, 199. 权利性条件
— presente, 198. 以现在的事件为条件
— (retroattività della), v. Retroattività della condizione. 条件溯及既往的效力
— risolutiva, 197. 解除性条件
—— tacita per l'inadempimento, 199 s. 以不履行作为默示解除条件
— sospensiva, 117, 197. 暂缓性条件
— volontaria, 196 s. 意定条件

Condizioni generali, v. Clausole predisposte. 一般条件；预先约定的条款

Conferma del negozio annullabile, 257 s. 对可撤销法律行为进行确认
——— nullo, 248. 对狭义无效法律行为进行确认

Confessione, 304 ss. 承认
— giudiziale, 304. s. 诉讼承认
— stragiudiziale, 177, 305. 非诉讼承认

Conflitto di interessi fra rappresentante e rappresentato, 280, 289 s. 代理人和被代理人的利益冲突

Confusione di cose, 107. 混同

Confusione di posizioni nel rapporto giuridico, 99 s. 法律关系中身份混同

Consapevolezza nell'atto giuridico, 107 s., 110 s. 人的行为中的意识

— nel negozio giuridico, 156 s. 法律行为中的意识

Consegna della cosa nei contratti reali, 136. 要物契约中物的交付

Conservazione del negozio, 146 s., 157, 232, 241, 246, 248, 250, 252. 法律行为的保留

— del rapporto, 97, 163. 法律关系的保留

Contemplatio domini, 286, 295. 以被代理人的名义行事

Contenuto del negozio, 134 s. 法律行为的内容

Contraddittorietà degli atti, 288. 互不兼容的行为

Contratto, 213 s. 契约

— a favore di terzi, 237, 262, 267. 有利于第三人的契约

— bilaterale, 214. 双边契约

— con se stesso, 290. 代理人与其本人签订契约

— di lavoro, 35, 250, 273. 劳动契约

—— società, 213, 250. 设立公司的契约

— per persona da nominare, 262, 293 ss. 指名契约

— plurilaterale, 214 s. 多方契约

— preliminare, 216, 252. 预备性契约

— (prova del), 307 s. 契约证据

Controdichiarazione, 151. 相反的表示

Convalida del negozio annullabile, 257 s. 可撤销法律行为的追认

Conversione del negozio, 252 ss. 法律行为的转化

— formale (cd.), 253 s. 形式转化

— legale, 253. 法定转化

Copia dell'atto, 303. 文件复印

Corpo umano (disposizione del), 51 s. 人的身体(的处分)

Corpus mechanicum, 58. 机械实体

Correttezza, 76. 端正性

Cose, 55 ss. 物

— abbandonate, 59. 物的抛弃

— accessorie, 66. 附属物

—（combinazioni di）, 65 ss. 物之结合

— composte, 66. 合成物

— consumabili e inconsumabili, 63. 消耗物和不可消耗物

— demaniali, 58 s., 132. 国有公用财产

Cose di nessuno, 59. 无主物

— divisibili e indivisibili, 62. 可分物和不可分物

Cose fruttifere, 64. 能结果实的物

— fungibili e infungibili, 62 s. 可替代物和不可替代物

— future, 63 s., 132, 261. 将来物

— immobili e mobili, 60 s. 动产和不动产

—— vacanti, 59. 无主不动产

— inalienabili, 59 s., 132. 不得转让物和可转让物

— in commercio e fuori commercio, 59 s. 融通物和非融通物

— incorporali, 61 s. 无体物

— in patrimonio e fuori patrimonio, 59. 归属物和非归属物

— materiali, 57 s. 有形物

— presenti, 63. 现在物

— principali, 66. 主物

— produttive e improduttive, 60. 生息物和非生息物

— registrate, 61. 登记动产

— semplici, 60. 单一物

— sperate, 64. 希望之物

Costituzione del rapporto giuridico, 89 s. 法律关系的成立

Credito, 71. 债权

Curatore del fallimento, 279. 破产清算人

— dell'emancipato, 35. 脱离亲权的保佐人

— del ventre, 26 s. 胎儿保佐人

— provvisorio dell'inabilitando, 36. 准禁治产人的临时保佐人

D

Danno, 109 s. 损害

Dante causa, 90 s. 被继承人

Data della dichiarazione alla generalità, 302 s. 针对不特定人作出声明的日期

—— quietanza, 298, 303. 偿还债务收据的日期

—— scrittura privata, 302 s. 私证书的日期

Debito, 81. 债务

Decadenza, 121 ss. 失权

— giudiziale, 122. 裁定失权

— (impedimento della), 122 s. 阻却失权

— legale, 122. 法定失权

— negoziale, 122. 约定失权

— (rinunzia alla), 123. 放弃失权

Decreto di riconoscimento della persona giuridica, 42. 通过作出法令对法人予以承认

Deficienza della condizione, v. Condizione. 条件不成就;条件

Demanio, v. Cose demaniali. 国有财产;国有公共财产

Denominazione della persona giuridica, 46. 法人名称

Deposito, 225. 寄托

Destinazione dei beni ad uso pubblico, 58 s. 公用财产

Determinatezza dell'oggetto del negozio, 132 s. 法律行为客体的确定性

Devoluzione dei beni della persona giuridica, 47. 法人财产的分配

Dichiarazione negoziale, 136, 138 ss. 旨在产生法律效果的表示

—— di nomina (nel contratto per persona da nominare), 217, 294. 指名表示

—— espressa, 140. 明示

—— e volontà, v. Divergenza fra volontà e dichiarazione. 意思和表示; 意思和表示的区分

—— non seria, 151. 戏谑表示

—— recettizia, 139. 需受领的表示

—— tacita, 141 s. 默示

—— (teoria della), 146 s. 意思理论

—— tipica, 143. 典型表示

Dichiarazioni (combinazioni di), 209 ss. 意思结合

Dignità (tutela delle), 53 s. 尊严(的保护)

Diritti soggettivi, 70 ss. 主观权利

—— assoluti, 58, 79 s. 绝对权

—— civili, 24, 78. 市民权

—— di credito, 56. 债权

—— di garanzia, 71 s. 担保权

—— di personalità, 50 ss. 人格权

—— facoltativi, v. Facoltà. 权限权力; 权限

—— imprescrittibili, 114 s. 主观权利不受消灭时效限制

—— indisponibili, 114. 不可处分的权利

—— (limiti interni dei), 76 s. 主观权利的内部限制

—— politici, 24, 78. 主观政治权利

—— potestativi, 56, 72 s. 形成权

—— (prescrizione dei), 115 s. 受消灭时效限制的主观权利

—— pubblici, 78. 公权利

—— reali, 56, 71, 79 s. 物权

——— (prescrizione dei), 117 ss. 物权的消灭时效

—— relativi, 79. 相对权

—— su diritti, 93 s. 权利上的权利

—— su una cosa, 79 s. 物上权

Diritti soggettivi su un comportamento, 79 s. 行为作为客体的主观权利

Dimora, 28. 暂住地

Dirigente agricolo, 273. 农场企业的领导

Disposizione nel negozio, 134 s., 177 s., 235. 法律行为的处分

—— testamentaria, 206, 222 ss., 225. 遗嘱处分

—— a favore dell'anima, 206. 为已亡者所作的遗嘱处分

—— con condizione impossibile o illecita, 201. 附不可能条件的遗嘱处分和附不法条件的遗嘱处分

—— fiduciaria, 182. 遗嘱信托处分

——（invalidazione della）, 251. 无效的遗嘱处分

——viziata da errore, 164. 因错误导致意思瑕疵的遗嘱处分

Dissenso, 159. 分歧

Ditta, 51. 商号

Divergenza fra volontà e dichiarazione, 149 ss. 意思和表示的区分

Documentazione, 145, 208 s., 299 ss. 书面化

— della persona fisica, 32 s. 有关自然人身份信息的书面化

——— giuridica, 47 s. 有关法人身份信息的书面化

Documento, 61, 144 s., 300 s. 文件

—（perdita del）, 308 s. 文件丢失

—（ricostruzione del）, 145, 300 s., 308 s. 重制文件

Dolo, 169 ss. 欺诈

— commissivo, 170 s. 积极欺诈

— determinante, 170. 决定性欺诈

— incidente, 170. 次要性欺诈

— omissivo, 170 s. 消极欺诈

Domicilio, 28. 住所

Dominio, v. Proprietà. 所有；所有权

Donazione, 225. 捐赠

— viziata da errore, 164. 具有瑕疵错误的捐赠

Dote, 86, 278. 嫁资

— (alienazione della), 247 s., 256. 转让嫁资

Dovere giuridico, 69, 74. 法律义务

E

Eccesso dal diritto soggettivo, 77. 超越主观权利

— di potere, 289, 290. 越权

Eccezione, 116. 抗辩

— d'annullabililtà, 254 s. 撤销抗辩

Effetti del negozio, 236 ss. 法律效力

——— accessori, 195. 法律行为的附属效力

——— essenziali, 239 s. 法律行为的实质效力

——— immediatamente dispositivi, 133 s., 239. 法律行为的直接处分效力

——— irregolari, 240. 法律行为的非常规效力

——— legali, 264 s. 法律行为的法定效力

——— naturali, 240. 法律行为的惯常效力

——— obbligatori, 220, 239. 法律行为的债权效力

——— reali, 239. 法律行为的物权效力

——— riflessi, 238 s., 259 s. 法律行为的相对效力

——— sospesi, 261 s. 法律行为效力暂缓

Efficacia del negozio, v. Effetti del negozio. 法律生效;法律效力

— interinale del n. annullabile., 254 s., 257. 可撤销法律行为的临时效力

Elementi costitutivi del negozio, 134 ss. 法律行为的构成要素

— accidentali del negozio, v. Modalità. 法律行为的附属要素;履行要求

Emancipazione, 35. 脱离亲权

Energie naturali, 57, 61. 自然能源

— umane, 57. 人力资源

Enti da istituire (lasciti o donazioni a), 43. 为尚未成立的单位(而设立的遗赠或赠与)

— di fatto, v. Organizzazioni di fatto. 事实上的单位;事实上的组织

Eredità, 85, 95. 遗产

Errore, 156 s., 157 ss. 错误

— comune, 245. 普遍错误

— di diritto, 159, 161. 法律上的错误

—— fatto, 159, 161. 事实上的错误

— essenziale, 160, 162 s. 实质错误

— motivo. v. Errore vizio. 动机错误;错误瑕疵

— nella dichiarazione, 158 s. 表示错误

—— trasmissione, 159 s. 转达错误

— ostativo, 150, 157 ss., 235 s. 障碍性错误

— riconoscibile, 164 ss. 可识别的错误

—— nel testamento, 234 ss. 遗嘱中的可识别错误

— scusabile, 164 s. 可谅解的错误

— sui motivi, 159 s. 164. 动机错误

— sulla identità, 157 ss., 161 s. 同一性错误

Errore sulla persona, 161. 对主体的错误

—— qualità, 161 s., 163. 对质量的错误

—— quantità, 163. 对数量的错误

Errore sull'oggetto, 161. 对客体的错误

— sul negozio, 161. 对法律行为的错误

— vizio, 157, 160 ss. 意思瑕疵中的错误

Esclusione dell'associato, 46. 开除社员

Esecuzione del negozio annullabile, 258 s. 对可撤销法律行为的履行

——— nullo, 248. 对狭义无效法律行为的履行
Esistenza della persona, v. Nascita. 人的存在；出生
Espressione della volontà, 125, 135, 145 s. 意思显露
Espropriazione, 91. 征收
Estinzione della persona giuridica, 42, 46 s. 法人终止
— del rapporto giuridico, 82, 89, 99 s. 法律关系的终止
Età, 24 s., 35. 年龄
Evento giuridico, 103. 法律后果

F

Facoltà, 73,114. 权限
Fallito (incapacità del), 25 s., 279. （无能力的）破产人
Falso, 302. 虚假
Fattispecie, 75, 103 s. 构成要件
— (presupposto della), 105. 法律事实的前提
Fatti giuridici in senso stretto, 106 s. 狭义的法律事实
——— naturali, 106. 自然的法律事实
——— (specie dei), 105 s. 法律事实的类别
Fatto giuridico, 103. 法律事实
——— complementare, 104. 复合法律事实
——— principale, 104. 主法律事实
Fattore di campagna, 273. 农场企业的经理
Fiducia, 179 ss. 信赖
Fitti, 65. 设施租金
Fondazioni, 40, 42 s., 47. 财团
Fonte dell'obbligazione, 175. 债的渊源
Forma dell'accettazione del contraente nominato, 217, 294. 接受指名的形式
Forma della dichiarazione di nomina, 217, 294. 指名表示的形式

—— procura, 216, 282. 授权委托书的形式

Forma del negozio, 135 ss. 法律行为的形式

——— solenne costitutiva, 144 s., 299 ss. 郑重形式作为法律行为构成要素

——— vincolata, 135 s. 形式有特定要求的法律行为

——— riconoscimento della persona giuridica, 42. 法人的承认形式

— e prova del fatto, 209, 299 ss. 形式和事实证明

Frode ai creditori, 154, 192 s., 263 s. 对债权人的欺骗

— al fisco, 192 s. 对税务机关的欺骗

— alla legge, 153 s., 191 ss. 对法律的欺骗

Frutti civili, 65. 法定孳息

— naturali, 64 s., 68. 自然孳息

Funzione nelle potestà, 74. 权力的作用

G

Genere di cose, 62. 物的种类

Gestione d'affari, 269 s., 281. 无因管理

— nell'interesse altrui, 269 ss. 对他人利益的管理

— senza mandato, 272 s. 不作委任的管理

Giuoco e scommessa, 187 s., 190 s. 赌博或赌金

Giuramento, 306 s. 宣誓

— decisorio, 306. 决定性宣誓

— suppletorio ed estimatorio, 307. 补充性宣誓和评定性宣誓

Gradi accademici (tutela dei), 53 s. 学术声誉(的保护)

I

Identificazione della persona, 27 s. 人的识别

— del negozio, 242. 法律行为的识别

Immagine (tutela dell'), 52 s. 肖像(保护)

Immemoriale, 113. 现行法无法追溯的法律关系

Impossessamento, 108, 239. 占有

Impossibilità sopravvenuta della prestazione, 185 s. 突然地给付不能

Impotenza, 25. 性功能障碍

Imprenditore occulto, 271. 隐藏的企业主

Impresa, 86 ss. 企业

Imputabilità degli atti giuridici, 110 s. 人的行为的可归责性

Inabilitazione, 25, 35 s. 准禁治产人

Inadempimento, 185 s., 199 s., 206 s., 262 s. 不履行

Inammissibilità del negozio, 245. 法律行为不被承认

Incapace（annullabilità degli atti dell'）, 38, 254 s., 256 s. 撤销无行为能力人作出的行为

—（potestà sull'）, 38. 对无行为能力人的支配权

Incapacità d'agire, 34 s., 256 s. 无行为能力

—— legale, 34 ss. 法定无行为能力

—— naturale, 37 s., 148. 自然的无行为能力人

— giuridica, 24 ss. 无权利能力

—— assoluta o relativa, 26. 绝对无权利能力或相对无权利能力

Individuazione dell'oggetto del negozio, 133. 法律行为客体的确定

Inedificazione, 107. 建造

Inefficacia del negozio, 241 s. 法律行为的不生效

——— annullabile, 256 s. 可撤销法律行为的不生效

——— nullo, 246. 狭义无效的法律行为的不生效

——— valido (i. in senso stretto), 259 ss.（狭义）有效法律行为的不生效

— originaria, 260. 自始不生效

— per le parti e rispetto ai terzi, 259 s. 对当事人不生效和对第三人不生效

— successiva, 260 ss. 事后效力终止

Inesistenza del negozio, 242 ss. 法律行为不成立

Inopponibilità del negozio, 260 s. 法律行为的不可对抗性

Insanabilità del negozio nullo, 248. 无效法律行为的不可修复性

Institore, 273. 监事

Integrazione della volontà dell'emancipato, 35. 补足脱离亲权人的意思

— del negozio, 230. 法律行为的补足

Intento delle parti, 179, 232. 当事人的意图

— pratico, 126, 233. 实际意图

Interdizione giudiziale, 25, 35 ss. 被宣告为禁治产

— legale, 25, 37. 法定禁治产

Interesse, 69, 266. 利益

— concreto, 53, 76. 具体利益

— contrattuale negativo, 291. 消极的契约利益

— — positivo, 291. 积极的契约利益

Interessi, 65. 利息

Interpretazione della norma, 231. 有关法律解释的法律规定

— del negozio, 226 ss. 法律行为的解释

Interpretazione del negozio a causa di morte, 233 ss. 死因法律行为的解释

Interpretazione del negozio fra vivi, 228 ss. 生前法律行为的解释

— — — oggettiva, 229, 230 ss. 客观地解释法律行为

— — — soggettiva, 229. 主观地解释法律行为

Interposizione fittizia di persona, 153. 虚构的人作出的居间

— reale di persona, 180. 真实的人作出的居间

Interrogatorio formale, 304. 正式询问

Invalidazione del negozio, 250 s. 法律行为的无效

Invalidità del negozio, 244 s. 法律行为无效性

— — — successiva, v. Invalidazione del negozio. 法律行为事后无效

Invenzione di cose smarrite, 107. 发现遗失物

Invenzioni industriali, 57 s. 工业发明

Inviolabilità della persona, 50 ss. 人身不可侵犯

Irretroattività della condizione legale, v. Condizione legale (irretroattività della). 法定的条件不具有追溯力;法定的条件

Irripetibilità della prestazione nel negozio immorale, 188 s. 不道德法律行为不得索回已经履行的给付

—— nel pagamento del debito prescritto, 116. 虽时效届满但已经支付的债务无需返还

Iscrizione di atti in pubblici registri, 145, 238. 在公共登记册中的登记行为

——— nei registri dello stato civile, 33. 在民事身份登记簿中的登记行为

Istituzione (persone giuridiche), 40. 创设法人

L

Lavoro (capacità del contratto di), 35. 缔结劳动合同的能力

— (capacità giuridica di), 25. 劳动权利能力

— gestorio, 273. 管理型劳动者

Legge e fatto giuridico, 111. 法律和法律事实

Legittimazione al negozio, 131. 他人代为法律行为的资格

Lesione, v. Rescissione del negozio. 损害和废除法律行为

Liceità dell'oggetto del negozio, 132. 法律行为客体合法性

Limiti della capacità giuridica, v. Incapacità giuridica. 权利能力的限制和无权利能力

— del diritto soggettivo, v. Diritti soggettivi (limiti interni dei). 主观权利的限制;主观权利(的内部限制)

Liquidazione del patrimonio della persona giuridica, 47. 法人财产的清算

Luogo dei fatti giuridici, 111 s. 法律事实(发生)的地点

— della persona fisica, 28 s. 自然人所在地

――― giuridica, 46. 法人的所在地

M

Maggiore età, 35. 成年人年龄

Mala fede, 169, 184, 287. 恶意

Mandato, 225 s., 272 s. 委任

Manifestazione della volontà, 136. 意思的表明

Marchio, 51. 商标

Matrimonio, 213. 婚姻

― (annullabilità del), 243 s., 255 s. 婚姻撤销

Menzogna e dolo, 171. 诡计和欺诈

Messo, 275. 信使

Minaccia, 167 ss. 威胁

Minore età, 35. 未成年人年龄

Modalità del negozio, 193 ss. 附履行方式要求的法律行为

――― (inapponibilità di), 195 s. 不得附履行方式要求的法律行为

Modo, 75, 195, 205 ss. 负担

― illecito, 207. 不法负担

― impossibile, 207. 不可能实现的负担

Morte, 29. 死亡

― dell'associato, 46. 社员死亡

― presunta, 31. 推定死亡

Motivo del negozio, 127 s., 178 ss. 法律行为的动机

――― determinante, 190, 206 s. 决定性动机

――― erroneo, 160 s., 164. 错误构成法律行为的原因

――― illecito, 190 ss. 动机不法

Mutuo, 226. 借贷

N

Nascita, 26 s. 出生

Nascituro concepito, 26. 已受孕的胎儿

Nascituro non concepito, 27. 尚未受孕的胎儿

Nazionalità della persona giuridica, 45 s. 法人的国籍

Negotium mixtum cum donatione, 226. 带有赠予性质的混合法律行为

Negozi giuridici, 106. 法律行为

—— (categorie dei), 207 ss. 法律行为的类别

—— collegati, 215. 关联法律行为

—— (combinazioni di), 215 ss. 法律行为的结合

Negozio giuridico, 125 ss. 法律行为

— abdicativo, 218, 224. 弃权式法律行为

—— (effetti del), 236 ss. 法律行为的效力

— a causa di morte, 221 ss., 233 ss. 死因法律行为

— accessorio, 216 s. 附属法律行为

— aleatoria, 224. 射幸法律行为

— annullabile, v. Annullabilità del negozio. 可撤销法律行为;法律行为的可撤销性

— associativo, 225. 联合法律行为

— —astratto, 175 ss. 抽象法律行为

— ausiliario, 217. 辅助法律行为

— bilaterale, 212 s. 双边法律行为

—— familiare, 213. 家庭法律行为

—— patrimoniale, v. Contratto. 财产法律行为;契约

— causale, 175. 具有因果关系的法律行为

— claudicante, 247, 255. 相对无效的法律行为

— commutativo, 224. 等价法律行为

— complementare, 196, 217 s. 补足性法律行为

— con efficacia immediatamente dispositiva, v. Effetti i. dispositivi. 立即处分效力的法律行为；立即处分的效力

——— obbligatoria, v. Effetti obbligatori. 具有债权效果的法律行为；债权效果

——— reale, v. Effetti reali. 具有物权效果的法律行为；物权效果

— corrispettivo, 224 s. 对待给付的法律行为

— costitutivo, 218 s. 构成性法律行为

— di accertamento, 177 s. 确认法律行为

—— adesione, 196, 217. 作出同意的法律行为

—— alienazione, 220. 生前的转移法律行为

—— attribuzione, 175, 220, 224. 增益法律行为

—— attuazione, 136 ss. 意思实践的法律行为

— dichiarativo, 136, 139 ss. 意思陈述的法律行为

— di disposizione, 220 s. 处分法律行为

—— fondazione, 43, 210. 设立财团法律行为

—— garanzia, 225. 担保法律行为

—— gestione, 269 s. 管理法律行为

Negozio di ordinaria amministrazione, v. Atto di ord. amm. 一般管理的法律行为；一般管理行为

—— rinunzia, 196, 218. 作出放弃的法律行为

—— scambio, 225. 互相交换的法律行为

— dissimulato, 153. 被隐藏的法律行为

— di straordinaria amministrazione, v. Atto di straord. amm. 特别管理的法律行为；特别管理行为；

—— trasmissione, 220. 死因转让法律行为

— (effetti del), v. Effetti del negozio. 法律行为的效力

— estintivo, 218. 消灭性法律行为

— familiare, 213, 219, 222. 家庭法律行为

— fiduciario, v. Fiducia. 信托行为；信赖

词汇索引 275

——formale, v. Negozio solenne. 要式法律行为;具有郑重形式的法律行为

— fraudolento, v. Frode. 欺骗性法律行为;欺骗

— fra vivi, 222 ss., 228 ss. 生前法律行为

—（funzione dispositiva del）, 177. 具有处分功能的法律行为

— gratuito, 224 ss. 无偿法律行为

— illecito, 111, 189 s. 非法的法律行为

— indiretto, 182 s. 间接法律行为

— inefficace, v. Inefficacia del negozio. 不生效的法律行为;法律行为不生效

— inesistente, v. Inesistenza del negozio. 未成立的法律行为;法律行为不成立

— in nome altrui, 269, 276 s., 280 s., 286. 以他人名义进行的法律行为

— innominato, 172 ss. 无名法律行为

— integrativo, 216 s., 249, 257, 292. 增补性法律行为

—（interpretazione del）, v. Interpretazione del negozio. 法律行为的解释

— legittimo, 195. 不得附履行方式的法律行为

— misto, 173. 混合法律行为

— modale, 193 s., 196, 208. 附履行方式的法律行为

— modificativo, 218 s. 变更性法律行为

— nominato, 172 ss. 有名法律行为

— normativo, 219. 具有规范功能的法律行为

— nullo, v. Nullità del negozio. 狭义无效的法律行为;法律行为的狭义无效

— obbligatorio, 220. 负担法律行为

— oneroso, 224 s. 有偿法律行为

— patrimoniale, 212 ss., 219. 财产性法律行为

——— *per relarionem*, 208. 依靠援引的法律行为

— personalissimo, 25 s., 275 s. 亲身法律行为

— plurilaterale, 212 ss. 多方法律行为

Negozio plurilaterale patrimoniale, v. Contratto plurilaterale. 多方财产性法律行为;多方契约

— preparatorio, 216, 282. 准备性法律行为

— presunto, 142. 被推定的法律行为

— principale, 216 s. 主法律行为

— puro, 193, 208. 纯粹法律行为

— rescindibile, v. Rescissione del negozio. 可废除的法律行为;法律行为的废除

— revocabile, 210. 可撤销的

— revocatorio, 217. 撤销

— risolutorio, 217. 解除性法律行为

— simulato, 153. 虚假法律行为

— solenne, 144 s., 175 s., 208 s. 郑重的法律行为

— traslativo, 218. 转移性法律行为

— unilaterale, 211 s. 单方法律行为

—— unipersonale e pluripersonale, 211 s. 多人统一的单方法律行为和多方法律行为

Nome, 27 s., 50 s. 名

— (contestazione del), 51. 否认姓名

— (tutela del), 50 s. 姓名的保护

Norma giuridica e fatto giuridico, 111. 法律规定和法律事实

—— imperativa, 187 s., 200, 253. 强制性规定

—— interpretativa, 227 s. 解释性规定

—— (interpretazione della), v. Interpretazione della norma. 法律规定的解释

Novazione, 100. 更新

—— oggettiva, 97 s. 客体变更

—— soggettiva, 93. 主体变更

Nullità del negozio, 245 ss. 法律行为的狭义无效

——— parziale, 245 s. 法律行为的(狭义)部分无效

——— relativa, 247 s. 法律行为的(狭义)相对无效

——— successiva, 250 s. 法律行为的事后效力终止

O

Obbligazione, 71, 81. 债权

—— naturale, 116. 自然之债

—— reale o ambulatoria, 81 ss. 物权债务

Obbligo, 71, 74. 义务

Occupazione, 90. 先占

Offerta del prezzo nel riscatto, 136. 买回中提出价格

Oggetto dei diritti, 55 ss. V. Cose. 权利的标的;物

Oggetto del negozio, 129 s. V. Requisiti oggettivi. 法律行为的客体;客体要求

Onere (dovere giuridico), 74 s. 责任

—— della prova, 298 s. 举证责任

—— (modalità del negozio), v. Modo. 法律行为附履行要求;负担

—— reale, 81 ss. 物权负担

Onore, 25, 35, 37. 荣誉

—— (tutela dell'), 53 s. 荣誉(的保护)

Onorificenze cavalleresche (tutela delle), 53 s. 骑士勋章(的保护)

Opere dell'ingegno, 57 s. 智力作品

—— (capacità degli atti concernenti le), 34. 与法律领域中的行为相关的某种能力

Opzione, 210. 选择权

Ordinaria amministrazione, v. Atto di ord. amm. 一般管理;一般管理行为

Ordine pubblico, 187 s. , 200. 公序

Organi della persona giuridica, 44 s. , 273 s. 法人机关

Organizzazioni di fatto, 48. 事实上的团体

P

Pagamento, 109, 165. 支付

— (prova del), 308. 支付凭证

Partecipazioni, 109. 通知

Parti del negozio in senso formale e sostanziale, 238. 法律行为中的形式当事人和实质的当事人

Patrimonio, 67, 85 s. 财产

— autonomo, 85 s. 独立财产

— della persona giuridica, 39. 法人财产

— dell'assente, 30, 85. 失踪人的财产

— del presunto morto, 31, 85. 推定死亡的人的财产

— di destinazione, 48, 84, 85 s. 专用财产

— familiare, 86, 278. 家庭财产

— separato, 86. 财产分离

Patto commissorio (divieto del), 181, 192. 流押协议

— d'opzione, v. Opzione. 选择权协议；选择

— successorio, 132, 222. 继承协议

Pendenza della condizione, v. Condizione (pendenza della). 附条件的

— del rapporto giuridico, 101. 法律关系的未决

Pericolo, v. Stato di pericolo. . 危险；危险状态

Persona interposta, v. Interposizione di persona. 禁治产人；禁治产

Persone, 23 ss. 人

— fisiche, 23 ss. 自然人

— giuridiche, 23, 39 ss. 法人

—— private e pubbliche, 40 s. 公法人和私法人

Pertinenze, 66 s. 从物

Piantagione, 107. 种植

Pigioni, 65. 房屋租金

Possibilità dell'oggetto del negozio, 132. 法律行为客体的可能性

Potere d'agire, 34, 130 s. 代理权

—— (conferimento del), 266 ss. 授予代理权

— di disporre, 130, 266 s., 268. 处分权

Potere di rappresentanza, 281 ss., 289, 291 s. 代理权

— giuridico, 69 s. 法律中的权力

Potestà, 71, 73, 74. 支配权

— domestica, 278. 家庭事务支配权

— familiare, 38, 277. 亲权

— (imprescrittibilità della), 114. 支配权不受消灭时效限制

— sulla persona legalmente incapace, 38. 对法定无行为能力人行使的支配权

Predicati nobiliari, 54. 荣誉称号

Prenome, 27. 名字（仅指名）

Prescrizione, 111, 113 ss. 消灭时效

— breve, 119. 短期消灭时效

— del giudicato, 119. 已生效判决而确定的权利之消灭时效

— dell'azione, 115 s. 适用于诉权的消灭时效

—— di annullamento, 254, 257. 适用于撤销的短期消灭时效

— (eccezione di), 100, 120. 消灭时效的例外规定

— (inderogabilità della), 120. 消灭时效的规定不可违背

— (interruzione della), 118. 消灭时效的中断

— (oggetto della), 114 s. 消灭时效的客体

— ordinaria, 118. 一般的消灭时效

— presuntiva, 119 s. 推定的消灭时效

— (rinunzia alla), 120 s. 放弃主张消灭时效

— （sospensione della），117 s. 消灭时效的中止

Prestazione, 56, 81. 给付

— （tempo della），205. 给付时间

Presunzione legale, 299. 法律推定

— assoluta, 299. 绝对推定

—— di concepimento, 299. 怀孕的绝对推定

Presunzione assoluta di simulazione, 154. 虚假行为的绝对推定

— relativa, 299. 相对推定

—— di concepimento, 27, 299. 怀孕的绝对推定

——— esistenza del r. g., 177. 相对推定法律关系存在

——— morte, 31s. 推定死亡

Presunzioni semplici, 309. 普遍推定

Presupposizione, 194 s. 预想的条件

Presupposto della fattispecie. v. Fattispecie（presupposto della）. 构成要件的前提；构成要件

Pretesa, 71, 73. 请求权

Principio di prova scritta, 303, 308. 书证原则

Procedimento, 103 s. 次序

Processo, 296. 诉讼

Procura, 216, 282 ss. V. Rappresentanza. 授权委托书；代理

— collettiva, 283, 284. 共同代理

— （estinzione della），285. 代理权消灭

— （forma della），v. Forma della procura. 授权委托书的形式

— generale, 282 s. 一般代理

— （revoca della），v. Revoca della procura. 撤销意定代理

— speciale, 282 s. 特别代理

Procuratore dell'imprenditore, 273. 企业主的经营管理人

Promessa del fatto del terzo, 237. 对第三方的行为作出允诺

— di pagamento, 177. 允诺支付

Proprietà, 71. 所有权

— (imprescrittibilità della), 114 s. 所有权不受消灭时效限制

Proposta, 210. 要约

Prova, 296 ss. 证据

— congetturale, 301, 309. 推定的证据

— critica, 296. 评判性证据

— documentale, 301 s. 作为证据的书面化

— esclusiva, 297, 300. 排他性证据

— falsa, 296. 虚假证据

— legale, 297 s. 法定证据

— libera, 297. 自由心证

— per contrassegni, 301, 印记证据

—— presunzioni, 301, 309. 推定证据

— scritta, 210, 300. 书证

— storica, 296. 历史证据

— testimoniale, 301, 307 s. 证人证言

— volontaria, 298 s., 300. 意思约定的证据

Pseudonimo (tutela dello), 51. 化名(的保护)

Pubblicità del negozio, 145, 238. 法律行为的公示

Q

Quasi usufrutto, 63. 准用益

Querela di falso, v. Falso. 不实之诉;虚假

Quiescenza del rapporto giuridico, 100 s. 法律关系的休眠

R

Rapporti giuridici, 69 ss. 法律关系

—— (concentrazione dei), 93. 法律关系的合并

—— (relatività dei), v. Relatività dei r. g. 相对的法律关系;

—— negoziali di fatto, 250. 事实上的契约关系
Rapporto giuridico accessorio, 83. 从法律关系
—— assoluto, 79. 绝对法律关系
——（costituzione del）, 89 s. 法律关系的建立
—— definitivo, 75, 104. 终局法律关系
—— di personalità, 78. 人格法律关系
——（estinzione del）, 90, 99 s. 法律关系的消灭
—— familiare, 78. 家庭法律关系
—— intrasmissibile, 91 s. 不可转移的法律关系
——（modificazioni del contenuto del）, 99. 法律关系内容的变更
——（—— oggettive del）, 97 s. 法律关系客体的变更
——（—— soggettive del）, 90 ss. 法律关系主体的变更
——（moltiplicazione del）, 93. 法律关系之裂增
—— obbligatorio, 81. 债之法律关系
—— patrimoniale, 78 s. 财产法律关系
—— pendente, v. Pendenza del rapporto giuridico. 未决法律关系；法律关系的未决状态
—— preliminare, 75. 预备法律关系
—— principale, 83 s. 主法律关系
—— privato, 78, 78 ss. 私法律关系
—— pubblico, 78. 公法律关系
—— reale, 80. 物权法律关系
—— relativo, 79. 相对法律关系
—— su una cosa, 79 s. 物上法律关系
Rapporto giuridico su un comportamento, 79 s. 行为作为客体的法律关系
—— unisoggettivo, 99. 单一主体法律关系
Rappresentanza, 268 ss. 代理
—— indiretta, 270 s. 间接代理

— legale, 276 ss. , 288. 法定代理

—— dell'incapace, 35, 38, 277. 对无行为能力人的法定代理

—— di persone capaci, 277 ss. 对有行为能力人的法定代理

— negli atti giuridici in senso stretto, 275. 狭义的人的行为的代理

— sindacale, 278 s. 工会代理

— volontaria, 281 ss. 意定代理

Rappresentazione del fatto, 296. 事实陈述

Ratifica, 217, 261 s. , 268, 292 s. 认可

Recesso dal contratto, 72 s. , 100, 185 s. 从契约中退出(解除契约)

— dell'associato, 46. 退社

Recezione della dichiarazione, 139. 表示的受领

Registrazione delle persone giuridiche, 47 s. 法人登记

— di atti, 145, 238. 文件登记

Registri dello stato civile, v. Atti dello stato civile. 民事身份登记簿;民事身份文件

— domestici, 302. 家庭登记簿

Registro delle imprese, 42. 企业登记机关

—— persone giuiridiche, 47 s. 法人登记机关

Regole legali della prova, 296 ss. 证据的法定规则

Relatività dei rapporti giuridici, 101 s. 法律关系的相对性

Remissione, 218, 237, 308. 债务免除

— (prova della), 308. 债务免除的证据

Rendite, 65. 收益

Requisiti della capacità di agire, 35 ss. 行为能力的要求

— del negozio, 129 ss. 法律行为的要求

——— (momento dei), 133 s. 具备法律行为要求的时间

——— oggettivi, 132 ss. 法律行为的客体要求

——— soggettivi, 130 s. 法律行为的主体要求

Rescissione del negozio, 169, 184 s. , 244, 262 s. 法律行为的废除

Residenza, 28 s. 居所

Responsabilità degli amministratori della personagiuridica, 45. 法人管理人的责任

— oggettiva, 148. 客观责任

Responsabilità patrimoniale, 72. 财产责任

— (teoria della), 147. 责任理论

Restituzione dei doni sponsalizi, 263. 返还因结婚而赠予的财物

Reticenza e dolo, 171. 缄默和欺诈

Retroattività dei fatti giuridici, 104 s. 法律事实溯及既往的效力

— della clausola risolutiva espressa, 199 s. 明示解除条款溯及既往的效力

—— condizione, 101, 196, 203. 附条件的溯及既往

——— assoluta e relativa, 203. 附条件的绝对溯及力和相对溯及力

—— convalida del negozio annullabile, 257 s. 可撤销法律行为被追认后溯及既往的效力

— dell'annullamento del negozio, 256. 撤销法律行为的溯及力

— della ratifica, 292. 追认溯及既往的效力

—— sanatoria del negozio nullo, 249 s. 狭义无效的法律行为因不可修复的例外规则而产生溯及既往的效力

Rettifica del negozio, 166. 法律行为的修正

Rettificazione degli atti dello stato civile, 33. 民事身份文件的修正

Reviviscenza del rapporto giuridico, 100. 法律关系的复苏

Revoca della procura, 284. 撤销代理权

— dell'atto prenegoziale, 210 s. 撤销前契约协议

— dell'inabilitazione e dell'interdizione, 36 s. 撤销准禁治产人和禁治产人

— del negozio, 210 s. 法律行为的撤销

——— in frode ai creditori, 239, 263 s. 撤销具有欺诈性的行为

Revocabilità della dichiarazione negoziale, 210 s. 旨在产生法律效果的

表示可撤销

—— procura, 283 ss. 代理权可撤销

Revocazione della donazione, 194, 263. 取消捐赠

— del testamento, 194, 251. 撤销遗赠

Ricognizione del debito, 177. 承认债务

—— documento, 303 s. 因承认而制作的文件

Riconoscimento della personagiuridica, 39 s. 法人的承认

———— (forma del), 42. 法人承认的形式

Riduzione della disposizione lesiva della legittima, 263 s. 削减损害特留份的处分

—— prestazione, 185. 减少给付

Riduzione del negozio ad equità, 263. 对法律行为进行削减以恢复公平

Rifiuto, 217, 219. 拒绝

Rinnovazione del documento, 303 s. 因更新而制作的文件

—— negozio, 249. 法律行为的更新

Rinunzia ad un diritto, 90, 100, 217, 218. 权利的放弃

— alla decadenza, v. Decadenza (rinunzia alla). 放弃主张失权的权利;失权

—— prescrizione v. Prescrizione (rinunzia alla). 放弃主张消灭时效;消灭时效

Ripetizione del negozio, 140. 法律行为的重复

Riproduzione del negozio, 140. 法律行为的复制

— meccanica, 304. 机械设备复制件

Risarcimento del danno, 109 s. 损害赔偿

Riscatto nella vendita, 73, 181. 出售中的赎回

Rischio per l'affidamento (principio del), 148 s., 266 ss., 238. 信赖风险(原则)

Riserbo, 52 s. 隐私

Riserva mentale, 151. 真意保留

Risoluzione del negozio, 185 s., 217 s., 262 s. 法律行为的解除

——— modale, 206. 负担法律行为的解除

— per eccessiva onerosità sopravvenuta, 186, 263. 给付义务突然加重而解除契约

—— impossibilità sopravvenuta, 185 s. 突然不能导致解除

—— inadempimento, 72, 185, 109 s., 262 s. 不履行导致解除

S

Salute, 24 ss., 35. 健康

Sanatoria del negozio nullo, 243, 248 ss. 无效法律行为的不可修复性

Scherzo (dichiarazione fatta per), v. Dichiarazione non seria. 玩笑;戏谑表示

Scioglimento dell'associazione, 47. 社团法人解散

Scomparsa, 29. 失去音讯

Scopo della persona giuridica, 41 s. 法人的目的

— del negozio v. Causa del negozio. 法律行为的目的;法律行为的原因

Scorte del fondo rustico, 66. 农地的资产

Scrittura privata, 144, 300 ss. 私证书

Sede della persona giuridica, 46. 法人住所

Segreto epistolare, 53. 通信秘密

Sesso, 24 s. 性别

Silenzio, 140. 沉默

Simulazione, 151, 151 ss. 虚假行为

— assoluta e relativa, 152 s. 绝对的虚假和相对的虚假

— (effetti della), 154. 虚假行为的效力

— e frode, 154. 虚假行为和欺诈

— (prova della), 156. 虚假行为的证明

— (scopo della), 153. 虚假行为的目的

Situazione giuridica, 75. 法律状态

Società, 41. 公司

— senza personalità giuridica, 273. 非法人公司

Soggetto del negozio, 129 s. V. Requisiti soggettivi. 法律关系主体；主体要求

— di diritto, v. Persona. 权利主体；人

Soggezione, 71, 74. 屈从

Solidarietà, 76. 团结原则

Soppressione dell'associazione, 47. 社团法人撤销

Sostituzione legale dell'autonomia privata, 253. 法律对意思自治的代替

— nell'attività giuridica, 266 ss. 法律活动的代替

——— in nome proprio, 274 ss. 以自己的名义实施代理行为

——— senso stretto, 279. 严格意义上的法律活动代替

Sottoscrizione della scrittura privata, 297. 私证书签名

Spazio, 56. s. 空间

Specificazione, 62, 107. 具体化

Spes, 64. 希望

Spese, 65. 费用

Spossessamento, 239. 丧失占有

Stato civile, v. Atti dello stato civile. 民事状态；民事状态文件

— di bisogno, 168 s., 184. 急需状态

—— pericolo, 168 s., 184. 危险状态

— soggettivo rilevante, 169. 关键的主观状态

——— nella rappresentanza, 287. 代理中主观状态的重要性

Status, 23 s. 章程

Statuto della persona giuridica, 42. 法人章程

Straordinaria amministrazione, v. Atto di straord. amm. 特别管理；特别管理行为

Subordinazione nell'attività giuridica, 273. 法律活动中的从属

Substrato della persona giuridica, 40. 基础设施的必要性

Successione nei rapporti giuridici, 90 ss. 继承法律关系

— a causa di morte, 94 s. 死因继承

— costitutiva, 93 s. 继受继承

— fra vivi, 94. 生前继承

— nel contratto, 96 s. 合同概括转移

—— credito, 92. 债权继承

—— debito, 92 s. 债务继承

— particolare, 95 s. 个别继承

— universale, 95 s. 概括继承

Successore, 90. 继承人

Surrogazione dei creditori, 239, 280. 债权人代位

— reale, 98. 物上代位

T

Tempo, 111 ss. 时间

— (computo del), 112 s. 时间计算

— dei fatti giuridici, 105, 111s. 法律事实的时间

Termine, 195, 204 ss. 期限

— (computo del), v. Tempo (computo del). 期限计算；时间计算

— di efficacia, 204. 期限生效

—— esecuzione, 205. 履行期限

— finale, 204. 终止期限

—— nel contratto di lavoro, 192. 劳动契约的终止期限

— impossibile, 204. 不可能的期限

— iniziale, 116 s., 204. 起始期限

Testamento, v. Disposizione testamentaria. 遗嘱；遗嘱处分

Testimone, 307. 宣誓

Timore, 168. 恐惧

—— reverenziale, 168. 因敬畏而产生的恐惧

Titoli nobiliari (tutela dei), 54. 荣誉称号(的保护)

Titolo dello stato familiare, 297, 300. 家庭身份证书

Trascrizione, 145, 238. 登载

Trascrizione nei registri dello stato civile, 33. 在民事登记簿上登记

Trasformazione della fondazione, 42, 47. 财团重组

Trasmissione della dichiarazione, 139. 意思转达

—— del rapporto giuridico, 90 s. 法律关系的转移

Tutela della personalità, 50 ss. 人格保护

Tutore, 35. 监护人

—— provvisorio, 36. 临时监护人

U

Ubicazione della persona, 28 s. 置所

Universalità di diritto, 83 ss. 权利集合

—— mobili, 67 s. 动产集合

Usi interpretativi, 232. 惯例的解释

—— normativi, 230. 规范性惯例

Uso (clausole di), v. Clausole di uso. 惯例;惯例条款

Usucapio libertatis, 118 s. 无负担的时效取得

Usucapione, 111, 112, 115. 时效取得

Usufrutto, 63, 98. 用益权

Usurpazione del nome, 50 s. 有害姓名使用

V

Validità del negozio sospesa, 251. 暂缓法律行为的有效性

——— successiva, 248 ss. 事后有效

——— temporanea, 251 s. 暂时有效

Verificazione della scrittura privata, 302. 私证书的

Violenza fisica, 150 s. , 157. 身体胁迫

—— morale, 157, 166 ss. 精神胁迫

Vita del nato, 26. 新生儿生命的持续

Vitalità, 26. 有效性

Volontà nel fatto giuridico, 106 s. 法律事实中的意思

—— nell'atto giuridico, 107 s. 人的行为中的意思

——— (vizi della) , 110 s. 人的行为中的意思瑕疵

—— nel negozio, 125 s, 134 s. , 149 s. , 156 ss. , 287. 法律行为中的意思

——— e dichiarazione, v. Divergenza fra volontà e dichiarazione. 法律行为中的意思和表示;意思和表示的区分

——— principale e subordinata, 195, 207. 法律行为中的主要意思和从属意思

——— (teoria della) , 146. 法律行为中的意思理论

——— (vizi della) , 156 ss. , 287. 法律行为中的意思瑕疵

法律人进阶译丛

⊙ 法学启蒙

《法律研习的方法：作业、考试和论文写作（第10版）》，〔德〕托马斯·M. J. 默勒斯 著，2024年出版
《如何高效学习法律（第8版）》，〔德〕芭芭拉·朗格 著，2020年出版
《如何解答法律题：解题三段论、正确的表达和格式（第11版增补本）》，〔德〕罗兰德·史梅尔 著，2019年出版
《法律职业成长：训练机构、机遇与申请（第2版增补本）》，〔德〕托尔斯滕·维斯拉格 等著，2021年出版
《法学之门：学会思考与说理（第4版）》，〔日〕道垣内正人 著，2021年出版

⊙ 法学基础

《法律解释（第6版）》，〔德〕罗尔夫·旺克 著，2020年出版
《法律推理：普通法上的法学方法论》，〔美〕梅尔文·A. 艾森伯格 著，2025年出版
《法理学：主题与概念（第3版）》，〔英〕斯科特·维奇 等著，2023年出版
《基本权利（第8版）》，〔德〕福尔克尔·埃平 等著，2023年出版
《德国刑法基础课（第7版）》，〔德〕乌韦·穆尔曼 著，2023年出版
《刑法分则I：针对财产的犯罪（第21版）》，〔德〕伦吉尔 著，待出版
《刑法分则II：针对人身与国家的犯罪（第20版）》，〔德〕伦吉尔 著，待出版
《民法学入门：民法总则讲义·序论（第2版增订本）》，〔日〕河上正二 著，2019年出版
《民法的基本概念（第2版）》，〔德〕汉斯·哈腾豪尔 著，待出版
《意大利民法总论（第9版）》，〔意〕弗朗切斯科·桑托罗·帕萨雷利 著，2025年出版
《德国民法总论（第44版）》，〔德〕赫尔穆特·科勒 著，2022年出版
《德国物权法（第32版）》，〔德〕曼弗雷德·沃尔夫 等著，待出版
《德国债法各论（第16版）》，〔德〕迪尔克·罗歇尔德斯 著，2024年出版
《通过100个条文学民法》，〔日〕加贺山茂 著，2025年出版

⊙ 法学拓展

《奥地利民法概论：与德国法相比较》，〔奥〕伽布里菈·库齐奥 等著，2019年出版
《所有权的终结：数字时代的财产保护》，〔美〕亚伦·普赞诺斯基 等著，2022年出版
《合同设计方法与实务（第3版）》，〔德〕阿德霍尔德 等著，2022年出版
《合同的完美设计（第5版）》，〔德〕苏达贝·卡玛纳布罗 著，2022年出版

《民事诉讼法（第4版）》，〔德〕彼得拉·波尔曼 著，待出版
《德国消费者保护法》，〔德〕克里斯蒂安·亚历山大 著，2024年出版
《公司法的精神：欧陆公司法的核心原则》，〔德〕根特·H. 罗斯 等 著，2024年出版
《日本典型担保法》，〔日〕道垣内弘人 著，2022年出版
《日本非典型担保法》，〔日〕道垣内弘人 著，2022年出版
《担保物权法（第4版）》，〔日〕道垣内弘人 著，2023年出版
《日本信托法（第2版）》，〔日〕道垣内弘人 著，2024年出版
《医师法讲义》，〔日〕大谷实 著，2024年出版

⊙ 案例研习

《德国大学刑法案例辅导（新生卷·第三版）》，〔德〕埃里克·希尔根多夫著，2019年出版
《德国大学刑法案例辅导（进阶卷·第二版）》，〔德〕埃里克·希尔根多夫著，2019年出版
《德国大学刑法案例辅导（司法考试备考卷·第二版）》，〔德〕埃里克·希尔根多夫著，2019年出版
《德国民法总则案例研习（第5版）》，〔德〕尤科·弗里茨舍 著，2022年出版
《德国债法案例研习I：合同之债（第6版）》，〔德〕尤科·弗里茨舍 著，2023年出版
《德国债法案例研习II：法定之债（第3版）》，〔德〕尤科·弗里茨舍 著，待出版
《德国物权法案例研习（第4版）》，〔德〕延斯·科赫、马丁·洛尼希著，2020年出版
《德国家庭法案例研习（第13版）》，〔德〕施瓦布著，待出版
《德国劳动法案例研习：案例、指引与参考答案（第4版）》，〔德〕阿博·容克尔 著，2024年出版
《德国商法案例研习（第3版）》，〔德〕托比亚斯·勒特 著，2021年出版
《德国民事诉讼法案例研习：审判程序与强制执行（第3版）》，〔德〕多萝特娅·阿斯曼著，2024年出版

⊙ 经典阅读

《法学方法论（第4版）》，〔德〕托马斯·M. J. 默勒斯 著，2022年出版
《法学中的体系思维与体系概念(第2版)》，〔德〕克劳斯-威廉·卡纳里斯 著，2024年出版
《法律漏洞的确定（第2版）》，〔德〕克劳斯-威廉·卡纳里斯 著，2023年出版
《欧洲合同法（第2版）》，〔德〕海因·克茨 著，2024年出版
《民法总论（第4版）》，〔德〕莱因哈德·博克 著，2024年出版
《合同法基础原理》，〔美〕麦尔文·A. 艾森伯格 著，2023年出版
《日本新债法总论（上下卷）》，〔日〕潮见佳男 著，待出版
《法政策学（第2版）》，〔日〕平井宜雄 著，待出版